Kulturwandern in Salzburg

Gertraud Steiner

KULTURWANDERN IN SALZBURG

THEMENWEGE VOM ALPENVORLAND IN DIE HOHEN TAUERN

Herausgegeben von
Roland Floimair

VERLAG ANTON PUSTET
Salzburg – München

Diese Publikation erscheint auch in der Schriftenreihe des
Landespressebüros, Serie „Sonderpublikationen" Nr. 170.

Die Herausgabe dieser Publikation wurde ermöglicht durch das
Land Salzburg, Landespressebüro,
Präsidialabteilung (Aktion Salzburger Kulturgüter, Kulturabteilung)

Die Deutsche Bibliothek - CIP-Einheitsaufnahme

Steiner, Gertraud:
Kulturwandern in Salzburg : Themenwege vom Alpenvorland in die
Hohen Tauern / Gertraud Steiner. Hrsg. von Roland Floimair. -
Salzburg ; München : Pustet, 2001
(Die grünen Wegweiser)
ISBN 3-7025-0427-3

© 2001 Verlag Anton Pustet
A-5020 Salzburg, Bergstraße 12
Sämtliche Rechte vorbehalten.
Gedruckt in Österreich.
Titelbild: Säumer auf einem Tauernpass.
Wandgemälde von Jakob Placidus in der Innsbrucker Hofburg, 1815.
Druck: Salzburger Druckerei
ISBN 3-7025-0427-3

Inhalt

SCHÄTZE AUS SALZBURGS BODEN
Montanlehrpfade und die Welt des Bergbaus...................... 77

**IST STETS AUF WANDERSCHAFT BEDACHT,
DAS WASSER ...**
Lehrwege entlang von Gewässern, Mühlen und Kraftwerken ...265

9

In der Glasenbachklamm.

Bausteine der Landschaft – Urzeitmeere und wandernde Gebirge

LEHRWEGE ZU FOSSILIEN, MARMOR UND EDLEN MINERALIEN

Das Kräftespiel zwischen dem Erdinnern und der Erdkruste, zwischen Deckschichten, den Urmeeren und dem Festland alter Kontinente hat die „Bausteine" der Landschaft hervorgebracht und in vielfacher Überformung geprägt. Dabei ist der Zeitraum der letzten 550 bis 600 Millionen Jahre vergleichsweise gut rekonstruierbar, während über die Naturwelt der sehr viel längeren Zeit des Präkambriums – das sind rund vier Jahrmilliarden davor – nur wenige schlüssige Anhaltspunkte vorliegen. Um über diese Urzeit der Erde Fakten zu gewinnen, bedient sich die Forschung der Fossilien, also jener versteinerten Reste vorzeitiger Lebewesen, die sich im Salzburger Land in der Grauwackenzone, den Kalk- und Dolomitbergen sowie der Flysch- und Molassezone finden. Sie erlauben Rückschlüsse auf die Entstehungszeiträume und Entstehungsbedingungen des umgebenden Gesteins.

Dabei sind drei Entwicklungsabschnitte für das Salzburger Landschaftsbild vom Gebirgskamm der Hohen Tauern bis in die Flysch- und Molassezone im nördlichen Flachgau von herausragender Bedeutung: Die **ältere Variszische Gebirgsbildung** im Erdaltertum (Alt- und Jungpaläozoikum) vor ca. 480 bis 280 Millionen Jahren, die **Auffaltung und Verschiebung des jüngeren Alpidischen Gebirges** im Erdmittelalter und in der älteren Erdneuzeit (Mesozoikum und Känozoikum) vor 250 bis 25 Millionen Jahren sowie die klimageschichtliche Abfolge der **Warm- und Eiszeiten**, die das heutige Landschaftsbild aus den vorhandenen Gesteinspaketen herausmodellierten.

11

200 Jahre Erdwissenschaften

Die Erforschung der Gebirgsbildung und Klimageschichte durch die Naturwissenschaft etablierte sich im ausgehenden 18. Jahrhundert und wurde vor allem von Schweizer und deutschen Forschern in Gang gebracht. Vulkan- und Fluttheorien, verfochten von sogenannten Plutonisten und Neptunisten, bestimmten anfangs die gelehrte Diskussion über die Landschaftsformung der Urzeit.

Eine folgenreiche Pionierleistung für die erdkundliche Erforschung Salzburgs bildeten die alpinistischen Streifzüge des bretonischen Bergwerksarztes in Idria und späteren Professors an der Universität Laibach, Belsazar de la Motte Hacquet (1739–1815). Er war der Erstbesteiger der Pasterze, Begründer der Ostalpenforschung und Verfasser einer voluminösen naturkundlichen Literatur. 1784 war er im Zuge einer seiner Alpenreisen in Salzburg eingetroffen, um hier die erzbischöfliche Erlaubnis einzuholen, alle im Gebirge des Landes gelegenen *„Bergwerke und zugehörigen Schmelzprozesse"* zu Studienzwecken aufzusuchen. Als Mineraloge verknüpfte er seine Beobachtungen zu den Erzvorkommen mit Studien zu den Gesteinsarten und dem Gesteinsaufbau in den „Norischen Alpen", wie er den Kärntner und Salzburger Anteil an den Hohen Tauern nach ihrem alten Namen nennt. Er schuf damit erste Grundlagen für eine erdkundliche Beschreibung der Salzburger Landschaft, die in Carl E. Moll, Caspar M. B. Schroll, Ludwig Ritter von Köchel bis zu Eberhard Fugger weitere Pioniere und Nachfolger fand. Selbstbewusst streicht Hacquet den naturwissenschaftlichen Anspruch seiner Alpenwanderungen im Vorwort seiner „Reise durch die Norischen Alpen. Physikalischen und andern Inhalts, unternommen in den Jahren 1784 bis 1786" hervor: *„Viele haben von den Alpen geschrieben, aber wenige haben sich an die Natur oder das Physische des Gebirgs gewagt. Es fehlte den meisten dieser Herren entweder an hinlänglicher Kenntnis der Steinlehre, oder sie nahmen sich die Mühe nicht, die Berge zu besteigen, wo dann in ihren der Welt bekanntgemachten Journalen,* *anstatt nützlicher Nachrichten, nichts als Verwunderungen über die Höhe der Felsen und Eisberge mit poetischen und malerischen Beschreibungen zu finden waren, da sie vom Enthusiasmus hingerissen, die Einwohner dieser Gegenden gar in das goldne Zeitalter versetzten. "*

Johann Wolfgang Goethes „Bergfest"

Ein Sonnwendfeuer, in dessen rotem Widerschein Berg und Tal aufleuchten, bildet den Anfang einer Diskussion über die frühe Erdgeschichte im zweiten Buch von Johann Wolfgang Goethes „Wilhelm Meisters Wanderjahre". Der Weimarer Staatsdichter, der an den Naturwissenschaften zeitlebens ein ausgeprägtes Interesse zeigte – aus Gastein ließ er sich eine Sammlung Bergkristalle schicken –, war seit seiner ersten Schweizer Reise auch der Alpenforschung mit beobachtender Teilnahme verbunden. Fragen über die Abfolge von Erdzeitaltern, die damals die Forschung – in der Schweiz, Deutschland, Frankreich und Österreich – beschäftigten, hatten das Ziel, die Erscheinungen der Naturwelt zu klassifizieren und in eine systematische Naturgeschichte einzuordnen. Carl von Linné war mit seinem „Systema Naturae" ein Vorbild für die gesamte Naturwissenschaft.

Goethes Bildungsroman war 1821 und 1829 in zwei Fassungen fertiggestellt worden und rekapitulierte den damals aktuellen Stand der Forschung.

„Es war von Gebirgen, Gängen und Lagern, von Gangarten und Metallen der Gegend ausführlich die Rede. Sodann aber verlor das Gespräch sich gar bald ins Allgemeine, und da war von nichts Geringerem die Rede als von Erschaffung und Entstehung der Welt. Hier aber blieb die Unterhaltung nicht lange friedlich, vielmehr verwickelte sich sogleich ein lebhafter Streit.

Mehrere wollten unsere Erdgestaltung aus einer nach und nach sich senkend abnehmenden Wasserbedeckung herleiten; sie führten die Trümmer organischer Meeresbewohner auf den höchsten Bergen sowie auf flachen Hügeln zu ihrem Vorteil an. Andere heftiger dagegen ließen erst glühen und schmelzen, auch durchaus ein Feuer obwalten, das, nachdem es auf der Oberfläche genugsam gewirkt, zuletzt ins Tiefste zurückgezogen, sich noch immer durch die ungestüm sowohl im Meere als auf der Erde wütenden

Vulkane betätigte und durch sukzessiven Auswurf und gleichfalls nach und nach überströmende Laven die höchsten Berge bildete; wie sie denn überhaupt den Andersdenkenden zu Gemüte führten, daß ja ohne Feuer nichts heiß werden könne, auch ein tätiges Feuer immer einen Herd voraussetze. So erfahrungsgemäß auch dieses scheinen mochte, so waren manche doch nicht damit zufrieden; sie behaupteten: mächtige, in dem Schoß der Erde schon völlig fertig gewordene Gebilde seien mittelst unwiderstehlich elastischer Gewalten durch die Erdrinde hindurch in die Höhe getrieben und zugleich in diesem Tumulte manche Teile derselben weit über Nachbarschaft und Ferne umhergestreut und zersplittert worden; sie beriefen sich auf manche Vorkommnisse, welche ohne eine solche Voraussetzung nicht zu erklären seien.

Eine vierte, wenn auch vielleicht nicht zahlreiche Partie lächelte über diese vergeblichen Bemühungen und beteuerte: gar manche Zustände dieser Erdoberfläche würden nie zu erklären sein, wofern man nicht größere und kleinere Gebirgsstrecken aus der Atmosphäre herunterfallen und weite, breite Landschaften durch sie überdeckt werden lasse. Sie beriefen sich auf größere und kleinere Felsmassen, welche zerstreut in vielen Landen umherliegend gefunden und sogar noch in unseren Tagen als von oben herabstürzend aufgelesen werden.

Zuletzt wollten zwei oder drei stille Gäste sogar einen Zeitraum grimmiger Kälte zu Hülfe rufen und aus den höchsten Gebirgszügen, auf weit ins Land hingesenkten Gletschern, gleichsam Rutschwege für schwere Ursteinmassen bereitet, und diese auf glatter Bahn, fern und ferner hinausgeschoben im Geiste sehen. Sie sollten sich, bei eintretender Epoche des Aufthauens, niedersenken und für ewig in fremdem Boden liegenbleiben. Auch sollte sodann durch schwimmendes Treibeis der Transport ungeheurer Felsblöcke von Norden her möglich werden. Diese guten Leute konnten jedoch mit ihrer etwas kühlen Betrachtung nicht durchdringen. Man hielt es ungleich naturgemäßer, die Erschaffung der Welt mit colossalem Krachen und Beben, mit wildem Toben und feurigem Schleudern vergehen zu lassen. Da nun übrigens die Glut des Weines stark mit einwirkte, so hätte das herrliche Fest beinahe mit tödlichen Händeln abgeschlossen.

Aus: Johann Wolfgang Goethe „Wilhelm Meisters Wanderjahre", 2. Buch, 9. Kapitel

Seit 1800 setzten sich unter der Führung von Schweizer Naturkundlern Theorien durch, die den Transport von erratischen Blöcken, sogenannten „Findlingssteinen", über weite Distanzen sowie diluviale Ablagerungen durch Wasser zu erklären suchten.

Nun fehlte nur noch ein kleiner Schritt zur Ausbildung erster Gletschertheorien. Sie nahmen gleichfalls von der Schweiz ihren Ausgang, wo Johann Georg von Charpentier, Ignatz Venetz-Sitten und Louis Agassiz die Spuren des Eises zu lesen lernten und daraus ihre Theorien über Klimawandel und eiszeitliche Landschaftsformung ableiteten. Auch in Osteuropa wurde die Frage einer ehemaligen Inlandvereisung Nord- und Mitteleuropas umfassend diskutiert und der Moskauer Geologe G. E. Ššurovskij veröffentlichte 1856 eine Karte, die dem heutigen Wissensstand sehr nahe kam. Bereits um 1840 galt die Glazialtheorie in den Alpen als wissenschaftlich gesichert und A. von Morlot begründete in der Folge die Aufgliederung der letzten, also quartären Eiszeit in Glaziale und Interglaziale. Der Engländer James Geikie, der Lehrer von Alfred Penck, schuf die erste, für ganz Europa gültige Gletscherkunde, in der die Bedeutung der Eiszeit für die Kulturgeschichte der Menschheit einen wichtigen Platz einnimmt.

Alfred Penck (1858–1945) baute den Polyglazialismus, die Lehre von der Abfolge mehrerer Eiszeiten, weiter aus und veröffentlichte dazu 1882 „Die Vergletscherung der deutschen Alpen". 1909 erschien das dreibändige Grundlagenwerk „Die Alpen im Eiszeitalter", das er zusammen mit seinem Schüler E. Brückner verfasst hatte. Damit wurde die bis heute gültige Gliederung des Quartärs in vier Kaltzeiten mit den Glazialen Günz, Mindel, Riß und Würm, benannt nach vier kleinen bayerischen Alpenflüssen, eingeführt. Die dazwischenliegenden Warmzeiten nannte Penck Bühl, Gschnitz und Daun.

Von den Gebirgsbildungen bis zur Eiszeit

Das ältere Variszische Gebirge

In einem Weltmeer lagerten sich viele Kilometer dicke Sande, Tone, Kalke und Dolomite ab und zahlreiche Vulkane ließen gewaltige Mengen an Basalt und Asche niedergehen. Als vor rund 400 Millionen Jahren die Variszische Gebirgsbildung einsetzte und der Meeresboden zu Festland wurde, bestand der nördliche Rand dieses Festlandes aus Tonschiefern, Basalt und Porphyr sowie geringfügigeren Anteilen aus Kalk und Dolomit. Aus diesen Komponenten hat sich die **Grauwackenzone der Pongauer und Pinzgauer Schieferberge** aufgebaut. Der Begriff Grauwacke umfasst Gesteine, die aus kleinen Trümmern kristalliner Gesteine zusammengesetzt sind und sich darüber hinaus durch erhebliche Rohstoffvorkommen auszeichnen. Dazu gehören silberhaltige Fahlerze, Nickel, Kobalt, Quecksilber, Magnesit, Eisenerz, Graphit und Kupfererz.

An Fossilien weisen die Schiefer der Grauwackenzone sogenannte Graptolithen („geschriebene Steine") auf, das sind versteinerte Reste von quallenartigen, wirbellosen Meerestieren, die sich einen Panzer aus Chitin bauten und im dunklen Schiefer „geheimnisvolle" Zeichnungen hinterließen. Die Graptolithen lassen sich über 180 Millionen Jahre in den Urmeeren nachweisen und zählen zu den Leitfossilien, die zur Altersbestimmung von Gesteinen herangezogen werden. In den Kalken der Grauwackenzone finden sich stellenweise versteinerte Muschelkrebse (Brachiopoden) sowie Orthoceren („Geradhörner"), mit Fangarmen ausgestattete, den Tintenfischen verwandte Raubtiere, die sich nach dem Rückstoßprinzip durchs Wasser bewegten.

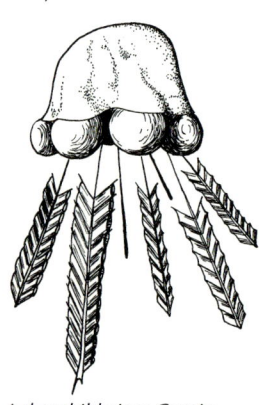

Lebensbild einer Graptolithen-Kolonie. Die Tiere hängen an einem quallenähnlichen Schwimmapparat.

Rund 1500 bis 1800 Kilometer von den Tonen und Basalten entfernt, aus denen sich die Grauwackenzone aufbaute, wurde in nordwestlicher Richtung in einem durch große Inseln abgetrennten Meeresteil im selben Zeitraum das sogenannte **Altkristallin der Böhmischen Masse (Mühl- und Waldviertel)** gebildet, das aus noch älteren Gneisen, Glimmerschiefern und Quarziten sowie einer vulkanreichen Gesteinsfolge zusammengesetzt ist.

Aus unterschiedlichen Sanden, Tonen und Vulkaniten ist die sogenannte **Habachgruppe** oder **Ältere Schieferhülle**, eine der wichtigsten Komponenten der **Hohen Tauern** aufgebaut. Sie entstand in einem weiter westlich gelegenen Abschnitt des Variszischen Meeres.

Die Grauwackenzone und das Altkristallin wurden im Jungpaläozoikum, also mit dem ausgehenden Erdaltertum vor rund 480 bis 280 Millionen Jahren, durch die variszischen Gebirgsbildungen zu Festland aufgefaltet. Während dieses Vorgangs drangen aus der tieferen Erdkruste granitische Schmelzen in die Habachformation ein, die dabei eine erste Metamorphose, also eine Umwandlung durch Druck und Temperatur erfuhren. Diese Granite und Tonalite bildeten das Ausgangsmaterial für die heutigen Zentralgneiskerne am Tauernhauptkamm.

Aus diesem „titanischen Schmelzherd" gingen Tone als Glimmerschiefer, Basalt als Diabas oder Amphibolit, Granit als Gneis und Kalk als Marmor hervor. Das Variszische Gebirge stieg als große, über ganz Europa reichende Gebirgskette auf und erreichte im jüngeren Paläozoikum, im Karbon (Steinkohlezeit), seine größte Höhe. Im Verlauf dieser variszischen Gebirgsbildung hatten sich die Gesteine der heutigen Grauwackenzone und der Habachformation stark angenähert. Im darauffolgenden Perm, das Erdaltertum und Erdmittelalter voneinander trennt, war durch die Herausbildung des Variszischen Gebirges ein riesiger Großkontinent entstanden, der beiderseits des damaligen Äquators in Form eines nach Osten offenen Hufeisens angelegt war. Im Verlauf von 30 bis 40 Millionen Jahren wurde dieses gewaltige Gebirge abgetragen und eingeebnet. Riesige Wüsten zwischen den Wendekreisen bedeckten den Kontinent, der Europa, Asien, beide Amerika, Australien und die Antarktis umspannte. Der damalige Kontinent um den Südpol breitete gewaltige Eismassen nach Norden über das heutige Südafrika, Indien, Australien und Südamerika.

Die Gesteine des Alpidischen Gebirges
Dieser Riesenkontinent mit seinen Wüsten und Vulkanen wurde allmählich aus dem Osten von einem neuen Weltmeer überspült, das als gewaltiges Becken zu Beginn des Erdmittelalters in der Trias (210 bis 180 Millionen Jahre) entstand, als in unseren Breiten die Gesteine des Variszischen Gebirges bereits gefestigt, gefaltet und weitgehend abgetragen waren. Für rund 100 Millionen Jahre lag Mitteleuropa am westlichen Rand dieses Meeres, dem die Geologen des 19. Jahrhunderts (Eduard Suess) den Namen der Meeresgöttin Tethys gaben.
Dieses riesige Weltmeer kann mithilfe der vorhandenen Gesteine und Fossilien recht gut in seiner Topographie rekonstruiert und nach Teilbecken unterschieden werden. Der Fachmann nennt sie Fazies oder Faziesräume. Nach diesem Landschaftsbogen lagen im
Süden die **Kalkalpen** der Triaszeit, darauf folgten in nördlicher Richtung die
Radstädter Tauern der Trias und des unteren Jura (180 Millionen Jahre), weiter folgten Richtung Norden die
Hohen Tauern aus dem Zeitraum des Oberjura bis zur Mittelkreide mit umgewandelten ehemaligen Mergeln, Kalken, Tonen und Vulkaniten. Noch weiter im Norden gelegen sind die Sedimente (Sandsteine und Mergel) der

----
Etwa in diesem Bereich verlief die spätere Grenze zwischen
Afrika im Süden und
Europa im Norden

Flyschzone aus der Kreidezeit und dem Alttertiär (Haunsberg,

Tannberg, Kolomannsberg u. a.). Das nördlichste, relativ seichte Teilbecken war die Zone des **Helvetikums**, das gleichfalls den Zeitraum Oberkreide und Alttertiär umspannt, aber von der Tiefseerinne der Flyschzone durch eine Schwelle getrennt war.

Diese Teilbecken im Urmeer der Tethys sind nach ihrem geologischen Aufbau zu unterscheiden: Südlich der heutigen Mittelmeerländer entwickelte sich das Meeresbecken der **Kalkalpen**, dessen Nordrand sich ungefähr bis an die geografische Breite der heutigen Hohen Tauern erstreckte. Auf einem zunächst noch ruhigen Erduntergrund während der Triaszeit lagerten sich hier ungeheure Massen von Kalkschlamm unterschiedlicher Zusammensetzung ab. Diverse Meerestiere hinterließen ihre Gehäuse und Skelette in den oft mehr als 1000 Meter mächtigen Ablagerungen. **Wettersteinkalk** (Kalkalgenriffe der Mitteltrias) und **Wettersteindolomit, Dachsteinkalk** (Korallenriffe der Obertrias) und **Hauptdolomit** sind hier anzuführen, aber auch der an Fos-

Von der Natur herausgewitterte Korallen aus der Obertrias (Dachsteinkalk).

silien reiche **Hallstätter Kalk** gehört dazu. Es handelt sich dabei nach ihrer Entstehung um ausgedehnte Kalkalgen- und Korallenriffe, die auf dem damals ruhigen Nordrand des afrikanischen Kontinents wuchsen und sich ausbreiteten.

Nördlich an die Riffe anschließend lagen ausgedehnte Lagunen, in denen Dolomit abgelagert wurde. Ihre versteinerten Riffe bilden heute so markante Berge wie den Hohen Göll, die Hochkönig-Mandelwände, den Gosaukamm und die Loferer Steinberge. Eine unter Geologen weltbekannte Rarität stellen die kleinen „Korallenriffknospen" von Adnet dar. Durch eingewehten roten Staub wurde hier der Kalkschlamm rotbraun bis rosa eingefärbt, die Korallenäste blieben schneeweiß. Die-

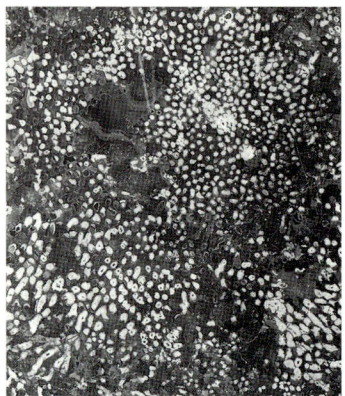

Adneter Rottropf.

ser berühmte „Adneter Rottropf", so sein Handelsname, lieferte einen exklusiven Dekorstein für Innenräume. In die gleiche Entstehungszeit gehört die versteinerte Riesenmuschel Megalodus vom Pass Lueg. Ihr Erscheinungsbild erinnert an die Trittsiegel von Paarhufern, was ihr im Volksmund die Bezeichnung „Kuh- oder Hirschtritte" eingetragen hat. Die Sage hat diese rätselhaften Spuren der Erdgeschichte mit dem Auftreten der „Wilden Jagd" in Verbindung gebracht. Aus der jüngeren Trias stammen die „Fischmergel" in den Steinbrüchen des Wiestals bei Hallein, in die sich die versteinerten Schuppen und Gräten einer ausgestorbenen Fischgattung, des Colobodus, eingelagert haben.

Die Kalkstöcke und Marmore der Jurazeit

In der Jurazeit vor 195 bis 135 Millionen Jahren, aus der uns in versteinerter Form die geheimnisvoll-bizarre Tierwelt ihres Meeres überliefert ist, begann der Erduntergrund durch die Nordbewegung Afrikas unruhig zu werden. Erst vor rund 100 Millionen Jahren in der mittleren Kreidezeit kamen diese „Fließbewegungen" im äußeren Erdmantel wieder zum Stillstand. Zum ältesten Baustein der Juraformation, für die Alexander von Humboldt Namengeber war, gehört in den Ostalpen der rote, rot-weiß gescheckte und graugrüne Marmor aus Adnet mit einem Alter von rund 180 Millionen Jahren. Geologen sprechen dabei sachlich von „Kristallinem Kalk".

Die Adneter Marmorbrüche mit ihren auffallend braunroten und blätterigen Schichten, die die älteren Korallenriffe der Trias überlagerten, können mit ihrem Fossilienreichtum ganze Bilderbücher zur Erdgeschichte füllen. Ihr „Urgrund" war seichter Meeresboden. Durch langsames Absinken des Untergrundes legte sich eine Schicht auf die andere, bis schließlich aus diesem Stapel die Adneter Marmore entstanden. Der darin häufig vertretene „Urschneck" zählt zur Gruppe der Ammoniten, den Ahnherren unserer Tintenfische, die vor 70 Millionen Jahren ausgestorben sind. Eine verwandte Art, die „Perlboote" (Nautilus), tentakelbewehrte Kopffüßer,

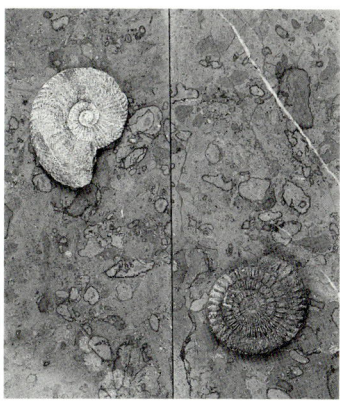

Adneter Marmor aus dem Lienbacher Bruch mit Ammoniten.

sind heute noch im tropischen Meer zu finden. Zu den Fossilien der Jurazeit in den Adneter Steinbrüchen gehören auch die zigarrenförmigen „Donnerkeile" oder „Blitzsteine", die zur Gruppe der ausgestorbenen Tintenfische (Belemniten) zählen und gleichfalls Gegenstand sagenhafter Legendenbildungen wurden. Ein winziges Urtier des Salzburger Jurameeres, das massiv gesteinsbildend wirkte und in der Glasenbachklamm reich vertreten ist, ist die Gattung der Radiolarien oder Strahlentierchen, mikroskopisch kleinen Einzellern, die ein Gehäuse aus Kieselsäure hatten und damit aus demselben Grundstoff aufgebaut sind wie der Bergkristall.

Im Unterschied zu den Ablagerungen des Trias sind die des Jura in Salzburg weniger „mächtig" entwickelt, denn es herrschten keine guten Bedingungen für das Wachstum von Korallenriffen.

Jurazeitlich geprägt sind die Berge der Osterhorngruppe mit Schlenken, Schmittenstein und Trattberg und die auffallenden Oberalmer Schichten zwischen Hallein und Adnet, schön und gleichmäßig gebankte Kalk- und Kalk-Mergel-Schichten mit Einlagerungen aus hartem, schwarzem Feuerstein, einer speziellen Form von Quarz.

Die Gebirgsbildung der Alpen

Die im jurassischen Ozean abgelagerten Gesteine der Kalkalpen wurden während der vorgosauischen Gebirgsbildung (Alt-Alpidische Phase), die im oberen Jura begonnen hatte und während der Unterkreide endete, verschoben und gefaltet, ja sogar übereinander gestapelt (Tektonische „Decken"). Nach Abklingen dieser Bewegungen drang das Restmeer der Gosauzeit in den Bereich der Kalkalpen ein. Aus diesem Stadium kommen Gesteine mit charakteristischen Muschelriffen aus Rudisten und großen Schnecken. Örtlich ging die Ablagerung dieses Meeres bis vor ca. 45 Millionen Jahren, also bis ins ältere Tertiär, weiter.

Dieser Meeresboden hatte sich seit dem mittleren Jura einigermaßen verändert, denn damals setzte – durch die Plattentektonik bedingt – die Trennung zwischen Afrika im Süden und Europa im Norden ein. So wie heute Amerika und Europa durch eine mit Vulkanen markierte Linie im Atlantischen Ozean getrennt wird („Mittelatlantischer Rücken" mit Island als höchstem Punkt), so muss man sich auch das Teilbecken der Jüngeren Schieferhülle vorstellen. Diese in Ost-West-Richtung verlaufende Grenzlinie entstand erstmals im Oberen Jura gemeinsam mit der ersten Öffnung des Atlantiks. Der Großkontinent Pangäa zerbrach allmählich in die heute vorhandenen Kontinentalschollen.

Der riesige Ozean der Tethys wurde im Zeitraum Oberjura bis Oberkreide in Nord-Süd-Richtung um etliche hundert Kilometer größer. Die topografische Anordnung der Teilbecken zur Triaszeit zeigte ein grundlegend gewandeltes Erscheinungsbild und am Ende der Oberkreidezeit, an der Wende zur Erdneuzeit, hatte unser Planet wieder einmal ein neues Erscheinungsbild:

Kalkalpen mit den Resten des Gosaumeers   **SÜDEN**
Ein **Inselbogen** als Nordrand des Meeres
                                  Unter diesen beiden Einheiten
                                  die **Radstädter Tauern** und
                                  die **Hohen Tauern**

Ein Tiefseegraben mit dem **Flysch**
Das relativ seichte Meer des **Helvetikums** als Übergang zum
europäischen Festland   **NORDEN**

Kalkalpen und Gosau
Nach dieser Phase der ersten Einengung und Gebirgsbildung
konnte das Meer wieder in die Buchten der zur Ruhe gelangten Gesteine vordringen. Damit brach die Oberkreide an, sie
dauerte 30 Millionen Jahre.
Zunächst überfluteten die Wellen des vordringenden Meeres
den als Festland verwitterten Untergrund mit seiner Bauxitbil-
dung. Sie schwemmten den groben Schutt des umgebenden
Festlandes heran, der mit seiner Verfestigung das Grundkon-
glomerat der Oberkreide ausbildete. Später setzte sich tonig-
kalkiger Schlamm ab, für dessen Formation sich die Bezeichnung **Gosau Schichten** eingebürgert hat. (Dort lassen sich die
Gesteine eines seichten Meeresbeckens aus der Zeit der Oberkreidezeit besonders augenscheinlich studieren.)
Diese Gosau Schichten bestehen an der Basis aus einem Konglomerat, in dem teilweise kürbisgroße, runde Gerölle durch
Kalk zusammengekittet sind. An die 200 Meter mächtig ist
dieses Gosaugrundkonglomerat am Eingang in die **Glasenbachklamm** zu beiden Seiten des
Klausbaches, daneben aber vieler-
orts in den Ostalpen zu finden.
Oberkreide und Gosau Schichten
sind also manchmal, aber nicht
immer, synonyme Begriffe. Diesen
Zeitraum dokumentieren auch eine
Reihe auffallender Versteinerungen.
Erwähnenswert sind die füllhornför-
mige Kuhhornmuschel Hippurites
(„Pferdezahnmuschel") aus der
Gruppe der Rudisten und die rundli-
che Meeresschnecke Actaeonella.
Auch die Turmschnecke Nerinea und

Kuhhornmuschel

Versteinerte Meeresschnecken (Actae-onella).

die Pilzkoralle Cyclolithes zählen zu den charakteristischen Leitfossilien der Oberkreide vor 100 bis 70 Millionen Jahren; sie sind danach ausgestorben.

Zahlreich vertreten sind sie in Rußbach bei Abtenau und am Nordfuß des Untersberges und lassen auf ein tropisches oder wenigstens subtropisches Meer als Lebensumwelt schließen. Zu den typischen Gesteinen der Gosau Schichten gehört auch der Untersberger Marmor von Fürstenbrunn.

Hohe Tauern

In der Zeit von 150 bis 70 Millionen Jahren wurde zunächst im Meer eine mächtige Abfolge von Sanden, Tonen, Mergeln, Kalken, Basaltlaven und vulkanischen Aschen abgelagert, aus der sich die heutige Salzburger Landschaft der Hohen Tauern mit der **Jüngeren Schieferhülle** aufbaut. Sie wurde auf den älteren Gesteinen der Habachgruppe, des Altkristallins, aber auch auf Graniten und Tonaliten abgelagert, die zu dieser Zeit den Meeresboden bildeten. Das zugehörige Teilbecken der Tethys befand sich während dieses Entstehungszeitraumes (Oberer Jura bis Untere Kreidezeit) nördlich von dem der Kalkalpen. Durch den gewaltigen Tiefenstrom wurden sie nach Süden, also unter die Kalkalpen bewegt, da ja diese relativ dazu nach Norden „fuhren". So tauchten die Gesteine der Hohen Tauern unter dieses mächtige Gesteinspaket und lagen am Beginn der oberen Kreidezeit tief im Untergrund der Kalkalpen verborgen. Erst während der Erdneuzeit (Tertiär) wurden sie in einem gewaltigen Kraftakt, der durch den intensiven Schub von Afrika nach Norden verursacht wurde, aufgewölbt und wieder an die Oberfläche gepresst.

Bis zu diesem letzten Kraftakt der Alpidischen Gebirgsbildung waren die Gesteine der Hohen Tauern extremen Bedingungen, hohen Drucken und Temperaturen, ausgesetzt, die eine fundamentale Umwandlung (Metamorphose) herbeiführten. Sie sind kristallin und schieferig geworden und zeigen kaum Fossilien oder andere versteinerte Lebensspuren.

Flyschzone
Nach diesem ersten großen Akt der Gebirgsbildung entwickelte sich an der Nordgrenze der Kalkalpen eine Schwelle zwischen Gosaumeer und dem nächsten Teiltrog in Form eines Inselbogens. Dieser Meeresteil lässt sich anhand seiner Ablagerungen von der westlichen Schweiz bis zum Wienerwald verfolgen und wird als Flyschzone oder umgangssprachlich als **Sandsteinzone** bezeichnet.
Diese Gesteine bestehen hauptsächlich aus Sandsteinen, Mergeln und Tonschiefern, die bei Feuchtigkeitszufuhr, also bei ausgiebigen Regenfällen, stark aufquellen und daher bei Baumeistern wie Technikern gefürchtet sind. Wenn eine Siedlung oder Straßentrasse ins Rutschen kommt, als wäre sie auf „Schmierseife" errichtet, dann ist häufig der mergelige Untergrund der Verursacher. Die Mergel der Flyschzone bieten aber zugleich beste Voraussetzungen für eine industrielle Zementfabrikation. Im Salzburger Alpenvorland gehören der Heuberg, Plainberg, Haunsberg, Tannberg u. a. in die Flyschzone, ihre Gesteine haben ein Alter von 135 bis 70 Millionen Jahren. Der Flysch ist arm an großen, mit freiem Auge sichtbaren Versteinerungen, aber er enthält eine reiche Kleinlebewelt an einzelligen Lebewesen (Foraminiferen). Geologisch bedeutsam sind die seltenen Muschelfunde (Inoceramen) aus den ehemaligen Steinbrüchen von Muntigl und Bergheim.

Helvetikum – Ein versteinerter tropischer Strand
Nördlich des Flyschtroges erstreckte sich ein weiterer Ablagerungsraum, der durch eine unterseeische Schwelle vom Tiefseegraben des Flyschmeeres getrennt war. In diesem seichte-

ren Teilbecken gelangten Gesteine zur Sedimentation, die sich gleichfalls von der Schweiz bis nach Niederösterreich verfolgen lassen. Innerhalb dieser als Helvetikum bezeichneten Zone zeigen die Salzburger und bayerischen Anteile eine enorme Vielfalt an Fossilien, die schon das naturwissenschaftliche Interesse des 19. Jahrhunderts weckten.

Während die älteren Formationen des Helvetikums kaum von den Flyschgesteinen zu unterscheiden und gleichfalls arm an großen Fossilien sind, tritt uns mit Anbruch der Eozänzeit vor rund 45 Millionen Jahren schlagartig eine reichhaltige Tierwelt in versteinerter Form entgegen. Berühmt sind der steile rotbraune Sandsteinfelsen nördlich des Haunsberges, auf dem die Wallfahrtskirche St. Pankraz steht, die Felsabstürze des Wasserfalls im Wildenkar des Teufelsgrabens an der Westseite des Obertrumer Sees, an dem einst eine Kugelmühle stand, der langgestreckte Wartstein und der kleinere Schloßberg am Mattsee sowie die Geländerippe bei Reitsham an der Ostseite des Niedertrumer Sees.

Gegenüber dem betont sanften Landschaftsbild der Flyschgesteine treten die Gesteinsformationen des Helvetikums markanter hervor, denn sie enthalten mehr Quarz und sind härter. Die eozänen Sandsteine sind hauptsächlich aus den Schalen einer einzigen Tiergruppe, der Nummuliten (lat. „nummulus", Münze), also aus Einzellern aufgebaut, die stellenweise so massenhaft vorkommen, dass man sie mit der Schaufel aus dem Erdreich heben kann. Dazu kommt Quarz und Bohnerz. Die Nummuliten bewohnten in fast allen Weltmeeren zur Eozän-Zeit den Meeresgrund, darunter auch in Ägypten, wo der Nummulitenkalk als Baustein für die Pyramiden Verwendung fand.

In der Sandgrube von St. Pankraz am Haunsberg sind die Nummuliten stellenweise zu Eisenscheiben vererzt. An Fossilien in Helvetikum-Gebieten sind ferner Schnecken, Muscheln, Meereswürmer (Rotularia), Seeigel, Krabben und Seelilien zu erwähnen. Auch die Perlboote und Kopffüßer belebten damals noch die Gewässer. Von den Knorpelfischen verdient vor allem der Hai Erwähnung, dessen Zähne und Knochen häufig im Helvetikum eingelagert und in den Gesteinen von St. Pankraz, Mattsee und Reitsam reichlich vertreten sind. Das Besondere an dieser in Salzburg und Bayern auftretenden Eozänformation ist, dass es sich dabei um einen versteinerten tropischen Strand handelt. Denn neben den vielen Meerestieren sind auch Tapir, Krokodil und Palmfrüchte nachgewiesen.

Das Tauernfenster
Vor rund 65 Millionen Jahren wurde der anhaltende Druck von Süden so stark, dass es zu einer mächtigen Aufwölbung im Gebiet der Hohen Tauern kam. Die darüber liegenden Einheiten der Radstädter Tauern und der Kalkalpen wurden hochgehoben und glitten nach Norden in das seichte Restmeer, das dem heutigen Alpenvorland entspricht. Die Kalkalpen legten auf dieser „Reise" eine Entfernung von mehr als 80 Kilometern nach Norden zurück, die Radstädter Tauern erfuhren eine Verschiebung von immerhin 20 bis 30 Kilometern, während die Hohen Tauern mehr oder weniger auf der Stelle verharrten.
Der Gebirgsteil, der heute am höchsten emporragt, ist geologisch gesehen der tiefste Baustein der Alpen. Weil er damit der Urzeit der Gebirgsbildung am weitesten „auf den Grund" geht, bezeichnen ihn Geologen als „Tauernfenster".
Die zunächst noch heißen Gesteine der Hohen Tauern wurden bei dieser Aufwölbung relativ rasch aus großer Tiefe hochgehoben und kühlten dabei rasch ab. Durch diese enorme Beanspruchung taten sich viele Risse und Klüfte auf, die einer Vielzahl von kostbaren Kristallen und begehrten Mineralien beste Wachstumsbedingungen boten. Auf diesem Weg entstanden im Verlauf von Jahrmillionen die Bergkristalle, Amethyste, Epidote, Mondsteine, Kalzite, Fluorite und viele andere Mineralien, deren Lagerstätten in den Hohen Tauern nicht nur unter Mineralienfreunden berühmt sind.
Während also die Hohen Tauern aufstiegen, „wanderten" die Kalkalpen langsam, aber unaufhaltsam, mit drei bis vier Millime-

ter pro Jahr nach Norden. Diese unvorstellbare Masse aus harten Kalk- und Dolomitgesteinen wirkte wie ein scharfer Hobel, daher wurden die noch weichen Gesteine der Flyschzone und des Helvetikums von ihrem ursprünglichen Untergrund abgeschert und mitgeschleppt. Sie kamen unter die Masse der Kalkalpen zu liegen, sie wurden sozusagen „überfahren".
Das Ende dieser Reise war im seichten Restmeer des Alpenvorlandes erreicht.

Die Molassegesteine des Eozäns
Dieser nördlichste Meeresteil auf heutigem Salzburger Boden fällt in die Molassezone. Die Gesteine sind 40 bis 15 Millionen Jahre alt und liegen im nordwestlichen Flachgau bei Nußdorf und St. Georgen, unmittelbar an die steil gestellten Gesteine

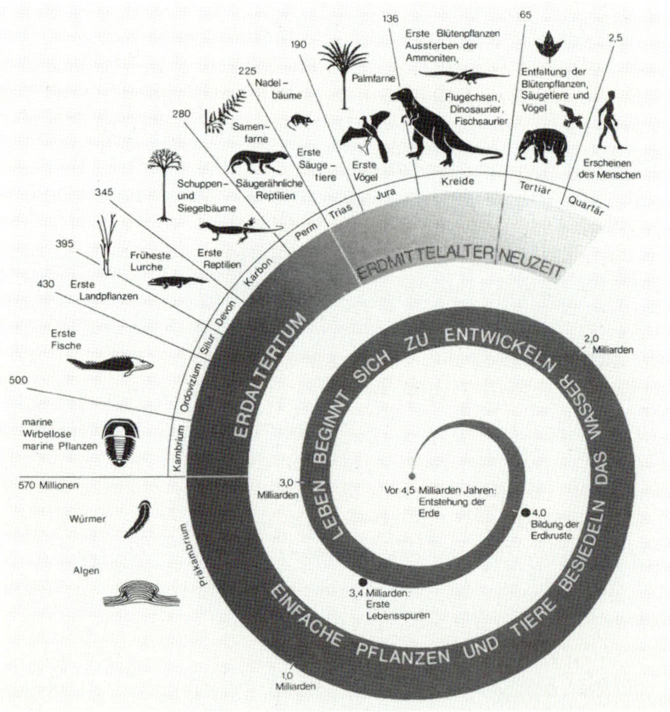

des Helvetikums angelagert. Im Eozän erstreckte sich dort ein flaches, seichtes Meeresbecken, das am Rand zum Teil von Kalkalgenrasen bedeckt war und Sande und Tone im Beckeninneren enthielt. Mit Ende der Eozänzeit, als die Kalkalpen ihren „Bestimmungsort" nahezu erreicht hatten, wurde der Schutt der großen alpidischen Gebirgsbildung in diesem Meer abgelagert.

Durch diese „Wanderung" verlandete das Meer allmählich und neben den Ablagerungen des Salzwassers finden sich bald auch solche der Flüsse und Seen, die das neu gebildete Festland durchzogen. An Fossilien sind in den älteren Molassegesteinen Austern und Pilgermuscheln zu finden. In der Tiefe der Molassezone herrschen übrigens gute Voraussetzungen für Erdöllagerstätten und Erdgas.

Themenweg 1 – Elsbethen
GEO-SCHAUWEG GLASENBACHKLAMM

In der geologischen Schatzkammer Glasenbachklamm, die reich an Fossilien ist und auffällig durch das enge Nebeneinander von unterschiedlichen Gesteinsschichten, wurde 1965 der erste Naturlehrweg im Land Salzburg eröffnet. Der Name Glasenbach leitet sich vom „Klausbach" ab, der den Gaisberg von der Elsbethener Fager trennt und über den jahrhundertelang Holz zur Saline nach Hallein getriftet wurde, was seine zeitweilige Aufstauung durch „Verklausung" erforderlich machte. Mit der Eröffnung der Giselabahn 1871 wurde der Salinenbetrieb auf die kostengünstigere Kohlefeuerung um- und das Holztriften eingestellt. 1882 ließ die Mayr-Melnhofsche Forstverwaltung den Saumweg entlang des Klausbaches ausbauen, und diese schönste Schlucht in Stadtnähe wurde rasch als beliebtes Ausflugsziel und Wanderweg in die geologische Urzeit des Landes angenommen. 1896 erregte der Fund einer versteinerten Fischechse größeres Aufsehen und machte die geologische Bedeutung dieses Kerbtals mit seinem

teilweise schluchtartigen Charakter über den Kreis von Fachleuten hinaus bekannt. „*Aus dem unteren Lias des Glasenba-*

*ches liegen mir 13 große
Zähne und einige Frag-
mente, sowie Kiefer-
bruchstücke von einem
Ichthyosaurus vor*",

Lebensbild eines Fischsauriers.

berichtete der Salzbur-
ger Naturforscher Eberhard Fugger in den „Mitteilungen der
Gesellschaft für Salzburger Landeskunde" (1897).
Der nunmehrige Geo-Schauweg Glasenbachklamm, der im
Herbst, wenn die Mittagssonne durch den Laubwald scheint,
am schönsten ist, führt entlang von elf Haltepunkten durch
einen Zeitraum von 208 Millionen Jahren an Landschaftsge-
schichte, wobei der stetig bergauf führende Weg aus der Sicht
der Geologie in zunehmend tiefere Schichten der Ge-
steinsbildung „hinab"führt.
Die westliche Klamm verdankt ihre Entstehung dem Gosau-
konglomerat, dessen Ablagerungen vor 88 Millionen Jahren
einsetzten und die heute stellenweise den Untergrund des
Salzburger Beckens bilden. Aber auch die Westflanke des
Gaisberges mit Gersberg und Gersbergfager, Hengstberg und
Hellbrunnerberg sowie der Glanegger Hügel sind aus Gosau-
konglomerat aufgebaut. Seine Komponenten bestehen ausschließlich aus kalkalpinem Material: Liaskalke, Radiolarite der
Jurazeit und Hornsteine, die in ein rotes, mitunter graues Bin-
demittel (Mergel) eingebettet sind.
Mit Abschluss des Gosaukonglomerats öffnen sich die Talflanken und wir stehen vor den dünnplattigen, dunkelgrau-grünen
bis rotbraunen Schichten des roten Radiolarits, der vor 155
Millionen Jahren vorwiegend aus den abgelagerten, stark kie-
selsäurehaltigen Gehäusen von Einzellern (Radiolarien) aufgebaut wurde. Schlägt man von diesem harten Gestein ein Stück
mit dem Geologenhammer ab, dann sprühen die Funken.
Weiter taleinwärts folgen die bunten Lagen von Fleckenmer-
gel aus der Jurazeit und die roten Knollenkalke des oberen

Lias. Etwa 30 Meter vor der Lettenbachbrücke, wo das trübe Wasser aus dem Mergelbereich dem klaren Wasser des Klausbaches zufließt, findet man in den Schuttfächern dieser Gesteine Ammoniten, Seelilienstielglieder und Belemniten. Etwas bachaufwärts wurden in den schwarzen, papierdünnen Mergellagen zahlreiche Fischreste gefunden. Im folgenden Bereich der roten Adneter Schichten mit ihrer ausgeprägten Knollenbrekzie, roten Knollenkalken und grauen Lias-Hornsteinkalken aus der Adneter Serie, verengt sich wieder das Tal. Die Schichten an den Talwänden auf der Nordseite zeigen starke Faltungen, Verbiegungen und Überschiebungen. Nach einer leichten Wegbiegung gelangen wir zum Haltepunkt der Saurierfundstelle. Im weiteren Verlauf biegt der Klausbachgraben scharf nach Norden und an der Westseite des Bachbettes ragen die ersten großen Nagelfluhblöcke auf. Diese Nagelfluhblöcke am oberen Klammausgang sind wahrscheinlich die Relikte einer Talzuschüttung, die ent-

Glasenbachklamm

stand, als das Salzburger Becken von Gletschereis ausgefüllt war. Er sollte schließlich einem See Platz machen. Dieser eiszeitliche Gletscher war in der Mindel-Riß-Warmzeit so hoch, dass er bis in diese Höhe Schotter abgelagert hat. Daraus baute sich zusammen mit Kalk der Nagelfluh auf. Bemerkenswert ist der geologische Wechsel, der an diesem Punkt sichtbar wird. Während der Eingangsbereich der Klamm aus Gosaukonglomeraten gebildet ist, mit Vorkommen an lokalem, kalkalpinem Material, treten hier in der grauen Nagelfluh auch Gerölle aus den Zentralalpen auf, Granite, Gneise und Quarzite.

Empfehlenswert ist dieser Geo-Schaupfad auch wegen seiner romantischen Naturwelt mit Bach, Wasserfällen und dem Laubwald aus Ahorn, Eschen und Ulmen.

Start: Elsbethen, Klausbachbrücke. Ein Parkplatz befindet sich am Klammeingang beim ehemaligen Gasthof Lohhäusl. Obus-Benützer fahren mit der Linie 49 bis Glasenbach.

Route: Der Zugang zum Lehrweg ist ausgeschildert und enthält auch Hinweise zum Routenverlauf. Die Geo-Wanderung durch die Glasenbachklamm folgt dem Rupertiwanderweg und weist 11 Haltepunkte mit Schautafeln auf. An Gehzeit sollte man eine gute 1 Stunde (4 km Routenlänge bei einer Höhendifferenz von rund 80 m) einplanen. Gutes Schuhwerk ist erforderlich.

Hinweis: Achtung! Bei Schneeschmelze und Regen erhöht sich die Steinschlaggefahr. Im Winter ist mit Vereisungen des Weges zu rechnen. Empfehlenswert ist eine Fortsetzung des Geo-Schaupfades Glasenbachklamm bis zur Schwaitlalm oder zum Gasthof Ramsau.

Info: Tourismusverband A-5061 Elsbethen, Tel. 0662-628891

Themenweg 2 – Rußbach im Lammertal
NATURLEHRPFAD ZUR SCHNECKENWAND

Mit der Schneckenwand besitzt Rußbach (817 m) im Lammertal eine der größten Fossilienfundstellen des Salzkammergutes. In der Oberkreide vor 130 bis 60 Millionen Jahren breitete sich in diesem Gelände eine seichte Flussmündung aus, die den Brackwasser liebenden Actaeonellen einen idealen Lebensraum bot. Das flache Gewässer bot eine reiche Nahrungspalette, sodass sich die Schnecken enorm vermehrten. Über den Zeitraum von Jahrmillionen trugen ihre Gehäuse zum Landschaftsbau der Region bei.

Turmschnecke im Längsschnitt aus der Schneckenwand in Rußbach.

Der Wandersteig zur Schneckenwand ist Teil des neuerrichteten Jungbrunnenweges mit 30 Stationen, die den Kräutern und Pflanzen in Wald, Feld und Flur gewidmet sind. Dieser gemütliche Rundweg von 4,5 Kilometer Länge beansprucht etwa zwei Stunden Gehzeit. Festes Schuhwerk ist erforderlich.

Start: Gemeindeamt Rußbach
Route: Wir wandern zur Rinnbachbrücke und biegen nach ca. 150 m in Richtung Sonnenhof (Falleneggbauer) ab. Wir passieren noch den Oberstöcklhof, betreten Waldgelände und gelangen zu einer Lichtung, über der die Schneckenwand liegt. Die Rückkehr in den Ort können wir über die Forststraße antreten. Sie führt zuerst Richtung Neualm (Jausenstation) und zum Randobach und mündet kurz danach in den Weg 208, der uns zurück nach Rußbach bringt.
Hinweis: Ein Folder liegt auf.
Info: Infobüro A-5442 Rußbach, Tel. 06243-4040-58

Themenweg 3 – Mattsee
MILLENNIUMSWEGE ÜBER WARTSTEIN UND SCHLOSS-BERG

Die Fossilienfundstellen Wartstein und Schlossberg in Mattsee gehören zur geologischen Zone des Helvetikums. Der Wartstein ist eine etwa 700 Meter lange und 80 bis 100 Meter breite Felsrippe aus fossilreichen Kalken, Kalksandsteinen, Sand-

Blick auf Mattsee.

steinen und Tonmergeln. Die Gesteinsschichten wurden bei der alpidischen Gebirgsbildung steil gestellt und ragen daher als sogenannter „Härtling" 30 bis 50 Meter hoch aus der sanftwelligen Moränenlandschaft. Diese Gesteine hielten nämlich dem Landschaftshobel des eiszeitlichen Salzachvorlandgletschers wesentlich besser stand als die weicheren Mergel und Lockergesteine der Umgebung.

Der Wartstein ist wie der Schlossberg aus Eozänschichten aufgebaut, die zahlreiche Gehäuse einzelliger Meeresorganismen enthalten. An Fossilien gibt es in diesen Schichten: Korallen, Muscheln, Schnecken, Nautiliden (Kopffüßler, ähnlich dem heute noch lebenden Perlboot), Brachiopoden (Armfüßer), Seeigel, Seelilien, Krebse, Haifischzähne, Schildkrötenpanzer, Krabben, Pamfrüchte, Krokodil- und Tapirzähne. Die sogenannte „Fossilschicht", die diese urzeitlichen Reichtümer birgt, ist eine gerade 50 bis 80 Zentimeter mächtige Tonmergelschicht in Dunkelgrau, die aus mit Sand verkitteten versteinerten Organismen aufgebaut ist. Schon im 19. Jahrhundert wurde die Forschung auf diese Fundstelle aufmerksam, die nur noch in St. Pankraz ein vergleichbares Gegenstück hat. Eberhard Fugger stellte eine 310 Arten umfassende Fossilienliste für das Mattseer Eozän zusammen. Seither sind noch viele Neuzugänge aus diesem versteinerten Palmenstrand verzeichnet.

Seit dem Mittelalter hat man am Fuß von Wartstein und Schlossberg Bausteine gebrochen, einen durch Brauneisenerz eingefärbten Sandstein, der für die Kirchenbauten der Umgebung Verwendung fand. Um 1900 erlangte der Seestidl-Bruch an der Nordseite des Wartsteins einige Bedeutung, denn er lieferte den fossilreichen *„Mattsinger Stoa"*, der als geschätzter Bau- und Dekorstein u. a. für das Portal des Neuen Borromäums in Salzburg und für das Heldendenkmal in der Universität Wien Verwendung fand. Seit den 50er Jahren sind diese Mattseer Ortssteinbrüche stillgelegt.

Der neu errichtete Mattseer Millenniumsweg (Sommer 2001) umfasst einen Rundweg über den Schlossberg von etwa einstündiger Gehzeit, der neben Fossilien und Geologie auch Kultur und Sozialgeschichte bietet sowie den ca. zweistündigen Wartstein-Rundweg mit den Schwerpunkten Geologie und Eiszeit. Ein Informationsrondell beim Postamt am Marktplatz Mattsee gibt eine Übersicht über den Routenverlauf und Standorte sowie Themenstellung der jeweils 13 Haltepunkte. Auf beiden Wegen sind kürzere, leichte Anstiege zu bewältigen, festes Schuhwerk ist daher erforderlich. Doch garantieren beide Routen für einen gemütlich leichten Wanderausflug ohne körperliche Anstrengung, aber mit vielen phantastischen Aussichtspunkten.

Die gigantische Zeitreise, in die der Wanderer über das informative Begleitprogramm der Info-Stationen eintaucht, mag ein Detail vergegenwärtigen: Beim Bau des 186 Meter langen Wartsteintunnels fand man in einem Karstschlauch das Fragment eines Bergkristalls, den der Salzachgletscher als *„Souvenir"* aus den Hohen Tauern mitgebracht hatte. Er hat nun seinen Platz im Salzburger Haus der Natur.

Start: Marktplatz Mattsee
Route: Vor dem Postamt am Marktplatz von Mattsee steht ein Info-Rondell mit Übersichtsplan zu diesen beiden Wanderungen. Für die Schlossberg-Runde gibt es die Alternative: Über oder rund um den Schlossberg.
Info: Tourismusgemeinschaft Trumer Seenland, A-5163 Mattsee, Tel. 06217-6080, Führungen über info@geoglobe.at oder Tel. 06216-78839-5

Marmor – Vom römischen Mosaik bis zum österreichischen Staatsvertrag

Hell schimmernder Marmor war ein bedeutender Werkstoff für die Kunst und Architektur der Antike. In der römischen Kaiserzeit kam es zu einer geradezu verschwenderischen „Einkleidung" Roms in edlen Marmor. Die bisherige Ziegelstadt wurde mit kostbaren Marmorfassaden „verblendet" und erhielt so ihr neues, dem Repräsentationsstil seiner Herrscher angepasstes Erscheinungsbild.

Mit der Besetzung Noricums und dem Ausbau Juvavums zur römischen Provinz- und Legionsstadt wird auch für Salzburg die Gewinnung von Dekorsteinen im Veitlbruch am Untersberg und in den Brüchen von Adnet nachweisbar. Von allen Römerstädten Österreichs besitzt Salzburg die meisten und dazu – mit der Villa in Loig – auch das kunstvollste Mosaik. Nahezu alle Mosaikfußböden wurden im vornehmen Viertel Juvavums rund um den späteren Dom gefunden, das schönste Beispiel hingegen, das Theseusmosaik, stammt aus einem ländlichen Herrensitz, dem römischen „Palast" von Loig. Daneben fand Marmor im römerzeitlichen Salzburg Verwendung für Meilensteine, Grabmäler, Fassadenverblendungen und Skulpturen.

Ringkämpfer. Römisches Mosaik vom Mozartplatz.

In christlicher Zeit setzt eine intensivere Nutzung des kostbaren Bausteins von Adnet und Untersberg um das Jahr 1000 neu ein. Dünnplattige Marmorbänke wurden für schlanke Säulen in Fenstern, für Arkaden und Krypten im romanischen Stil eingesetzt. Die Stufenportale von St. Peter und Franziskanerkirche verdanken ihren warmen

Rotton diesen Ressourcen im stadtnahen Adnet. Auch der älteste Grabstein im Wiener Stephansdom ist aus rotem Adneter Marmor.

Mit dem Baustil der Gotik und Renaissance erlebte der Adneter Marmor, davon der Rot-Tropf- und Rot-Scheck-Marmor besonders begehrt waren, eine gesteigerte Nachfrage. Bedeutende Bauwerke dieser Zeit wurden mit Adneter Marmor ausgestattet. Der 1504 unter Leonhard von Keutschach errichtete *„Reißzug"*, der vom Stift Nonnberg zur Festung einen Lastenaufzug herstellte, war zum Transport von Adneter Marmormonolithen bestimmt,

Goldener Saal in der Festung Hohensalzburg.

die den neuen Festungsbau mit Portalen, Böden, Fensterverkleidungen und Säulen ausschmücken sollten. Im Goldenen Saal mit seinen geschwungenen Marmorsäulen zeigt dieser Dekorstein eine Wirkung von schlichter Erlesenheit. Weiters ergaben sich aus der Errichtung von Kanzeln, Tauf- und Grabsteinen sowie dem Bedarf an Fundamenten für Flügelaltäre bedeutende Verwendungsbereiche für den Adneter Marmor. Er wurde oft über weite Distanzen an seinen Bestimmungsort geliefert. Hervorzuheben sind der 14-eckige Taufstein im Wiener Stephansdom und das Kaisermonument in Speyer. Veit Stoß bediente sich für das Grabmal des polnischen Königs Jagiello in Krakau († 1492) genauso des Adneter Marmors wie Tilman Riemenschneider für die Epitaphien im Bamberger und Würzburger Dom. Innerhalb Salzburgs sind noch die Festungszisterne, das Keutschachdenkmal auf

Hohensalzburg und das Kirchenportal von Stift Nonnberg zu erwähnen.

Mit der fürsterzbischöflichen Bautätigkeit der Barockzeit, unter Wolf Dietrich und seinem Nachfolger Markus Sittikus, erreichte diese Nachfrage ihren Gipfelpunkt. Die Hauptstiege der Residenz und die Ausstattung im Carabinieri-Saal wurden in Adneter Marmor ausgeführt. Hofbaumeister Santino Solari erwarb einen eigenen Steinbruch in Adnet und hat diesen vor allem für den Innenausbau von Schloss Hellbrunn genutzt. Auch für die elf Altäre des Salzburger Domes und dessen Ausgestaltung mit Kommunionschranken, Balkonbrüstungen und Bodenplatten wurde Marmor aus Adnet verwendet. Antonio Daria und Johann Bernhard Fischer von Erlach, die Nachfolger Solaris in der barocken Architekturlandschaft Salzburgs, sind dieser Wertschätzung treu geblieben. Bekannte Beispiele ihrer Arbeit mit Adneter Marmor sind die Innenausstattung der Dreifaltigkeitskirche am Makartplatz, der Kollegienkirche am Universitätsplatz und der Wallfahrtskirche Maria Plain. Der warme Rotton des Adneter Marmors und seine lebhafte Zeichnung ist aber genauso in vielen Profanbauten des barocken Salzburg zu finden, in der Neuen Residenz, im Chiemseehof, in den Kapitelhäusern, im Universitäts- und Studiengebäude, der Hofbibliothek und in den Hofstallungen, aus denen später die Festspielhäuser hervorgehen sollten.

Über die Landesgrenzen hinaus ist Adneter Marmor für die barocken Sakralbauten in Melk, Zwettl, Klosterneuburg, St. Florian und Heiligenkreuz, aber auch für weltliche Barockarchitektur wie den Dresdener Zwinger herangezogen worden. „Adneter" wurde europaweit und quer durch die Jahrhunderte als Baustein und künstlerischer Werkstoff eingesetzt und wurde bis nach St. Petersburg, Kairo und Jerusalem verhandelt.

Im Gegensatz zu den Untersberger Marmorvorkommen waren die Adneter Brüche vorwiegend im Besitz der ansässigen Bauern, die hier auch als Steinhauer tätig waren. Bis 1938 erfolgte die Blockgewinnung in reiner Handarbeit. Mit Schrothämmern von sechs Kilogramm Gewicht wurden sogenannte „Schrote" (Gesteinsschlitze) angebracht und damit die Marmorblöcke quaderförmig aus dem Stein gebrochen. Später ersetzten Drahtseilsägen und schließlich Diamant-Seilsägemaschinen den rein händischen Abbau.

Staatsvertrag auf „Adneter Boden"

Nach neun Jahren zäher Verhandlungsdiplomatie erfolgte am 15. Mai 1955 im roten Marmorsaal von Schloss Belvedere die feierliche Unterzeichnung des österreichi-

Wiener Parlament. Monolithsäulen im Peristyl aus Adneter Rotgrau-Schnöll-Marmor.

schen Staatsvertrages. Außenminister Leopold Figl (Österreich) und die Vertreter der vier Besatzungsmächte, die Außenminister John Foster Dulles (USA), Wjatscheslaw Molotow (SU), Antoine Pinay (Frankreich) und Herold Macmillan (England) setzten ihre Unterschrift unter das in grünes Saffianleder gebundene Dokument, das in vier Sprachen abgefasst worden war und mit seinen 38 Artikeln Buchumfang erreichte.

Die Geburtsstunde des neuen Österreich, mit dem das Land den Status einer freien, demokratischen Republik erhielt, fand auf „Adneter Boden" statt. Denn der Boden dieses spiegelnden Prunksaales in dem von Lukas von Hildebrandt erbauten Schloss Belvedere ist – aus Adneter Marmor.

Aber auch eine Reihe von „parlamentarischen Stützen" stammen aus den Adneter Marmorbrüchen. Im Peristyl des Wiener Parlaments, einem Repräsentationsbau der Wiener Ring-

Säulentransport mit Pferdefuhrwerk von Adnet zum Bahnhof Hallein.
Bestimmungsort: Wiener Parlament.

straßenzeit (1875) stehen 24 monolithische Säulen mit stuck-vergoldeteten Kapitellen aus Adneter Rotgrau-Schnöll-Marmor. Je 20 Tonnen schwer, wurden sie mit 36 Pferden von Adnet zur Bahnstation nach Hallein gezogen.

Themenweg 4 – Adnet
MARMORLEHRPFAD

Ausgangspunkt für diesen Rundgang durch 15 von insgesamt 50 Marmorbrüchen, die heute teilweise durch die Marmorindustrie Kiefer und andere Betreiber abgebaut werden, teilweise aber erschöpft und stillgelegt sind, ist das Marmormuseum im Ortszentrum. Auf dem Kirchenvorplatz stehen zwei Schautafeln zur Information.

Route: An der Kirche vorbei, die bereits 741 urkundlich erwähnt wird und eine Besichtigung lohnt, führt dieser ausgiebige Spaziergang von etwa 3 km Länge bei geringer Steigung über den aufgelassenen Kirchbruch und durch das „Kirchholz" bis zum Wandschützenhäuschen, wo zahlreiche Korallenmarmor-Findlinge aufgestellt sind. Von dort können wir über den Schützensteig in den Ort zurückkehren oder noch vier weitere Steinbrüche erwandern.

Interessierte können auf dieser Wanderung die unterschiedlichen Marmorvorkommen erkunden und sich mit besonderen Phänomenen der Erdgeschichte vertraut machen. Gleich rechts vom aufgelassenen Kirchbruch (mit dem neuen Feuerwehr- und Vereinshaus) befindet sich das Naturdenkmal „Adneter Gletscherschliff", ein Korallenriff aus der Triaszeit (200 Mio. Jahre), das von eiszeitlichen Gletschern glattgeschliffen wurde.

Der Lienbacher Bruch und der Große Tropf-Bruch lieferten einen besonders fossilienreichen und daher kostbaren Marmor. Die barocke Mariensäule am Marienplatz in München wurde im 30-jährigen Krieg aufgrund eines Gelübdes des damaligen Kurfürsten aus Adneter Scheck-Marmor errichtet. Derselbe Bruch lieferte 1954 die Säulen für das Münchner Nationaltheater. Der Bruch „Am eisernen Geländer" gleich daneben lieferte die Bodenplatten für die Wiener Staatsoper. Aus dem Tropfbruch wurde 1938 von Albert Speer eine große Kartentischplatte bestellt, die für Hitlers Arbeitszimmer in der Neuen Reichskanzlei bestimmt war. Nach dem Zusammenbruch des NS-Regimes holte sie Stalin nach Moskau. Sie befindet sich seither im Kreml.

Hinweis: Witterungsbedingt mitunter rutschige Stellen.

Buchtip: Franz Kretschmer, Marmor aus Adnet. 2. Aufl., Salzburg 1992

Sehenswert: Adneter Marmormuseum. Zugang vom Brunnenvorplatz beim neuen Gemeindehaus. Öffnungszeiten: März bis Oktober, mittwochs 17.00–18.30 Uhr und an jedem ersten Sonntag dieser Monate von 10.30–11.30 Uhr. Führungen von Mai bis September jeweils mittwochs, 9.30 Uhr und nach Vereinbarung. Ein Folder mit Karte und genauer Wegbeschreibung liegt auf.

Info: Fremdenverkehrsverband Adnet, Tel. 06245-80625

Themen-Schwerpunkt „Marmor und Kugelmühlen"
UNTERSBERGMUSEUM FÜRSTENBRUNN

Der Untersberger Marmor aus dem Veitl-Bruch wurde nachweislich schon zur Römerzeit abgebaut. Das gotische und barocke Salzburg hat sich dann über Jahrhunderte für seine repräsentativen, sakralen wie profanen Bauwerke des Untersberger Marmors bedient, der sich von jenem aus Adnet vor allem in der Färbung unterscheidet. Er ist gelblich oder von hellem, nicht so kräftigem Rot wie der Adneter Marmor. Als Kostbarkeit gilt der Untersberger Forellenmarmor, dessen zartgelber Grundton von roten Einschlüssen gesprenkelt wird.

Untersberger Marmor fand genauso wie die Vorkommen in Adnet weithin Abnehmer, kunstgeschichtlich bedeutend sind die Raphael-Donner-Stiege im Salzburger Schloss Mirabell, das Palais Liechtenstein in Prag und die Pestsäule in Wien am Graben.

Fast in Vergessenheit geraten ist die Salzburger Hausindustrie der Kugelmühlen, deren bekannteste in Fürstenbrunn, in unmittelbarer Nähe der Untersberger Marmorbrüche, über Jahrhunderte in Betrieb stand. Heute ist die Anlage vorbildlich wiederhergestellt und der lebendige Kern des Untersbergmuseums. Die Handteller großen, geschliffenen und polierten Marmorkugeln, die die noble Schönheit des Untersberger Marmors gut zur Geltung bringen, sind ein origineller Souvenirartikel. Ihre Rolle als Handelsgut endete mit der Verdrängung der Segel- durch die Dampfschifffahrt.

1799 schrieb Franz Michael Vierthaler in seinen „Reisen durch Salzburg" über den dazumals noch aufrechten Betrieb der Fürstenbrunner Kugelmühle: *„Am Untersberg werden mehrere 100.000 Stück von Schussern oder Schnellkügelchen gemacht und dann bis an die Küsten des Meeres versendet. Man braucht sie zum Ballast, zu Spielzeugen und zur Ladung der Kanonen."* Als die Untersberger Marmorkugeln ihren kriegerischen Verwendungszweck als *„Schusser"* einbüßten, blieben *„Murmeln"*, in denen das Wort *„Marmor"* nachklingt, ein beliebtes Kinderspielzeug. Aber schließlich lohnte die Nachfrage nicht mehr den erforderlichen Aufwand und die Salzburger Kugelmühlen stellten eine nach der andern ihren Betrieb ein.

Untersbergmuseum Fürstenbrunn
A-5082 Grödig, Kugelmühlweg 4, Tel. 06246-74096
Öffnungszeiten: 1. April bis 31. Oktober, Mittwoch, Donnerstag, Samstag, Sonntag und Feiertag 13.00–18.00 Uhr; in den Wintermonaten Donnerstag, Samstag, Sonntag und Feiertag 13.00–17.00 Uhr. Februar geschlossen.
Führungen nach Anmeldung möglich.
Rahmenprogramm: Film über Kugelmühlen, Vorführung einer Kugelmühle im Betrieb.

Kristalle und edle Mineralien in den Hohen Tauern

Die Hohen Tauern waren nicht nur reich an Gold- und Silbererzen, auch ihre mit Kristallen und kostbaren Mineralien
gefüllten Felsklüfte sind legendär und waren durch die Jahrhunderte das Ziel von Mineraliensammlern, *„Stuffenhänd-
lern"*, *„Strahlern"* und Schatzgräbern.
Bereits um 10.000 v. Chr. nutzten Menschengruppen, die in
das eisfrei gewordene Saalachtal vorgedrungen waren, die
Schneidekraft des Bergkristalls für Geräte und Werkzeuge.
Aus römischer Zeit liegen Berichte Plinius d. Älteren (23/24 –
79 n. Chr.) über Kristallvorkommen in den Alpen vor, die durch
Funde auf dem Magdalensberg in Kärnten Bestätigung fanden. Ihre Erscheinungsform
und charakteristische Ein-
schlüsse machen Rauris als
Liefergebiet wahrscheinlich.
Im Mittelalter war der durch-
scheinend schimmernde
Bergkristall der Herstellung
von kirchlichen Geräten und
Herrschaftsinsignien vorbehalten. Eine klare Kugel Bergkristall bildete häufig den

Bergkristall aus den Hohen Tauern.

Schlussstein fürstlicher und königlicher Zepter. Seit der Gründung einer Bergkristallmühle, also einer Kristallschleiferei, in
der Stadt Salzburg durch Guidobald Graf Thun im Jahr 1665
fußte der Quarzkristallabbau in den Hohen Tauern auf überschaubaren wirtschaftlichen Grundlagen. Laut Anweisungen
der Obrigkeit mussten die von Sennern und Steinsuchern
gefundenen Kristalle an die Pflegschaften abgeliefert werden,
wo es dafür ein kleines Entgelt gab. Die Funde wurden nach
Salzburg weitergeleitet. Außerdem wurde das Almvolk ange-
halten, landfremde Steinsucher, die uns in der Sage als Vene-
digermandln begegnen, mit Gewalt zu vertreiben, um zu verhindern, dass sich landfremde Hofhaltungen mit Salzburger

Edelsteinen und Kristallen schmückten. Geschliffene Bergkristalle wurden für Kronleuchter und Lüster verarbeitet, Pokale und Trinkbecher wurden daraus geschnitten, schließlich Tafelaufsätze und anderer Zierrat, die eine Hoftafel auf das luxuriöseste ausstatten konnten. Um 1700 wies die erzbischöfliche Salzburger Kunstkammer 120 Prunkgefäße aus geschliffenem Bergkristall auf.

Die wissenschaftlich-mineralogische Beschäftigung mit den Kristallvorkommen der Hohen Tauern beginnt mit dem Bergwerksarzt von Idria und Laibacher Professor bretonischer Abstammung, Belsazar de la Motte Hacquet, der 1784 und 1791 die Berichte seiner naturwissenschaftlichen Wanderungen veröffentlichte. Darin beschrieben sind auch erste Aquamarin- oder Beryllfunde aus dem „Parisstollen" im Radhausberg von Gastein. Zur selben Zeit, 1786, publizierte Bergwerksdirektor Kaspar Melchior Schroll die erste Mineralogie Salzburgs. Er dürfte es auch gewesen sein, der den prominentesten Sammler salzburgischer und Tiroler Mineralstufen, Erzherzog Johann (1782–1859) mit wertvollen Kristallen und Mineralien aus dem Fürsterzstift Salzburg belieferte. Darunter befand sich auch eine Reihe von Smaragden aus dem Habachtal.

Von den über tausend bekannten Mineralien, die im Salzburger Anteil der Hohen Tauern nachgewiesen sind, kommt neben den Bergkristallvorkommen dem Habachtaler Smaragdbergbau der größte Stellenwert zu. Eine Rarität aus dem Bereich der sakralen Volkskultur ist die Lourdesgrotte in der Michaelskapelle von Rauris, die mit Tausenden von Bergkristallen und anderen Mineralien heimischer „Stoasuacha" bestückt ist.

Das tannengrüne Leuchten der Habachtaler Smaragde

Angeblich kannten schon die Römer die Smaragde des Habachtals mit ihrem wunderbaren, tiefgrünen Feuer, dem geheimnisvolle Kräfte nachgesagt wurden. Marcus Lucanus von der XIV. Legion soll hier im persönlichen Auftrag Kaiser

Neros nach Smaragden habe schürfen lassen. Aus dem Solda-
tenlager Carnuntum bei Wien stammen Smaragdfunde aus
dem Besitz römischer Militärs, die höchstwahrscheinlich aus
dem Habachtal stammen. Denn bevor im 16. Jahrhundert die
märchenhaften Smaragdvorkommen Kolumbiens europäische
Schmuckliebhaber bezauberten, kamen Smaragde nur im Ori-
enthandel nach Europa. Die
Smaragdlagerstätte in der
Leckbachrinne im Habachtal
war das einzige bekannte
Vorkommen auf europäi-
schem Boden. Besonders das
Mittelalter erwies dem Smaragd eine hohe, auch mystische Wertschätzung, indem
es ihn mit der Symbolik des

Smaragd aus dem Habachtal.

Neuen Jerusalem und mit der Gralsage in Verbindung brachte.
Antike Traditionen, die den Smaragd als „königlichen Stein"
ansahen, lebten in christlicher Deutung neu auf. Eine Mon-
stranz im Salzburger Dom und ein Altarkreuz des Stiftes Mattsee tragen jeweils einen Habachtaler Smaragd als Schmuckstein. Im Bereich der Spekulation muss die Annahme verblei-
ben, dass sich auch unter den britischen Kronjuwelen ein Habachtaler Smaragd befindet.

Der „Königsstein" Smaragd schmückte aber nicht nur gekrön-
te Häupter und die Vornehmen der Gesellschaft, auch so manche Kropfkette einer einfachen Pinzgauer Bäuerin war mit
einem Habachtaler Smaragd verziert. Und damit war durchaus
„Staat" zu machen.

Urkundlich belegt ist der Habachtaler Smaragdbergbau im
Leckbachgraben zwischen Nasenkogl (2462 m) und Graukogl
(2834 m) seit 1669, da in einem Schreiben Anna de Medicis
von ihm die Rede ist. 1797 legte Bergrat C. M. B. Schroll eine
erste wissenschaftliche Beschreibung der *„Smaragde in Glimmerschiefern vom Heubachtal im Fürstenthum und Erzstift
Salzburg"* vor. Dokumentierbar im engeren Sinn wird die

Bergbaugeschichte der Habachtaler Smaragdvorkommen aber erst mit dem Wiener Juwelier Samuel Goldschmidt, der das Gelände 1861 von der k.k. Forstverwaltung Zell am See um 10.000 Gulden ankaufte, ein Knappenhaus, die nach ihm benannte Goldschmidthütte, errichten und einen Stollen vorantreiben ließ. Der abgebaute Biotitschiefer wurde systematisch zerkleinert und in einer Waschrinne nach Smaragden durchsucht. Die Investition dürfte mehr als nur kostendeckend gewesen sein, denn noch im selben Jahr 1861 beschickte Goldschmidt die Weltausstellung in London mit einer Serie von kostbaren Smaragden von tiefgrüner Färbung. Von nun an sorgten die Habachtaler Smaragde über nahezu ein Jahrhundert für periodisch wiederkehrende Sensationsfälle, abenteuerliche Vorkommnisse und Gerüchte, rasche und oft nicht ganz nachvollziehbare Besitzerwechsel, finanziell waghalsige und undurchsichtige Manöver und beschäftigten mehrfach die Gerichte und Sensationspresse.

Eine letzte Blüte erlebte der Smaragdbergbau unter dem Pächter Sebastian Perger, der in den 70er und 80er Jahren des 20. Jahrhunderts die Mineralienbörsen mit größeren Smaragdstufen und losen Smaragden aus dem Habachtal beschickte. Seit der Übernahme des Bergbaugeländes Leckbachrinne, von dessen vier Stollen heute nur noch einer betriebsfähig ist, durch den Pächter Alois Steiner ist das erschöpfte Vorkommen vor dem Zugriff von Mineraliensuchern weitgehend geschützt.

Geologisch gesehen liegt die Leckbachrinne an der Grenze zwischen dem Zentralgneis der Habachzunge und der Habachformation. In diesem chemisch ganz unterschiedlich zusammengesetzten Gesteinsuntergrund „wuchsen" in einer Tiefe von etwa 15 Kilometern, bei einem nahezu unvorstellbaren Druck von 5000 bar, den die darüberliegenden Gesteinsdecken erzeugten, und bei einer Temperatur von 500° C, die bewunderten Habachtaler Smaragde. Unter dem Mikroskop ist dieser schichtenförmige, an mehrere Metamorphosen gebundene Entstehungsprozess der Smaragde an Einschlüssen erkennbar.

Kleine Auswahl der bedeutendsten Mineralien und Kristalle in den Hohen Tauern

Bergkristall: Stubachtal, Sulzbachtäler, Rauris, Gastein, Glockner-gebiet, Venedigergruppe

Das größte Fundstück von sagenhaften 618 Kilogramm Gewicht wurde 1966 in der Eiskögele-Nordwand im Stubachtal durch die Bergsteiger Peter Meilinger und Hans Hofer geborgen. Dieser Riesenkristall befindet sich heute im Haus der Natur in Salzburg.

Epidot aus den Hohen Tauern.

Epidot: 1865 wurde in der Knappenwand im Obersulzbachtal ein sensationeller Epidotfund gemacht, der heute weltberühmt ist. Die schwarzgrünen, stengeligen Kristalle zeigen im Durchlicht ein so wunderbares Farbenspiel, dass dieses Mineral auch als Schmuckstein Verwendung fand. Die größte und schönste Epidotstufe der Knappenwand ist im British Museum in London zu sehen.

Fluorit: Achsel-Alm im Hollers-bachtal, Vorderkrimml, Naßfeld-Böckstein-Badgastein, Hafner-gruppe, Weißeck im Lungau

Granat: Schwarze Wand im Hollersbachtal. Größere Fundstellen liegen im angrenzenden Tirol.

Smaragd: Leckbachrinne im Habachtal, Kesselklamm im Untersulz-bachtal

Themenweg 5 – Bramberg am Wildkogel
GEOLEHRWEG INS HABACHTAL

Vom Eingang ins Habachtal bis zur Moaralm (1410 m) verläuft dieser Themenweg, der an 16 Stationen zur Entstehung des Tauernfensters und über den Gesteinsaufbau des Habachtals wie der Hohen Tauern informiert. Für Ausdauernde empfehlenswert ist eine Fortsetzung dieser Tour, die zwei bis drei

Blick ins Habachtal.

Stunden Gehzeit in Anspruch nimmt, bis zur Neuen Thüringer Hütte (2240 m), wo sich die hochalpine Gipfelkulisse der schneebedeckten Dreitausender rund um den Großvenediger (3674 m) und seine Gletscherwelt vor dem Wanderer auftut.

Das Habachtal zeigt die von der Kraft der eiszeitlichen Gletscher geprägte Trogtalform mit der flachen Sohle und den steilen Seitenwänden in ganz typischer Weise. Aber auch sein geologischer Aufbau liefert ein Modellbeispiel für die sogenannte Variszische Gebirgsbildung. Seine Gesteine gehören zur tiefsten Baueinheit der Alpen, zum sogenannten **Tauernfenster** (Venedigerdecke). In ihrer Zusammensetzung finden sich die rund 600 bis 400 Millionen Jahre alten Gesteine der Habachgruppe und die zur Zeit der Variszischen Gebirgsbildung (vor etwa 300 Millionen Jahren) eingedrungenen Tiefengesteinskörper, die Zentralgneise.

Auf dem Weg von der Habachklause am Taleingang bis zur Wennser Grundalm wird der namengebende Teil dieser

Habachgruppe durchwandert. Innerhalb dieses Bauelements der Venedigerdecke, das auch die geologische Bezeichnung „Habachmulde" führt, liegen die Gesteine noch in ihrem ursprünglichen Verband vor. Als nächste Baueinheit folgt die Habachzunge, die sich aus Zentralgneisen zusammensetzt. Dieser metamorphe, durch extreme Drucke und Temperaturen umgewandelte Tiefengesteinskörper granitischer Zusammensetzung wurde bei den letzten gebirgsbildenden Vorgängen aufgewölbt.

Nach der Moaralm folgt wieder eine Mulde mit Gesteinen der Habachformation. Bei dieser Abfolge, eingeklemmt zwischen zwei starren Zentralgneisblöcken, wurden durch die starke Einengung bei der alpidischen Gebirgsbildung die weicheren Gesteinskomponenten extrem ausgewalzt, was eine enorme Vielfalt von Gesteinen unterschiedlichster Zusammensetzung auf engstem Raum hervorbrachte. Sie bot zugleich die Voraussetzungen für die Entstehung der Habachtaler Smaragde.

Vom Gasthof Alpenrose (1400 m) hat man einen guten Blick auf diesen einstigen Smaragdbergbau Leckbachrinne am linken Talhang. Auch einer der Haltepunkte dieses Geo-Lehrpfades ist dem Smaragdbergbau gewidmet.

Der letzte Talabschnitt mit den Gipfeln des Alpenhauptkammes besteht aus Zentralgneisen, die sich noch in ihrem ursprünglichen Verband mit dem Altkristallin, „altes Dach" genannt, befinden, also den ältesten, durch Metamorphose umgewandelten, aber nur wenig deformierten Gesteinskörper zeigen.

Start: Parkplatz Habachklause (867 m)

Route: Leichte Bergwanderung bis zur Moaralm über eine Gehzeit von 2 bis 3 Stunden, die im ersten Anstieg durch den Waldgraben etwas Kondition und Ausdauer verlangt. Mit Erreichen der Krameralm wird diese Mühe durch ein herrlich offenes Trogtal von nur noch mäßiger Steigung entlohnt, wo man eine hochalpine Naturwelt mit prachtvoller Gebirgskulisse genießt.

Einkehr: Habachklause, Gasthof Enzian, Gasthof Alpenrose

Sehenswert: Mineralien im Heimatmuseum Wilhelmgut in Bramberg. Mineralienfreunde finden in diesem ebenso liebevoll wie fachmännisch betreuten Museum eine wahre Schatzkammer. Drei Schauräume, dicht bestückt mit kostbaren Mineralien, Kristallen und Edelsteinstufen, geben den schönsten und anschaulichsten Einblick in den mineralogischen Reichtum der Hohen Tauern.

A-5733 Bramberg 27, Tel. 06566-678
Öffnungszeiten: 1. Mai bis 15. Juni und 1. Oktober bis 31. Oktober täglich 15.00–17.00 Uhr, sonntags 10.00–12.00 Uhr; 15. Juni bis 30. September täglich 10.00–18.00 Uhr
Weitere Auskünfte im Gemeindeamt, Tel. 06566-237
Info: Tourismusverband A-5733 Bramberg, Tel. 06566-7251 und Tourismusverband A-5741 Neukirchen, Tel. 06565-6256

Themenweg 6 – Wald im Pinzgau
FLUORITSTOLLEN REHERLKÖPFL

Der vielfarbige Fluorit ist der Harlekin unter den Mineralien, denn er ist mit einer reichen Farbskala vertreten. Diese umfasst gelbe, violette, lila, rosa bis hin zu grün-blauen und sogar schwarzen Farbtönen. Apart bunt gebänderte Fluorite wurden in China schon vor langer Zeit zu kunstgewerblichen Gegenständen verarbeitet und in der römischen Antike wurden aus Fluorit die sogenannten Murrhinischen Trinkgefäße gefertigt. Das Material wurde ähnlich wie das Millefioriglas zur Verarbeitung erhitzt und mit Myrrhenharz eingerieben. Der Wein, den man aus diesen Gefäßen trank, schmeckte wie Gewürzwein.

Fluorit vom Reherlköpfl.

Seit dem 16. Jahrhundert wird Fluorit in großen Mengen für Verhüttungsprozesse, zum leichteren Schmelzen von Aluminium-Erzen verwendet und ist in dieser Funktion bis heute ein gefragter Artikel. Für den Fluorit charakteristisch ist auch das große Spektrum an Kristallisationsformen, seine Phosphoreszenz und seine Eignung zur Flusssäureherstellung, die ihn für die moderne chemische Industrie bedeutsam macht.

Die Ostalpen weisen eine ausgesprochene Vielfalt an Fluoritmineralisationen auf und davon entfallen wiederum viele Vorkommen auf die Hohen Tauern. Ein eigener Fluoritstollen besteht seit den fünfziger Jahren im Vorfeld der steilen Nößlachwand bei Krimml, an der Nordostseite des Reherlköpfls. Er ist seit kurzem als Mineraliengrotte für Besucher zugänglich. Der kleine, fahrbar gemachte Mineralbergbau über eine Streckenlänge von 60 Metern steht aber nur geführten Gruppen offen. Diese leichte Tour sieht eine Befahrungsdauer des Fluoritstollens von einer Stunde vor. Wanderausrüstung, eventuell auch Helm und Geleucht sind mitzubringen.

Info: Mineraliengrotte Wald im Pinzgau, Tel. 06565-8427

Gletscherlehrweg Sonnblickkees.

Kühle Schönheit auf der Flucht

EISZEITWANDERN UND GLETSCHERERLEBEN

Die Klimageschichte der letzten zwei Millionen Jahre verzeichnet mehrfache Wechsel von Kalt- und Warmzeiten, sogenannte Glaziale und Interglaziale. Vergleichsweise kurzen Kaltzeiten mit einer globalen Temperaturabsenkung von 8–10° C standen ausgedehnte Warmzeiten gegenüber. Ganz Nordeuropa bis Mitteldeutschland, der Alpenraum und die übrigen Hochgebirge derselben geographischen Breite verschwanden unter dichten Eispanzern, die den heutigen Verhältnissen in Alaska vergleichbar sind. Auch der nordamerikanische Kontinent und Nordasien waren vergletschert. Auf der Südhemisphäre herrschten spiegelbildlich ähnliche Verhältnisse.

Für den Zeitraum des Quartärs, der jüngsten Periode der Erdgeschichte, die vor etwa 1,8 Millionen Jahren begann und bis heute andauert, nimmt man vier derartige Großvereisungen an. Am Höhepunkt dieser Kaltzeiten waren rund 55 Millionen Quadratkilometer der Erdoberfläche vergletschert. Infolge der Bindung dieser gigantischen Wassermassen in Form von Eis sank der Meeresspiegel um 120 Meter ab und es kam zur Bildung von Landbrücken, die für die Verbreitung der Fauna, aber auch der menschlichen Spezies die denkbar größte Bedeutung gewinnen sollten. Die dicht bepelzten Mammute und Wollnashörner, Riesenhirsche, Höhlenbären und Auerochsen waren an diese eiszeitliche Naturwelt hervorragend angepasst.

Nach der Entwicklung der Eiszeitlehre speziell für die Alpen durch Alfred Penck werden die Vergletscherungen des Quartärs nach vier kleinen Flüssen im bayerischen Alpenvorland benannt: Günz, Mindel, Riß und Würm, die getrennt wurden durch die Warmzeiten Bühl, Gschnitz und Daun.

53

Die **Günz**-Kaltzeit setzte vor 1,5 bis 1,4 Millionen Jahren ein, vor 1,2 bis 1,0 Millionen Jahren folgte die **Mindel**-Kaltzeit, darauf vor 410.000 bis 340.000 Jahren die **Riß**-Kaltzeit. Die letzte Vergletscherungsperiode der **Würm**-Kaltzeit erreichte vor 18.000 Jahren ihren Höhepunkt und ging vor rund 12.000 Jahren zu Ende. In den Spitzenjahren dieser Eiszeit lag die Schneegrenze 1200 bis 1300 Meter tiefer als heute und die Sommertemperaturen lagen um die zehn Grad unter den heutigen Durchschnittswerten. Rund 150.000 Quadratkilometer der Alpen und des Vorlandes waren mit Eis bedeckt.

Im Salzburger Land ragten nur die jeweils höchsten Erhebungen aus der Eismasse. Nach einem grönländischen Wort nennt man sie „Nunataker". Dazu gehörten die Gipfel der Hohen Tauern, Hochkönig, Dachstein, Untersberg und am Alpennordrand Gaisberg und Heuberg, Schafberg, Drachenwand und Schmittenstein sowie eine Handvoll weiterer Bergspitzen. Das Nährgebiet des Salzachgletschers lag an der Nordabdachung der Hohen Tauern. Dabei folgte das Eis aus dem Gebirge den Tauerntälern und weiter dem Salzach- und Saalachtal in das Vorland. Im Salzburger Becken vereinigten sich die beiden Eisströme und fächerten sich in halbkreisförmige Zweigbecken im salzburgisch-bayerischen Grenzraum auf. Die Eismassen des Salzachgletschers mit über 2600 Meter Eisstromhöhe im Gebirge erstreckten sich wesentlich flacher bis an den Chiemsee und den Mittellauf des Inns.

Unter der Einwirkung dieser tief schürfenden und schabenden Gletscherbewegung entstand das leicht hügelige bis sanft wellige Landschaftsbild, wie es für den Salzburger Flachgau mit seinen wunderbaren Seen charakteristisch ist. Am Ende der Gletscherzunge lagerte sich der mitgeführte, gewaltige Schutt in Form von breiten Schuttkegeln, Deltas und Moränen ab. Als Moränen bezeichnet man markante Schuttwälle, die der Gletscher durch seine Fließbewegung aufgeschüttet hat. Das schräg geschichtete Konglomerat des Mönchsberges bildete sich aus einem Teildelta des zurückweichenden Salzachgletschers, der das heutige Salzburger Becken während der

Mindel-Riß-Warmzeit mit einem gewaltigen See ausfüllte. Flora und Fauna, die sich in den Zwischeneiszeiten entwickelten, wurden von den vordringenden Gletschern zwar immer wieder verdrängt, doch geschütztere Lebensräume boten zahlreichen Tier- und Pflanzenarten geeignete Lebensbedingungen.

Die Gletscher räumten den alten Schutt der Haupttäler aus. Die langsam abfließenden Eismassen, die bis zu 30 Meter jährlich zurücklegten, schabten bei ihrem Vorwärtsgleiten den Erduntergrund ab und schoben so die Schutt- und Geröllmassen vor und unter sich talwärts, sodass sich Schuttwälle (Moränen) und Terrassen bildeten. Durch diese Erdbewegungen entstanden in den Gebirgsregionen Kare, Karseen, kantige Grate und abgeschliffene Bergrücken, aber auch markante Spitzen und Verschneidungen. Der Druck der Eismasse und die Reibung der Gletscherbewegung hinterließen Gletscherschliffe, gekritzte Steine und Gletschertöpfe, die die Mahlkraft des Eises besonders anschaulich vor Augen führen.

Die voreiszeitlichen Kerb- und Muldentäler wurden in die für die Hohen Tauern charakteristischen Trogtäler umgestaltet, ihre Ausprägung ist am Habachtal mustergültig zu erkennen. Wasserfälle zerschnitten die Trogwände, der Trogboden wurde teilweise durch nacheiszeitliche Murenbildung, Steinschlagkegel und talauswärts durch Aufschüttungen und Hangrutschungen verdeckt. In diese Ablagerungen waren vielfach riesige Toteisblöcke eingeschlossen, die die Verbindung mit dem Gletscher verloren hatten und nun im Zuge ihres langsamen Abschmelzens Erdmulden, sogenannte Toteislöcher, im Schotter-Moränen-Erdreich hinterließen.

Im Alpenvorland, wo einengende Bergflanken fehlten, bildete der Salzachgletscher eine markante Fächerform aus, er reichte bis 28 Kilometer über den Alpensaum hinaus. Ein „interglazialer" See, 80 Meter tief und 150 Quadratkilometer groß, erstreckte sich vom Abfall des Untersberges über das heutige Salzburger Becken, in dem sich der Nagelfluh der Salzburger Stadtberge durch Schotterablagerungen herausbildete. Die

Die Flachgauer Seen – im Bild der Wallersee – sind ein „Geschenk der Eiszeit".

heutigen Flüsse folgen alle den von den eiszeitlichen Gletschern vorgezeichneten Bahnen.

Im Flachgau ragten die Flyschberge wie Inseln aus dem „Schuttmeer" der großen Gletscher des Pleistozäns, während andernorts, wie am Pass Lueg, die Gletscherbewegung die Gesteinsrinde bloßgelegt hat. So lässt sich verallgemeinernd sagen, dass die Gletscher der Eiszeit das Landschaftsbild in den Steillagen des Gebirges scharfkantig zerfurchten und Gegensätze verschärften, während sie im Alpenvorland die Täler einebneten, Terrassen anlegten und eine sanft gerundete Hügellandschaft aufschütteten.

Themenweg 7 – Henndorf am Wallersee
EISZEIT-RUNDWEG

In die eiszeitliche Welt der Endmoränen und Toteislöcher und Gletschertunnel führt dieser landschaftlich reizvolle Eiszeit-Rundweg, der die Landschaftsformung im Salzburger Alpenvorland während der letzten 20.000 Jahre anschaulich macht.

Ausgangspunkt dieser Wanderung über 4,5 Stunden, die auf der großen Plaike (1034 m) östlich von Henndorf unter dem Kolomannsberg ihren höchsten Aussichtspunkt erreicht, ist die Ortsmitte von Henndorf. An der Schule (Start) informiert eine große Schautafel über Routenverlauf und die folgenden zehn Haltepunkte.

Am Höhepunkt des Würm-Glazials vor etwa 20.000 Jahren breiteten sich die Gletscher bis ins Alpenvorland aus. Mit ihrem Abschmelzen blieben mächtige Wallrücken, die Endmoränen, zurück, deren Verlauf sich im Landschaftsbild von heute noch exakt nachvollziehen lässt. Mit dem Ausklingen der Eiszeit erhielt das Alpenvorland durch die Gletschererosion seine charakteristische gewellte Beckenform. Die Erdoberfläche war von Schutt und Geröll überzogen, und in der Senke des heutigen Wallersees lag wahrscheinlich noch ein riesiger, isolierter Eisblock, der nur langsam abschmolz. Dieser Toteisblock dürfte den Wallersee vor der Verlandung bewahrt haben. An die vielen kleineren, über die Moränenlandschaft zerstreuten Toteisschollen transportierten lokale Bäche Schuttmaterial heran. Wo sich diese Gerölle über das Toteis legten, wurde ihr Abschmelzen verlangsamt, die Folge war ein allmähliches Nachsacken der Erdoberfläche. So entstanden Hohlformen, sogenannte Toteislöcher, wie jenes von Kirchfenning, gleich am ersten Haltepunkt dieser Route. Vor 14.000 bis 13.000 Jahren war auch der Wallersee-Toteisblock geschmolzen und die heutige Landschaft in ihren Grundzügen hergestellt. Die eiszeitlichen Gletscher zogen sich ins Hochgebirge zurück, und im Alpenvorland spross das erste Grün. Statt Eis und Firn breitete sich allmählich eine Pflanzendecke über Geröll und Schotterflächen.

Am eindrucksvollsten zeigt sich die landschaftsformende Kraft der eiszeitlichen Gletscher im Höhenpanorama am Haltepunkt Steinwandl, dann beim Umfließungsgerinne bei Lichtentann an der Endmoräne von Schöllenberg und schließlich am Gletschertunnel von Oelling. Das Schmelzwasser unter dem Gletscher grub sich hier einen gewaltigen Eistunnel bis zum Glet-

St. Brigida bei Oelling.

schertor bei Straßwalchen, von dem ein Wall aus Bachgeröllen, das einstige Flussbett, zurückblieb.

Die kleine gotische Kirche St. Brigida bei Oelling, 1449 aus dem Baumaterial einer lokalen Moräne auf einem Rückzugsmoränenwall erbaut, bereichert diesen Eiszeit-Themenweg um einen besonderen kulturellen Anziehungspunkt.

Start: Henndorf – Schule

Route: Ganztagestour über 13,4 km Länge bei 500 m Höhendifferenz. 13 Haltepunkte mit Stand- und Pulttafeln informieren über alles Wissenswerte zu Gletscherbildung, Eiszeit, Landschaftsformung und schließlich über frühe Kulturen im Flachgauer Alpenvorland. Wanderausrüstung und gutes Schuhwerk wird empfohlen. Wer auf den Rundblick von der Großen Plaike (1034 m) verzichtet, verkürzt die Route auf 8,8 km (3 Stunden Gehzeit) ohne nennenswerte Steigung. Diese Kurzvariante ist auch für eine Radtour gut geeignet.

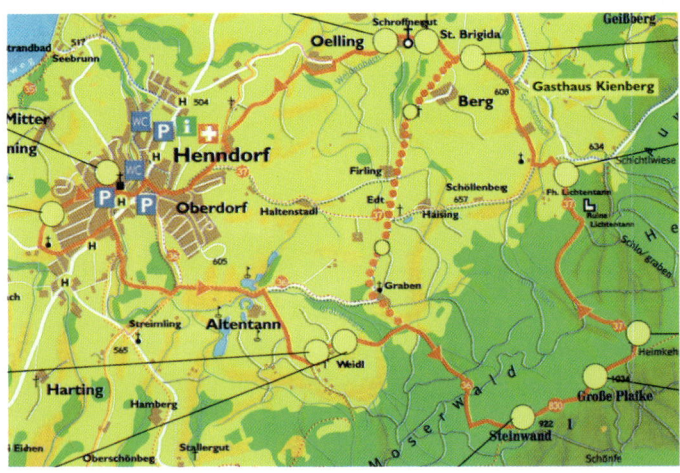

Hinweis: Führungen durch die Initiatoren des Eiszeit-Rundweges: Tel. 06216-7839-5 oder info@geoglobe.at

Einkehr: Gasthaus Kienberg

Info: Tourismusverband Henndorf am Wallersee, Tel. 06214-6011

KLEINE GLETSCHERKUNDE

Nach der naturwissenschaftlichen Definition entsteht aus Firn (Schneedecke) Gletschereis, wenn bei einer Dichte von 0,82 bis 0,85 g/cm^2 die Durchlässigkeit für Luft gleich Null wird. Ein Gletscher besteht aber nicht nur aus Eis, sondern auch aus organischen Substanzen, hauptsächlich Blütenpollen, und vor allem aus Gesteinsmaterial unterschiedlichster Beschaffenheit, den sogenannten Moränen.

Gletscher weisen ein Nährgebiet auf, wo die Voraussetzungen für ein Wachstum des Eispanzers gegeben sind, und ein Zehrgebiet, das üblicherweise an der Gletscherzunge liegt. Für die Ernährung eines Gletschers ist es nicht so erheblich, ob der Winter besonders kalt und niederschlagsreich oder mild war. Den größeren Einfluss hat der Sommer, der möglichst trüb und wolkenverhangen sein sollte, um ein größeres Abschmelzen des „ewigen" Eises zu verhindern. Gletscher fließen auf einem dünnen Wasserfilm talwärts und nehmen dabei Fächerform an, sofern die Bodenbeschaffenheit dies zulässt. Durch die Gerölle, die der Gletscher an seiner Sohle mitnimmt, wird er zum „Landschaftshobel". Kommt dieses Schuttmaterial zur Ablagerung, bildet sich eine Grundmoräne, ein feinstoffreiches Sediment, in der größere und kleinere Komponenten ohne jegliche Ordnung nebeneinander liegen. An die Endmoränen der letzten Eiszeit schließen in den Tälern die Terrassen an, die bis heute das Landschaftsbild der Alpentäler prägen.

Der Nationalpark Hohe Tauern weist heute Gletscher im Gesamtumfang von rund 80 Quadratkilometern aus, darunter ist der Obersulzbachkees mit rund elf Quadratkilometern der größte. Außerhalb seiner Grenzen liegen der Gletscher am Hochkönig und der Birnbachgletscher in Leogang, der niedrigstgelegene Gletscher der Ostalpen in 1300 Meter Seehöhe, der seine Eisdecke den mächtigen Lawinen verdankt, die hier im Frühjahr niedergehen.

Die letzte Wachstumsphase der Salzburger Gletscher ist für die Jahre 1850 bis 1855 zu verzeichnen. Damals weckten pittoreske

„Auswüchse" des Ewigen Eises wie die Gletscherbrüche der heute verschwundenen „Türkischen Zeltstadt", auf die man im Zuge der Erstbesteigung des Großvenedigers (1841) aufmerksam geworden war, größtes Interesse bei Alpinisten, Gletscherforschern, aber auch Malern und Naturbewunderern. Bedenkt man, dass die Eisstromhöhe der Tauerngletscher auf dem Höhepunkt der letzten Eiszeit vor etwa 18.000 Jahren ganze 2600 Meter betragen hat, so nimmt sich die Ausdehnung von 1850, die etwa den doppelten Umfang von heute maß, jedoch schon sehr bescheiden aus.

Die Frage nach der Ursache von Eiszeiten ist bis heute nicht eindeutig geklärt. Wahrscheinlich geben mehrere Kräfte den Anstoß. Breite Unterstützung findet die Annahme, dass die Stellung der Erde zur Sonne den maßgeblichen Einfluss auf die Auslösung langfristiger Klimaschwankungen hat. Wenn beispielsweise eine geringe Sonneneinstrahlung im Bereich der großen Kontinentalmassen der nördlichen Hemisphäre eintritt, bewirkt dies einen geringeren Abbau der Schneedecke in hohen Breiten. Das Land kühlt durch die damit verbundene vermehrte Rückstrahlung aus und die Eisbildung wird dadurch weiter begünstigt. Dem abgekühlten Land steht ein Ozean gegenüber, der infolge des größeren Wärmepotentials des Wassers langsamer abkühlt und damit als Feuchtigkeitsspender wirksam ist. Da der geringen Einstrahlung im Sommer eine überdurchschnittliche im Winter gegenübersteht, ist der Ozean dann auch in hohen Breiten weniger lang mit Treibeis bedeckt, wodurch er auch zu dieser Jahreszeit als Feuchtigkeitsspender aktiv bleiben kann. Die Folge ist eine vermehrte Schneeakkumulation, die den Trend zur Vereisung verstärkt.

Die Pasterze unter dem Großglockner ist der bekannteste Gletscher Österreichs. Gemälde eines unbekannten Malers des 19. Jahrhunderts.

Themenweg 8 – Neukirchen am Großvenediger
GLETSCHERWEG OBERSULZBACHKEES

Ein steiler Bergkamm trennt die beiden Sulzbachtäler in der gletscherreichen Venedigergruppe, die sich vom Tauernhauptkamm über eine Tallänge von 13 und 16 Kilometern ins obere Salzachtal erstrecken, wo sie beide in der Rosental genannten Talweitung bei Sulzau einmünden.

Das Obersulzbachtal zeigt den eiszeitlich geprägten Formenschatz der Hohen Tauern. Das Tal wird der Länge nach durch einen Stufenbau gegliedert und weist die mustergültige Form eines Trogtales auf. Zu seinen Seiten liegen auf der Trogschulter Kare und Karseen in das herrliche Almtal eingebettet. Mit den Gletschertöpfen nach der Poschalm, dem Gamseckfall, der nahe der Berndlalm 80 Meter in die Tiefe stürzt, und dem Seebachfall, einem 300 Meter hohen Schleierfall, besitzt das Tal gleich drei Naturdenkmäler. Neun größere Gletscher, darunter das Kleine und Große Jaidbachkees und das Große Sonntagskees liegen im Einzugsgebiet des Obersulzbachtals, und das Obersulzbachkees mit einer Fläche von 11,6 Quadratkilometern (Stand 1969) ist der größte Gletscher des Landes Salzburg.

Der Große Geiger (3360 m) ist weithin sichtbar der beherrschende Berg des Obersulzbachtals, dessen höchster Gipfel, der Großvenediger (3674 m), etwas versteckt im hinteren Übergangsbereich zum Untersulzbachtal gelegen ist. Die Erstbesteigung dieses höchsten Gipfels im Land Salzburg erfolgte 1841 durch Ignaz von Kürsinger, Pfleger von Mittersill, nach dem auch die Kürsingerhütte im Obersulzbachtal benannt ist. Auch nach seinem Gesteinsaufbau, vorwiegend Granitgneise, Tonalitgneise, Glimmerschiefer und Amphibolite, bietet das Obersulzbachtal interessante Aufschlüsse. Abschnitte der Älteren Serien der Schieferhülle und des Zentralgneises wechseln einander mehrfach ab. Auf die Granitgneise am Taleingang, die sich vom Gasthof Siggen bis zum Hopffeldboden erstrecken, folgen bis zum Hütteltalkopf die Serien der Älteren Schieferhülle (Habachgruppe), aus denen auch das Gamseck südlich des Seebachsees aufgebaut ist. Die übrigen Talabschnitte liegen zur Gänze im Zentralgneis. An nennenswerten Mineralien kommen Epidot, Apatit, Bergkristall, Rauchquarz, Sphen und Pyrit vor.

Eine besondere Attraktion aus der Tierwelt ist die Steinbock-Kolonie, die seit 1978 im Obersulzbachtal wieder heimisch geworden ist. In botanischer Hinsicht ist die Pioniervegetation im Gletschervorfeld, mit Vorkommen an Alpen-Säuerling, Duftender Schafgarbe, Hornkraut, Gemswurz und Moossteinbrech, sowie im unteren Talverlauf die ungewöhnliche Vielfalt an teilweise selten gewordenen Flechten (Baumbärte, Lange Baumflechte, Lungenflechten, Staubflechten) hervorzuheben, deren Auftreten durch die reine und feuchte Luft des Obersulzbachtals besonders begünstigt wird.

Start: Der Gletscherweg Obersulzbachtal ist von Neukirchen aus über Sulzau zu erreichen. Bis zum Hopffeldboden besteht die Zufahrtmöglichkeit für Pkws.

Route: Vom Hopffeldboden wandert man gute 2 Stunden taleinwärts bis zur Postalm, wo nahe der Obersulzbachhütte der Gletscherweg beginnt. Von hier aus braucht man noch Kraftreserven für eine knapp vierstündige Wanderung. Zielpunkt des Lehrweges ist der heutige Gletscherrand, von wo eine Fortsetzung der Tour nur geübten Alpinisten anzuraten ist. Die 20 Haltepunkte entlang des Steiges sind mithilfe einer Begleitbroschüre zu erwandern, die eine fachkundige Einführung in die Welt der Tauerngletscher bietet. Dazu ergänzen sich die Spuren vor Ort. Die Jahresringe an jahrhundertealten Zirben, der Verlauf von Moränenwällen, Flechtenbewuchs, Moränenblöcke, Gletschertöpfe und Gletscherschliffe können die Ausdehnung und den Rückzug des Gletschers sichtbar machen. Der Wegverlauf folgt dabei exakt jenen geologischen und botanischen Spuren, die der „Eiskönig am Großvenediger" auf seiner Flucht vor den steigenden Temperaturen seit 1850 hinterlassen hat.

Höhendifferenz: Obersulzbachhütte (1742 m) – Zielpunkt Gletscherrand (2160 m)

Hinweis: Zu festgelegten Tageszeiten besteht die Möglichkeit, mit einem Taxi zur Postalm aufzufahren. Eine Broschüre liegt auf.

Einkehr: Berndlalm, Postalm, Kürsingerhütte

Info: Nationalparkverwaltung A-5741 Neukirchen a. Gr., Tel. 06565-6558 und Tourismusverband A-5741 Neukirchen a. Gr., Tel. 06565-6256

Der Teufelsstein vom Rosental –
ein Gletscherfindling vom Obersulzbachkees

Ein gewaltiger Findlingsstein, von der Bewegung des eiszeitlichen Gletschers herbeigetragen, liegt an der Einmündung der beiden Sulzbachtäler ins Rosental. Vor 13.000 Jahren, die Schneegrenze lag damals 650 bis 700 Meter tiefer als heute, stießen die Gletscher der Obersulzbachtäler noch bis zur Salzach vor. Im Moränenschutt, den sie vor und unter sich herschoben, befand sich auch der ungetüme Felsblock, den die Sage später zum „Teufelsstein" erklärt hat.

In mittelalterlicher Zeit waren die Talflanken des Rosentals von zwei Burgen, Hieburg und Friedburg, besetzt. Die ehemalige Grafenburg Friedburg *(Veste Sulzove)* am linken Talausgang des Obersulzbachtales dürfte um das Jahr 1000 n. Chr. errichtet worden sein und fiel 1551 einem Brand zum Opfer. Die einstige Festung Hieburg auf der Sonnseite des Salzachtals war der befestigte Meierhof

Der legendäre Teufelsstein in Rosental. Im Bildhintergrund die Ruine der Hieburg.

der Sulzauer Grafen und stammt aus dem 13. Jahrhundert. Nachdem sie im 17. Jahrhundert abbrannte, wurde auch sie dem Verfall preisgegeben. Heute sind von diesen mittelalterlichen Wehrbauten nur noch einige Gemäuer sichtbar.

Der riesige Felsblock dazwischen teilt sich mit vielen Findlingen in Mittel- und Nordeuropa den sagenhaften Ruf, durch einen höchst mysteriösen Vorgang an seinen Platz geraten zu sein. Denn schon die Naturbeobachtung weit zurückliegender Generationen erkannte an der isolierten Stellung und „weithergeholten" Gesteinsart etwas Herausragendes und Fremdes und brachte ihr Herkommen mit „überirdischen Mächten" in Verbindung. Die Hünengräber und Steinkreise des megalithischen Nordeuropa wurden vielfach aus solchen Findlingen errichtet, und in den Alpen haben diese Riesen- und Heidensteine die Sagenphantasie auf ihre Weise entzündet.

Von unsichtbarer Hand getragen, schwebte ein Felsblock hoch oben in den Lüften ...

Dieter von Friedburg, der die der Hieburg gegenüber gelegene Burg Sulzau besaß, war ein tapferer, aber wie es heißt, wüster Ritter, der sich 1228 dem fünften Kreuzzug anschloss und auf Jahre im heiligen Land weilte. Eines Abends, seine abenteuerliche Kriegsfahrt lag schon eine Weile zurück, zog er an der hellerleuchteten Hieburg vorbei heimwärts, da kam es ihm in den Sinn, dort noch auf einen Besuch einzukehren und er wendete sein Ross.

Er wurde gastlich aufgenommen und bald lauschten alle Anwesenden hingerissen seinen Erzählungen aus dem Orient. Es dämmerte schon der Morgen, als die Zuhörer endlich müde wurden, man bat aber den Friedburger inständig, noch länger zu bleiben. Also hielt sich der redegewandte Abenteurer auf etliche Tage in der Burg auf und verliebte sich bis über beide Ohren in Judith, die schöne Tochter seiner gräflichen Gastgeber. Schließlich hielt er um ihre Hand an, aber der Vater vertröstete ihn auf ein ungewisses Später, denn er wollte der Vermögenslage seines Nachbarn nicht so recht trauen.

Verbittert über diese Zurückweisung zog Dieter von Friedburg ab und verließ bald danach neuerlich die Heimat. Denn Kaiser Friedrich II. zog ein Kriegsheer zusammen. Seinen Kummer um das geliebte Burgfräulein begrub er tief in seinem Herzen, als er aber nach seiner Rückkehr erfahren musste, dass sich diese mit Konrad von Velben verlobt hatte, keimte in ihm ein tödlicher Hass auf. Er erklärte dem Grafen von Sulzau die Fehde und versuchte mit seinem Fähnlein die Hieburg mit Waffengewalt einzunehmen. Aber seine Kriegsmittel reichten für ein solches Unterfangen nicht aus. Über seinen Racheplänen brütend saß er eines Nachts in seinem Turmzimmer, da wurde ihm die Ankuft eines fremden Ritters gemeldet, der sich ihm als Della Branca vorstellte. Der Fremdling war in schwarzen Samt gekleidet, ein schwarzer Spitzhut mit grellroter Feder bedeckte sein Haupt. Bald saßen sie beim Wein und waren in ein lebhaftes Gespräch vertieft, bei dem Dieter von Friedburg schließlich auch seine Fehde um die Hand Judiths offenlegte. Der Fremde schwieg eine Weile, indessen sein tiefgründiger Blick auf dem von Wein und Kummer gezeichneten Gesicht des Ritters ruhte und sprach dann geheimnisvoll: „Wenn du meine Hilfe suchst, dann komm um Mitternacht ins Rosental und rufe dreimal meinen Namen!" Damit verabschiedete er sich und war alsbald durchs ächzende Burgtor hinaus in der Finsternis verschwunden.

In der Nacht vor der Trauung Judiths mit Konrad von Velben war der von Rache erfüllte Friedburger schließlich zu allem entschlossen und ritt zur Mitternacht nach Rosental hinab, um dort seinen Pakt mit dem Bösen zu besiegeln. Denn er hatte wohl erkannt, mit wem er es dabei zu tun hatte.

Der unheimliche Schwarze erschien auf den vereinbarten dreimaligen Ruf hin und nachdem ihm der Friedburger seine Seele zu eigen gemacht hatte, willigte dieser ein, die angesagte Hochzeit zunichte zu machen.

Mit Bangen erwartete Dieter von Friedburg den kommenden Tag. Bald türmten sich schwarze Wolken über dem Sulzbachtal und schwere Donnerschläge erschütterten den Himmel, die in den Bergen ein tausendfaches Echo weckten. In den aufgeballten Wolkenmassen aber schwebte, von unsichtbarer Hand getragen, ein ungeheurer Felsblock, der sich in Windeseile der Hieburg näherte. Da ertönte aus der Schlosskapelle von Sulzau der erste Schlag des geweihten Glöckchens, um den vollzogenen Bund der beiden Liebenden zu verkünden. Mit einem erderschütternden Krachen stürzte der Felsen aus den schwarzen Lüften herab zu Boden und begrub darunter Dieter von Friedburg, der an diesem Ort auf die Erfüllung seiner Rachepläne gewartet hatte.

Themenweg 9 und 10 – Uttendorf/Weißsee
GLETSCHERWEGE ZUM ÖDENWINKELKEES
UND STUBACHER SONNBLICKKEES

Das Stubachtal, dessen Name von den „stäubenden Wassern" herrührt, die ihm einst den Ruf eintrugen, das schönste unter den Tauerntälern zu sein, ist rund 18 Kilometer lang und besitzt einen einzigartigen Reichtum an Naturschönheiten, der trotz seiner energiewirtschaftlichen und skitouristischen Nutzung intakt geblieben ist. Mit seinen 25 Gletschern ist es nach der Venedigergruppe und Kaprun die gletscherreichste Region im Nationalpark Hohe Tauern. Davon sind das Ödenwinkelkees, ein sogenannter Talgletscher mit ausgeprägter Gletscherzunge und einer Fläche von 2,1 Quadratkilometern, und das Sonnblickkees, das sich 1865 noch bis zum Weißsee erstreckte und dort „kalbte", die bedeutendsten.

In den Felswänden der Ödenwinkelscharte in der Nordwand des Eiskögeles (3439 m) legten zwei Bergsteiger 1965 einen sensationellen „Schatzkeller" mit Bergkristallen von einem Gesamtgewicht von über 2000 Kilogramm frei, die im Salz-

Gletscherlehrweg zum Ödenwinkelkees mit Blick auf das Gletscherkar.

burger Haus der Natur Aufstellung fanden. Der größte Kristall wiegt 618 Kilogramm. Daneben zählt das Gebiet um die Hohe Riffl (3346 m) zu den bekanntesten Mineralfundorten im „steinreichen" Stubachtal. Zu seinen Attraktionen gehören weiters die nahezu geschlossene Kette von überfirnten oder übergletscherten Dreitausendern im Talinnern mit Johannisberg (3460 m), Eiskögele (3439 m), Hohe Riffl (3346 m), Hocheiser (3206 m), Totenkopf (3151 m), Granatspitze (3086 m) und Stubacher Sonnblick (3088 m) sowie die vielen Bergseen, die teilweise energiewirtschaftlich genutzt werden. Dazu gehören der Weißsee, Tauernmoossee, Grünsee und Enzingerbodensee. Unberührt von energiewirtschaftlicher Nutzung blieben Karsee, Schafkopfsee, Schwarzkarlsee, Oberer und Unterer Kleineisersee, Fürleggsee und die Schwarze Lacke. Der belebenden Kraft dieser Gewässer verdankt das hochalpine Stubachtal seine dichte, artenreiche Vegetation, über das sich nicht nur 25 Almen erstrecken, sondern das auch sein ursprüngliches, abwechslungsreiches Pflanzenkleid bewahren konnte. Besonders hervorzuheben sind sein Edellaubmischbestand an Esche, Bergahorn, Ulmen, Birken, Weiden und Grauerlen am östlichen Hang des Talausgangs, der Fichten-Lärchen-Mischwald am Enzingerboden mit eingestreuten Ebereschen und urigen Bergahornen sowie das Sonderschutzgebiet Wiegenwald auf einer Bergstufe in 1700 Meter Höhe. Dieser märchenhafte Urwald mit seinen herrlichen Zirben, Mooren und Tümpeln ist seit 1537 von jeglicher Holznutzung ausgenommen.

Touristisch aufgeschlossen ist das Stubachtal über die gleichnamige Panoramastraße, die 1921–1926 im Zuge des Kraftwerksbaus, der Strom an die ÖBB liefert, errichtet wurde und in 13 Kehren zum Enzingerboden (1480 m) hinaufführt. Von dort bringen die Weißsee-Gletscherbahnen die Wanderer zum Alpinzentrum Rudolfshütte (2315 m) am Weißsee, dem Ausgangspunkt für unsere Gletscherwanderungen, aber auch Routenstart für die Kalser Tauernwanderung auf den Spuren der Säumer. Denn über diesen weitgehend gefahrlos passierbaren, aber nicht für Saumpferde geeigneten Pass verlief ein mittelalterlicher Handelsweg für Salz und Wein, der schon um 1000 v. Chr. begangen wurde, wie der Fund eines Bronzeschwertes aus dieser Höhenregion beweist. Steinplatten im Steig erinnern an die einstmalige Bedeutung als Schmugglerpfad und Handelsroute.

Schließlich weist das Stubachtal auch hinsichtlich seines Gesteinsaufbaus eine ungewöhnliche Vielfalt auf. Zu erwähnen sind dunkle Glimmerschiefer und hellere Kalkglimmerschiefer, Phyllite, Amphibolite, Prasinite, Serpentin, Dolomit, Marmor und Gneise sowie an Mineralien Apatit, Magnetit, Diopsid, Tremolit und verschiedene Kupfererze. Im innersten Talbereich überwiegen die Zentralgneise des Granatspitzkerns. Der äußere Talabschnitt fällt in die älteren Serien der Schieferhülle. Bedingt durch den Wechsel von weicheren (Phyllite) und härteren Gesteinen (Prasinite, Quarzite) haben Gletscher und Bäche den Talverlauf durch Weiten und Engen stark geprägt und eine deutliche Stufung des Erduntergrunds vorgenommen. Die heutigen Stauseen sind ausnahmslos in ehemaligen Gletscherkolken angelegt. Sehenswert ist der Doppelgletschertopf am Grünsee in 1720 Meter Höhe. Ein kleineres und ein größeres Exemplar liegen in unmittelbarer Nähe des Wanderweges vom Enzingerboden zum Weißsee auf einer Felskuppe aus Zentralgneis.

Gletscherweg zum Ödenwinkelkees

Start: Alpinzentrum Rudolfshütte (2315 m), von Uttendorf aus mit Pkw bis Enzingerboden (mautfrei) und von dort mit den Weißsee-Gletscherbahnen erreichbar.

Route: Der Weg folgt dem Gletschervorfeld des Ödenwinkelkees, beginnend von der Stirnmoräne von 1850, als dieser Talgletscher noch bis zur Eisbodenlacke herabreichte, bis hinauf zur Gletscherstirn. Die Seitenmoränen geben eine Vorstellung von der früher vorhandenen Gletscherzunge. An insgesamt 15 Haltepunkten erläutert eine Begleitbroschüre den Verlauf dieses Rückzugs und seine Auswirkungen auf die Landschaft, ihre Pflanzendecke und den Flechtenbewuchs. In den letzten 150 Jahren hat sich die Gletscherzunge um

1400 m zurückgebildet. Das Gletschervorfeld mit seinem Gletscherbach bildet mit den Moränen-, Schutt-, Sand- und Schotterablagerungen eine silikatreiche Aufschüttungsfläche, in die mit dem Zurückweichen des Gletschers nach und nach sogenannte Pionierpflanzen einwandern. Das vegetationsarme Vorfeld ist deutlich vom dichter bewachsenen Gelände außerhalb der Moränenwälle unterscheidbar. Zu den ersten Pflanzenpionieren gehört der zweiblütige Steinbrech und der Quellsteinbrech.

Höhendifferenz: Alpinzentrum Rudolfshütte (2315 m) – Gletscherstirn des Ödenwinkelkees (2150 m)

Schwierigkeitsgrad: Hochalpine Wanderung über 6 km Länge, die ohne besondere Anstrengung in zwei Gehstunden zu bewältigen ist, aber entsprechende Ausrüstung verlangt.

Einkehr: Gasthof Wiesen, Jausenstation Vorhofalm, Alpengasthof Enzingerboden, Alpinzentrum Rudolfshütte

Hinweis: Eine Broschüre zum Gletscherweg liegt auf. Führungen nach Anmeldung möglich.

Info: Tourismusverband A-5723 Uttendorf/Weißsee, Tel. 06563-8279; Weißsee-Gletscherbahnen, Tel. 06563-8593-0

Gletscherweg zum Stubacher Sonnblickkees

Start: Alpinzentrum Rudolfshütte (2315 m), von Uttendorf aus mit Pkw bis Enzingerboden (mautfrei) und von dort mit den Weißsee-Gletscherbahnen erreichbar.

Route: Der Gletscherweg, der bis an den Fuß des Sonnblickkees heranführt und dabei ein Hochgebirgspanorama mit 22 Gipfeln bietet, davon 12 Dreitausender, ist in zwei Varianten von jeweils ca. 1,5 Stunden Gehzeit erwanderbar.

Von der Rudolfshütte nach Südwesten um den Weißsee und bergan bis zum Fuß des Sonnblickkees. Rückkehr über denselben Weg. Oder Rundwanderung: Über die Staumauer nördlich am Weißsee vorbei und von hier Aufstieg zum Sonnblickkees (Hans-Gruber-Weg). In diesem Abschnitt ist an einigen Stellen absolute Trittsicherheit und Schwindelfreiheit erforderlich, daher nur für geübte Alpinisten zu empfehlen.

Am Weg entlang (Variante 1) informieren 12 Haltepunkte mit Schautafeln zum Gletscherrückzug seit 1850 und laden dabei zur genauen Naturbeobachtung ein. Da ist etwa ein Gneisfelsblock auszumachen, der sich millimeterweise talwärts schiebt, Gletscherschliffe und das langsame Vorrücken der Pionierpflanzen. Aufmerksame Beobachter werden hier zweiblütigen und Quellensteinbrech entdecken, weiters Hornkrautpolster im trockenen Bereich und natürlich Flechten im Gletschervorfeld.

Höhendifferenz: Alpinzentrum Rudolfshütte (2315 m) – Fuß des Sonnblickkees (ca. 2500 m)

Schwierigkeitsgrad: Hochalpine Wanderung von 1,5 Stunden Gehzeit, einige Steilstufen für Variante 2, aber sonst mühelos durchführbar. Hochalpine Ausrüstung ist erforderlich.

Einkehr: Gasthof Wiesen, Jausenstation Vorhofalm, Alpengasthof Enzingerboden, Alpinzentrum Rudolfshütte

Hinweis: Ein Folder liegt auf. Führungen nach Anmeldung möglich.

Info: Tourismusverband A-5723 Uttendorf/Weißsee, Tel. 06563-8279; Weißsee-Gletscherbahnen, Tel. 06563-8593-0

Themenweg 11 – Hüttschlag
ELEMENTAR-NATURLEHRWEG

Das urige Schödertal mit seinen Wasserfällen und dem geheimnisvollen Schödersee (1450 m), dessen Becken periodisch austrocknet, liegt am Talschluss des Großarltals und zählt geologisch zum Zentralgneiskern der Ankogelgruppe. In diesem kesselförmigen Talabschluss kommt die Wucht der eiszeitlichen Landschaftsprägung, die mit Bergstürzen und gewaltigen Lawinen einherging, dramatisch zum Ausdruck.

Das hintere Schödertal wurde dabei von riesigen Blockmassen abgeriegelt, die nach dem Abschmelzen der Gletscher von den Seitenwänden abrutschten und mit Felsbrocken das Tal verlegten. Dies führte zur Bildung des periodisch überfluteten Schödersees im weiten Rund des Talschlusses, der während seiner Trockenzeit ein Flachmoor bildet, durch das der Bach seine Mäander zieht. Er wird an seiner Nordseite von ausgeprägten Bergstürzen aufgestaut und von zwei größeren Wasserläufen gespeist, die über mächtige Steilstufen in das Schöderbecken stürzen, wo sie in der Tiefe verschwinden. Den größten Teil des Jahres ist das weite Becken ausgetrocknet, der

Der geheimnisvolle Schödersee am Talschluss des Großarltals.

Schöderbach mäandriert durch feuchte Almwiesen, die eine seltene Vielfalt an Pflanzen aufweisen. Erst einige hundert Meter weiter drückt das Wasser wieder aus dem Untergrund, und es bilden sich reiche Quellen von herrlich klarem Wasser. Das Geheimnis um diesen periodisch versiegenden See hat die Sage auf ihre Weise beantwortet. Es heißt, dass die Schödermännchen, gnomenhafte Berg- und Wassergeister, den Wasserspiegel des Sees mit trügerischem Zauber verändern. Wer in die Tiefe horcht, kann ihre gurgelnden Schreie und ihr tosendes Lachen hören.

Start: Parkplatz Stockalm, 7 km taleinwärts von Hüttschlag
Route: Der Elementar-Naturlehrweg führt über etwa 2 Stunden Gehzeit ins Schödertal und bietet auf 50 Schautafeln Naturkundliches, Volksmedizinisches und Historisches über das Großarltal. Entlang des Schöderbaches führt der Weg durch eine prachtvolle, subalpine Hochstaudenflur leicht bergauf und über das Flachmoor des Schödersees an den Talschluss heran.
Sehenswert: Talmuseum im „Gensbichlhaus" mit einer sehenswerten Sammlung zum Kupferbergbau im Großarltal, die Holzarbeit in den Bergwäldern und die Geschichte der Straße ins Tal.
Öffnungszeiten: Mai bis Oktober, täglich 10.00–17.00 Uhr, Tel. 06417-445 und 204
Info: FVV A-5612 Hüttschlag, Tel. 06417-204; FVV A-5611 Großarl, Tel. 06414-281 oder 625; Nationalpark Informationsstelle Talwirt, A-5612 Hüttschlag, Tel. 06417-444 oder 445.

Themenweg 12 – Leogang
NATUR- UND GESCHICHTSLEHRPFAD
BIRNBACHGLETSCHER – BIRNBACHLOCH

Die etwa 1500 Meter hohe Südwand des Birnhorns (2634 m), in dem die Leoganger Steinberge ihren Gipfelpunkt erreichen, zählt zu den eindrucksvollsten Abschnitten am Südabbruch der Salzburger Kalkalpen ins Leoganger Tal. Die massige Wucht seines Gesteinsaufbaus zeigt die ganze Schichtfolge der Triaszeit. Beginnend mit den weinroten Werfener Schiefern am Hangfuß im Ullachtal ersteigt der Wanderer die von Geröll überzogenen Dolomitschichten, die von steilabbrechenden, grauen und roten Plattenkalken überlagert sind. Darüber liegt eine mächtige Decke aus grobbankigen und dünnplattigen Dachsteinkalken, aus denen sich auch das Birnhorn aufbaut.

Der Örgenkessel mit dem Birnbachgletscher (1300 m), dem Zielpunkt dieser Tour, ist ein Rekordhalter besonderer Art. Er

Gewerbliche Nutzung der vergletscherten Schneelawinen im Örgenkessel, Ende des 19. Jahrhunderts.

ist der niedrigstgelegene „Gletscher" der Ostalpen. Seine Eisdecke stammt nämlich aus den mächtigen Lawinen, die hier zu Tal gehen und dieses Firnfeld aufgeschüttet haben. Früher war der Örgenkessel wegen seiner Vermurungen (besonders 1852 und 1874), Steinschlag- und Lawinengefahr gefürchtet. Für den Wanderer von heute bietet diese wildromantische Gegend besonders an heißen Sommertagen eine erfrischende, gefahrlose und dabei wenig anstrengende „Gletschertour", die als Halbtagswanderung zu bewältigen ist.

Gletschereis per Bahn nach München

Eine „Eisrutsche", am Originalschauplatz entlang des Weges zum Birnbachgletscher nachkonstruiert, erinnert daran, dass diese Eisdecke vor der Erfindung moderner Kühlanlagen industriell abgebaut wurde. Ursprünglich wurde der ausgedehnte Eiskörper, der im August noch bis zu 2000 Kubikmeter maß, in Blöcke zersägt und körbeweise ins Tal getragen. Eine Holzrutsche ermöglichte dann einen nahezu industriemäßigen Taltransport über „Fließband". An der Bahnstation Leogang, am Ausgang des Ullachtals, wurde die eiskalte Fracht auf den Güterzug nach München

„Eisrutsche" auf dem Weg zum Birnbachgletscher.

verladen, wo das Eis zur Kühlung der Bierkeller Verwendung fand. Im Jahr 1884, so ist überliefert, gingen täglich bis zu 300 Güterwaggons mit Eis nach Bayern, um den Ausschank von bestens temperiertem Gerstensaft zu ermöglichen.

Start: Leogang (788 m)/Parkplatz Ullachtal
Route: Man folgt dem Weg 10 entlang des Birnbaches und steigt den etwas steilen Berghang aufwärts auf die 1600 m hohe Wandflucht

des Birnhorns zu. Einige Schautafeln mit Erläuterungen zum Birnbachgletscher und seiner einstigen gewerblichen Nutzung begleiten den Weg. Nach etwa einstündiger Gehzeit erreichen wir in 1300 m Höhe das in den letzten Sommern erheblich geschrumpfte Firnfeld, das im Vorfeld gewaltige Schutt- und Moränenablagerungen aufweist.

Höhendifferenz: Leogang (788 m) – Birnbachgletscher (1300 m)

Schwierigkeitsgrad: Mittlerer Steigungsgrad, Bergschuhe erforderlich. Achtung: Bis Mai ist diese Wanderung aufgrund von Lawinenabgängen, Steinschlag und gelegentlichen Vermurungen nicht ratsam!

Hinweis: Absolut sehenswert auf dieser Wanderung ist das sagenhafte Birnbachloch, auf etwa derselben Höhenlinie wie das Firnfeld gelegen und etwa 15 Gehminuten davon entfernt. Aus dieser typischen Kalksteinhöhle bricht eine starke Quelle hervor, die darauf hindeutet, dass sich im Berginnern ein großer See befindet, der das ganze Jahr über als unterirdischer Wasserspeicher dient. Der Sage nach soll dieses Birnbachloch bodenlos, also unergründlich sein.

Info: Tourismusverband A-5771 Leogang, Tel. 06583-8234

Wege in die erzreiche Unterwelt.

Schätze aus Salzburgs Boden

MONTANLEHRPFADE UND DIE WELT DES BERGBAUS

Salzburgs Geschichte und Werdegang wurde maßgeblich vom Bergbau geprägt. Tauerngold und Silber im 16. Jahrhundert, das Salz vom Halleiner Dürrnberg, mit durchschnittlich 22.000 Tonnen Jahreserzeugnis der größte Aktivposten sowie, im kleineren Maßstab, die Kupferbergbaue in Großarl, Hüttau und Leogang, im 19. Jahrhundert in Mühlbach am Hochkönig, schließlich die Eisen- und Messingerzeugung in Flachau, Dienten, Sulzau-Werfen, Ebenau und Oberalm schufen die bedeutendsten Vermögenswerte in der Finanzkammer des Landes.

Das Weltkulturerbe der Salzburger Altstadt, angelegt von ebenso kunstsinnigen wie imponierfreudigen Fürsterzbischöfen, wäre nicht denkbar ohne seine Bodenschätze, mit eingerechnet die kostbaren Dekorgesteine aus den Untersberger und Adneter Marmorbrüchen.

In der ersten Hälfte des 16. Jahrhunderts bestritt Salzburg mit einem jährlichen Gewinn von rund 830 Kilogramm Gold ein Zehntel der damals bekannten Weltproduktion. Der Salzburger Erzbischof wurde infolgedessen zu den vier reichsten deutschen Fürsten gerechnet.

Das Regalienrecht der Salzburger Landesfürsten erstreckte sich auf die Fron, also auf den zehnten Teil des verarbeiteten Erzes, und weiters auf den sogenannten Wechsel. Nach dieser gesetzlichen Bestimmung musste das gesamte von den Gewerken und Goldwäschern gewonnene Edelmetall zu einem festgesetzten, weit unter dem Marktwert liegenden Preis dem Regalherrn, also dem Salzburger Fürsterzbischof angeboten werden. Mit den „Verstaatlichungstendenzen" im Salzburger Montanwesen seit dem 17. Jahrhundert trat dann der Landesherr selbst verstärkt als Unternehmer auf. Erst im

19. Jahrhundert, durch die Eingliederung Salzburgs in die Monarchie, änderte sich dieses Bild wieder zugunsten privater Betreiber.

Heute sind nur noch Rohgips, Zementmergel und Scheelit sowie Marmor und Kalke Rohstoffe, die aus Salzburger Boden gewinnbringend gewonnen werden. Der Abbau von Gold, Silber, Kupfer, Eisen und Rotgüldener Arsenik ist Vergangenheit, die Gruben sind stillgelegt und die Montananlagen vielfach verfallen und verschwunden. Aber eine ansehnliche Reihe von Schaubergwerken hält dieses Erbe für interessierte Besucher lebendig.

Die Geschichte der Salzburger Montanreviere dokumentiert aber auch maßgebliche Innovationen der Technik. Sie sind vielfach aus dem Bergbau selbst hervorgegangen. Die gezielte Nutzung der Wasserkräfte für Pochwerke und des Feuers für Schmelzprozesse, des Schießpulvers und der Elektrizität, Konstruktionen für schwindelerregende Aufzüge und Untertunnelungen, schließlich die Weiterverarbeitung des gewonnenen Metalls zu industriellen Rohstoffen einer modernen Wirtschaft lassen sich anhand der Salzburger Bergbaugeschichte stationär verfolgen. Die einst in Bruderschaften organisierten Knappen mit ihren besonderen Bräuchen und Sozialformen bildeten durch die Jahrhunderte eine Elite der Arbeitswelt. Ihr Selbstbewusstsein und besonderer Teamgeist wurzelte in dem hohen Entwicklungsstand ihrer „geheimnisvollen" Kenntnisse und Fertigkeiten. Die Ziele von Reformation und Bauernkriegen sind mit ihrem Kampfgeist erfüllt, sie waren die Wegbereiter nicht nur des technischen, sondern auch des sozialen Fortschritts. Mit Bruderladen und Arbeitskämpfen bahnten sie den Weg für soziale Reformen und die Bildung von Gewerkschaften. Pionierhaft war ihr Einsatz für die Arbeitszeitverkürzung und die soziale Sicherstellung von Kranken und Alten.

Die Montanreviere und Erzwege, die heutigen Besuchern eine geschichtereiche Erlebniswelt nahebringen, erzählen also nicht nur eine Erfolgsgeschichte von mehreren Jahrtausenden, die durchdrungen ist vom kostbaren Klang des Erzes. Sie regen darüber hinaus auch zur Nachdenklichkeit an. Anschaulich und fassbar wird bei diesen „Begehungen" die Begrenztheit und Erschöpfbarkeit von Ressourcen. Um die Mitte des 16. Jahrhunderts, in den Spitzenjahren des Bergbaus auf Gold und Silber in den Hohen Tauern, waren 1464 Arbeiter im Montanwesen beschäftigt, die in den zuliefernden Sparten, in der Holzwirtschaft, den Köhlereien und in den Fuhrunternehmen Tätigen nicht miteingerechnet. 1780, vor dem endgültigen Niedergang des Bergbaus im 19. Jahrhundert, als ein Revier nach dem anderen aufgegeben und die Betriebe eingestellt wurden, waren es genauso viele. – Aber sie erwirtschafteten nur noch ein Zehntel des seinerzeitigen Ertrags. Der Niedergang vollzog sich mit der übermächtigen Konkurrenz der überseeischen Minen, die seit dem 16. Jahrhundert neben dem europäischen Markt auch die Levante und den Nahen Osten belieferten. Aber viele Faktoren dieses Niedergangs waren auch hausgemacht. Raubbau und Misswirtschaft, religiöse Verfolgung, mangelhafte Arbeitsorganisation und rücksichtslose Ausbeutung von Arbeitskräften und Naturwelt haben den Aufbau des modernen Industriezeitalters begleitet. Die Knappenwege und Montanlehrpfade, die dem Wanderer von heute die historisch-montanistischen Prägungen dieser Landschaft vor Augen führen, gestalten sich insofern als facettenreiche Entdeckungsreisen, da sie die „Unterwelt" der Rohstoffe wie auch die Oberfläche dieser Kulturlandschaft erläutern und anschaulich machen.

Zeittafel

Um 9000 v. Chr.

Ein Felsunterstand bei Unken im Saalachtal brachte archäologisch überraschende Fundstücke zutage. Grob behauene Klingen aus Silex und Bergkristall belegen die Anwesenheit von Menschen im Salzburger Gebirgsraum für die Zeit um 9000 v. Chr. Ihre Gerätschaften lassen bereits einiges Geschick erken-

nen, Bodenschätze zu bearbeiten und als Werkzeuge zu handhaben.
Fundstellen für Bergkristalle sind im Wesentlichen auf die Hohen Tauern und die Westalpen beschränkt. Der Rückzug der eiszeitlichen Gletscher um 12.000 v. Chr. leitete eine Periode mit trockenem und warmem Klima ein. Die alpinen Bergwiesen bedeckten sich mit einer würzigen Grünflur, wo Gämse, Steinbock und Wildschaf weideten und damit auch dem Menschen neuen Lebensraum boten.

Um 3000 v. Chr.
Die Kupfergewinnung bei Mühlbach am Hochkönig datiert in die ausgehende Jungsteinzeit, als der Mensch sesshaft geworden war, Land- und auch Almwirtschaft betrieb. Das Kupfer wurde anfänglich als natürliches, gediegenes Metall (8./9. Jahrtausend v. Chr.) gewonnen und später aus den sekundären Kupfermineralen Malachit und Azurit erschmolzen. Eine erste Siedlungtätigkeit, so auf dem Götschenberg bei Bischofshofen und in anderen geschützten Höhenlagen, steht mit der Kupfergewinnung in Verbindung. Ein Kupferbeil mit Knieholzschäftung trug auch der Eismann „Ötzi" vom Hauslabjoch bei sich, der um 3000 v. Chr. beim Passübergang vom Ötztal ins Schnalstal ums Leben kam. – Es war freilich Importware aus dem Süden.

Um 2000 v. Chr.
Mit der Verhüttung von Kupfer- und Schwefelkies nahm die Schurftätigkeit industriemäßigen Umfang an. Etwa zur selben Zeit verbreitete sich in Mitteleuropa die Kenntnis der Bronze, hergestellt aus neun Teilen Kupfer und einem Teil Zinn. Bronze ist gegenüber Kupfer härter und auch besser zu verarbeiten. Die Kupfervorkommen im oberen Salzachtal zogen eine intensive Siedlungtätigkeit nach sich. Die geschützten Höhensiedlungen am Brandstattbühel bei Schwarzach, Bürgkogel bei Kaprun und Falkenstein bei Krimml wurden ab 1500 v. Chr. aufgegeben. Die verkehrsgünstigen Schotterterrassen am Salzachtalboden wurden nun zu Siedlungszentren.

Das gewonnene Kupfer wurde anfangs nach Norden verhandelt. Wie der Fund eines Bronzeschwertes vom Kalsertauern, ein Dolch und Bronzebeil vom Glockner nahelegen, wurden aber auch die Passübergänge nach Süden schon damals frequentiert. Mitterberger Kupferfunde sind darüber hinaus in Niederösterreich, im Burgenland, der Steiermark und in Bayern nachgewiesen. In Uttendorf wurde 1992 der Friedhof einer Bergbausiedlung freigelegt, 450 Gräber aus der Älteren Hallstattzeit von 750–600 v. Chr. belegen mit zahlreichen Grabbeigaben aus Kupfer, vorwiegend Lanzen, Schwerter und Schmuck, die Bedeutung dieses Bodenschatzes. In diesem Zeitraum neigte sich die kulturelle Orientierung allmählich nach Süden, wo die wichtigsten Abnehmer für das erzeugte Kupfer saßen. Man tauschte dafür Schmuck aus Bronze und Glas sowie Keramik ein.

Ab 750 v. Chr.
Die Eisengewinnung, die sich ab dem 8. Jahrhundert im Alpenraum verbreitete, wurde zum neuen Wirtschaftsfaktor und verdrängte den Stellenwert von Kupfer und Bronze als Rohstoff für Werkzeuge und Waffen. Im Bereich des Kunsthandwerks behielt die Bronze freilich ihre Vorzugsrolle. Der prähistorische Bergbau am Mitterberg ging um 1000 v. Chr. zu Ende, also noch vor der Einwanderung der Kelten. Ein Teil der Kupferbergbau treibenden Bevölkerung fand vermutlich im aufblühenden Salzbergbau auf dem Dürrnberg ein neues Betätigungsfeld. Dieser wurde nach einer Grubenkatastrophe in Hallstatt aufgeschlossen. Darauf wenigstens lassen archäologische Bodenfunde schließen. Spuren eisenzeitlicher Schmelzanlagen in Walchen bei Piesendorf und Uttendorf datieren erst in die Jüngere Eisenzeit.

Um 500 bis 15 v. Chr.
Mit den Kelten beginnt nicht nur die Salzgewinnung am Dürrnberg im industriemäßigen Umfang einer Montansiedlung, sondern wohl auch die Geschichte des Tauerngoldes,

denn es ist naheliegend, dass dieses Volk der Bergleute und Schmiede auch die Edelmetallvorkommen der Hohen Tauern aufgeschlossen hat. Ein besonders kostbarer Fund, der goldene Halsreif (Torques, ein charakteristisches keltisches Trachtzubehör), der 1874 auf der Maschlalm im Seidlwinkeltal entdeckt wurde und über abenteuerliche Zwischenstationen in Budapest und Kalifornien seit 1974 (wieder) im Besitz des Museums Carolino Augusteum ist, gilt als möglicher Anhaltspunkt für eine keltische Waschgoldgewinnung in den Hohen Tauern.

Rätselhaft ist der Fund eines Ton-Skarabäus vom Hohen Goldberg im Raurisertal, der den Namenszug Pharao Ramses II. (um 1300–1250 v. Chr.) und den Kopf der Hathor zeigt, einer ägyptischen Göttin der Liebe und Schönheit, die als Schutzpatronin der Bergleute und Prospektoren verehrt wurde. Eine Golderzgewinnung in den Hohen Tauern zur Keltenzeit, als im Pinzgau der Stamm der Ambisonter siedelte, deuten auch die Münzfunde im Bereich der seit frühester Zeit benutzten Passübergänge an.

Ab 15 v. Chr.

Mit der Eingliederung des Königreichs Noricum in das Imperium Romanum verstärkten sich die Handelskontakte mit dem Mittelmeerraum weiter. Montanhistorisch von Belang sind der Fund einer römischen Mineraliensammlung mit Bergkristallen aus der Ankogel-Auernigg-Gruppe und der Sonnblick-Silberpfennig-Gruppe sowie eine Reihe von Münzfunden.

Ab ca. 280 n. Chr.

Die zunehmenden Germaneneinfälle destabilisierten die Lebensverhältnisse der Bevölkerung und zogen gewiss auch die Erzgewinnung in Mitleidenschaft. Die Siedlungen wurden wieder auf jene natürlich geschützten Felsenhöhen verlegt, die schon in der Frühbronzezeit und Eisenzeit als Lebensraum gedient hatten. Mit dem Eindringen der Slawen wurden die Lebensbedingungen noch einmal erschüttert, über etwaigen

Erzabbau im Salzburger Raum sind aus diesen Jahrhunderten nur wenige Anhaltspunkte, hauptsächlich aus dem Bereich der Flurnamen, vorhanden.

8. Jahrhundert

Um 719 könnte im Sonnblickgebiet der Gold- und Silberbergbau wieder aufgenommen worden sein. Die Anfänge des neuzeitlichen Montanwesens liegen jedenfalls bei der Waschgoldgewinnung. Der früheste Beleg gehört noch der Zeit des hl. Rupert an und erwähnt, dass um das Jahr 700 zwei Männer, Tonazan und Ledi, der eine Servus des Erzbischofs, der andere Dienstmann des Bayernherzogs, salzachaufwärts zogen, um Flussgold zu erwaschen. Im hohen Mittelalter ist dann mehrfach von Goldzinsen aus Waschgold die Rede, das offensichtlich im bäuerlichen Nebenerwerb gewonnen wurde. Im 14. und 15. Jahrhundert standen um Werfen und St. Veit über 100 Goldwäschereien im Betrieb, bald danach sind sie auch im Lungauer Nahbereich von Schellgaden und Ramingstein fassbar. Mit dem Beginn des Gold- und Silberbergbaus im Untertagbau verloren diese Waschgolderträge an Bedeutung, das einfache Verfahren selbst aber wurde im kleinen Rahmen bis ins 20. Jahrhundert ausgeübt.

Ab 1327

1327 fiel Gastein durch Kauf an das Erzbistum Salzburg, ein für den Edelmetallbergbau einschneidendes Datum, denn in den Jahrzehnten darauf gewinnt der Gold- und Silbererzbergbau am Gasteiner Radhausberg, gefolgt vom Naßfeld mit der Siglitz, Bockhart und Erzwies rasch an Umfang. Westlich davon wurde um den Sonnblick und in den Revieren des Fuschertals eine wachsende Zahl von Edelmetallvorkommen abgebaut. In diesem Zusammenhang wurde 1342 eine erste Bergordnung erlassen. Diese sicherte die regalrechtlichen Ansprüche des Landesherrn ab, der in der Folge als Verpächter auftrat. 1344 überließ Erzbischof Ortolf von Weißeneck fünf Judenburger Bürgern gegen 1500 Gulden Pachtgeld das

Recht auf das in Gastein geförderte Erz, das für die Judenburger Münzstätte bestimmt war.
1354 findet der Gold- und Silberbergbau in Schellgaden/Rotgülden urkundliche Erwähnung, wahrscheinlich zeitgleich nahm der Silberbergbau in Ramingstein seinen Aufschwung. Die europaweit grassierenden Pestepidemien, die 1348 bis 1352 die Region Innergebirg in starke Mitleidenschaft zogen, bewirkten für den Bergbau ernsthafte Rückschläge.

Als die Judenburger Münze 1386 die Prägung von Goldgulden einstellte, aber auch schon zuvor, wurden in der Salzburger Münzstätte Goldgulden geprägt. In diesen Pionierjahren des ausgehenden 14. Jahrhunderts sind eine Reihe von ortsansässigen Kleingewerken als Pächter beurkundet, die Ahnherren des Gasteiner Gewerkentums.

Aus dem sächsisch-böhmischen Raum wurde die industrielle Gewinnung von Arsenik übernommen und durch Hans Schmidinger 1392 im Erzstift Salzburg eingeführt. Feines Arsenikmehl aus Rotgülden im oberen Murtal, auch als Hütt(en)rauch bezeichnet, ging im Export nach Venedig. 1417 und 1420 erreichte die Jahreslieferung einen Umfang von 1500 Kilogramm. In Rotgülden lag damit das europaweit bedeutendste Vorkommen.

Ab 1450

Der Aufstieg des Gastein-Rauriser Edelmetallbergbaus zu einem Handelsfaktor von europäischer Reichweite hatte zwei exemplarische Ursachen: Technische Innovationen und den Zufluss von ausländischem Kapital. Das Amalgamierverfahren wurde ausgebaut und das mechanische Pochen des Erzes entwickelt. Dazu traten gewinnorientierte süddeutsche und Tiroler Kapitalinvestoren in Erscheinung, die aufgrund ihrer Handelskontakte und weltläufigen Gepflogenheiten den Gastein-Rauriser Goldbergbau zu einem florierenden Unternehmen machten. Seit 1489/90 sind der Bischof von Brixen, der Schwazer Silbergewerke Antoni von Roß, die Augsburger Wieland und die berühmten Fugger in Gastein nachweisbar.

Vorerst im Zwischenhandel tätig, lösten die Zuletztgenannten zahlungsunfähigen Schuldnern ihre Grubenteile ein, wurden damit zu Grubenbesitzern und errichteten in dieser Eigenschaft eine der Gasteiner Schmelzhütten. Das gewonnene Gold und Silber wanderte nach Venedig, bis Erzbischof Leonhard von Keutschach, über die Profite von „Auswärtigen" verdrossen, 1502 in Salzburg wieder eine eigene Münzstätte in Betrieb gehen ließ. 1501 war parallel dazu, unter heimischer Beteiligung der Zott, der „Gasteiner Handel" entstanden, der unter der Protektion des Landesherrn das gewonnene Tauerngold und Silber nach Venedig ausführte. Diese organisatorische Verflechtung von Urproduktion, Verarbeitung und Vertrieb bewirkte eine Verdrängung der Kleingewerken, sodass sich bis um 1540 die Zahl der Berg- und Hüttenherren im Edelmetallbergbau von Gastein und Rauris auf nur noch sechs verringerte. Im selben Zeitabschnitt, im ersten Drittel des 16. Jahrhunderts, zogen sich die auswärtigen Gewerken, wohl auf Drängen Erzbischof Leonhards von Keutschach, der das Montanwesen unter eigene Kontrolle bringen wollte, zurück und einheimische Gewerkenfamilien wussten ihre Chance zu nutzen. Zu den Gewinnern dieser Situation zählten die Weitmoser, Zott, Strasser, Premauer und Perner, die rund drei Jahrzehnte die Produktion des Edelmetallbergbaus beherrschten und den Grundstein zu einem Vermögen legten, das durch die Jahrhunderte einen sagenhaften Klang behielt.

Ab 1525

Der Bauernkrieg von 1525/26 bewirkte einen drastischen Strukturwandel im Gold- und Silberbergbau der Hohen Tauern. Denn nach einigem Kriegslärm hatten sich die Großgewerken auf die Seite des bedrohten Landesherrn Kardinal Matthäus Lang gestellt, während die Kleinunternehmer für ihre Frontstellung hart belangt wurden. Die 1526 gleich einer Strafaktion eingehobene Brandsteuer, auf die 1527 noch eine Türkensteuer folgte, ging vorwiegend zu Lasten der kleinen Gewerken, die über dieser Belastung ihren Grubenbesitz vielfach nicht halten konnten und an die finanzstärkeren Zott und Weitmoser verkauten mussten. Auch den enormen Holzbedarf für die Hüttenwerke konnten nach dem Bauernkrieg nur noch Großgewerken decken, die in den Genuss landesherrlicher Vergünstigungen in Form von Holzverleihungen kamen. Damit war die nach den Gesetzmäßigkeiten des Frühkapitalismus verlaufende Trennung von Kapital und Arbeit, von Gewerken und Lohnarbeitern mit einer für den Alpenraum typischen Zwischenschicht von Lehenschaftern, in der Rolle von „Unternehmerarbeitern", beschleunigt worden und der Weg frei für einen technologisch effizienten, „großzügig zusammengeordneten" Bergbau.

Wasch- und Fletzwerke vereinfachten die Erzaufbereitung. Die ländliche Stampfe wurde zum Pocher und die Einführung der „Wasserkunst" zur Wassergewältigung in Pumpenform brachte einen weiteren Fortschritt. Im Transportbereich hielten Sackzug, Stollengeleise und Lawinenschutz durch Schneekrägen Einzug in die Bergbaureviere, deren hochalpine Lage auf bis zu 3045 Höhenmeter den Abbau risikoreich und aufwendig gestaltete.

Bereits mit dem ersten Anlaufen dieser montanistischen Hochkonjunktur im ersten Drittel des 16. Jahrhunderts wurde der enorme Holzbedarf zur ökologischen Bedrohung, sodass Erzbischof Matthäus Lang 1524 eine Waldordnung zur Regelung von Abholzung und Holzgenuss erließ. Bedrohte Bauern strengten immer wieder „Rauchschwaden-Prozesse" an. Betriebswirtschaftlich zuträglicher war die interregionale Streuung des Bergwerksbesitzes, denn für die Verhüttungsprozesse standen ausreichend Zuschlagerze, hauptsächlich Blei für die Silbergewinnung, aus nahegelegenen Gebieten zur Verfügung.

Bald weckten die aufstrebenden Salzburger Bergwerke auch das Interesse von Fachleuten. 1521/22 hielt sich Paracelsus in Gastein auf, wo ihn neben der Heilkraft der warmen Quellen auch die Arbeitswelt des Bergbaus beschäftigte. Er beschrieb erstmals den ungesunden Alltag der Berg- und Hüttenleute und die daraus folgenden Krankheiten. 1526 legte der Humanist Georg Agricola, Verfasser eines Grundlagenwerks über den Bergbau, auf seiner Rückreise von Italien einen Abstecher ins Gasteinertal ein, um die dortigen Betriebsanlagen in persönlichen Augenschein zu nehmen.

1532 wurde eine Große Salzburger Bergordnung erlassen, deren weitreichende Reformen mit dem Allgemeinen Berggesetz von 1854 und dem Österreichischen Berggesetz von 1976 vergleichbar sind. Bereits seit dem 15. Jahrhundert lassen sich soziale Absicherungen der Bergknappen für Zeiten der Krankheit, Berufsunfähigkeit und das hohe Alter nachweisen.

Ab 1547 erfolgte die Verhüttung an zentralem Ort in Lend, wo die Wasserkräfte der Salzach zur Verfügung standen. 1553 wurde dort eine Holzeinländungsanlage errichtet, nachdem das Gasteiner- und Raurisertal nahezu entwaldet war, und die Erzeugung von Holzkohle aufgenommen. Das Holz wurde aus den Tauerntälern und von Krimml abwärts, wo eine große Holzklause eingerichtet war, über die Salzach abwärts nach Lend getriftet.

1557 wurden 830 Kilo Gold und 2723 Kilo Silber an die landesfürstliche Verwaltung in Salzburg eingeliefert. Es war ein Rekordjahr für die Salzburger Edelmetallproduktion. Die ertragreichsten Zechen lagen wie eh und je am Gasteiner Radhausberg. Die Salzburger Münze prägte daraus Goldgulden, Silbertaler und Pfennige. Die Numismatikern gut bekannten Rübentaler aus der Regierungszeit Leonhard von Keutschachs und die Turmtaler Wolf Dietrichs waren dagegen „Jubiläumsprägungen" für Geschenkzwecke.

Ab 1558

Mit dem Tod der maßgeblichen Persönlichkeiten im Gastein-Rauriser Bergbau, Christoff Weitmoser (1558), Martin Strasser (1560) und Wolfgang Strasser (1561) begann der Niedergang des Privatgewerkentums und auch die Erträge gingen zurück. Die Lagerstätten waren erschöpft, die allgemeine Wirtschafts-

und Marktlage nahm eine weniger günstige Entwicklung und das Tauerngold erhielt zudem Konkurrenz durch uberseeisches Edelmetall. Die Nachkommen der Gasteiner Bergherren verloren sukzessive das Interesse an ihren hochalpinen Montanrevieren. Um diesen Niedergang zu stoppen, wurde die Lender Holz- und Kohle-Versorgungsgesellschaft aufgelöst, an ihre Stelle trat 1569 die Gemeine Lender Handelsgesellschaft, die von Anfang an unter widerstreitenden Interessen und Kapitalmangel zu leiden hatte.

1615, unter der Regierungszeit von Markus Sittikus, warfen die Montanreviere in Gastein und Rauris gerade 80 Kilo Gold und Silber ab. 1616 wurde der Neue Lender Handel „Staatsbetrieb" und kräftig gesundgeschrumpft. Der Bergbau beschränkte sich nun auf die Nordseite des Radhausberges und einige Stollen am Rauriser Goldberg. Die Gewerken wanderten ab, 1618 befanden sich nur noch die Gläubiger der in Konkurs geratenen, einzigen katholischen Familie der Stainhauser vor Ort.

Etwas anders lagen die Verhältnisse in den Blei- und Silberbergbaugruben von Ramingstein und im Bergrevier Schellgaden und Rotgülden. Schon verhältnismäßig früh von Bedeutung, zeichnete sich auch der Niedergang bereits früher ab. Fürsterzbischof Wolf Dietrich musste gegen Ende des 16. Jahrhunderts als Landesherr mehr und mehr Anteile der Ramingsteiner Silbergruben übernehmen und trennte sich schließlich 1603 im Wege einer Schenkung von diesem verlustreichen Besitz. Mit dem katholischen Salzburger Ratsbürger Helmeck, der als Alleineigentümer eingesetzt wurde, begann eine beispiellose Misswirtschaft, bis der Ramingsteiner Bergbau 1615 in landesherrliche Verwaltung zurückgenommen werden musste. Die Erträge bewegten sich entlang der Nullgrenze und waren ab 1675 ein reiner Verlustposten.

Ab 1620

Im 17. Jahrhundert spielte die Salzburger Montanindustrie auf Gold und Silber eine untergeordnete bis problematische Rolle.

Günstiger verhielt sich die Entwicklung für das Halleiner Salz, Kupfer (Großarl, Untersulzbach, Leogang, Hüttau) und Eisen (Flachau, Bundschuh, Werfen, Dienten), das teilweise in den ab 1585 gegründeten und dann von Erzbischof Paris Lodron besonders geförderten Messinghütten in Ebenau und Oberalm zur Verarbeitung kam.

1622 ging die seit 1537 urkundlich fassbare Kupfergewinnung in Hüttschlag im Großarltal in den Besitz der erzbischöflichen Hofkammer über und brachte zunächst gute Erträge. Auch das Leoganger Kupfer nahm ab 1691 einen bemerkenswerten Aufschwung, als sich eine Reihe von Saalfeldener und Stadtsalzburger Bürgern hier am Bergbau beteiligten.

Im 16. und 17. Jahrhundert war die Salzburger Montanindustrie schrittweise und oft aus Zwangssituationen heraus „verstaatlicht" worden, sie erfuhr dann im 18. Jahrhundert eine Neuorganisation, die dem Bergbau insgesamt wieder auf die Beine half. Zuvor hatte die Protestantenausweisung von 1732, die viele Knappenfamilien betraf, einen tragischen Tiefpunkt im Salzburger Bergbauwesen herbeigeführt, von dem die Gastein und Rauris allerdings ausgenommen waren.

Ab 1740

1741 wurde die Montansiedlung Altböckstein im Gasteinertal als ingenieurmäßiges Großprojekt angelegt, um den Edelmetallbergbau möglichst effizient zu gestalten. 1746 wurde unter Leitung von Bergwerksrat Thaddäus Anselm Lürzer von Zehendthall eine Berghauptmannschaft mit Sitz in Lend (ab 1762 in Salzburg) geschaffen und das Bergwerks-Collegium im Zuge der Zentralisierung und Vereinheitlichung der Produktions- und Verwaltungsabläufe 1775 mit der Hofkammerdirektion vereinigt. Dieser Neuaufschwung kam jedoch an die Blütezeit des Edelmetallbergbaus um die Mitte des 16. Jahrhunderts bei weitem nicht heran. 1780 beschäftigte die Salzburger Montanindustrie wieder 1464 Arbeiter, davon entfielen fast 500 auf Gastein, Rauris und Lend. Derselbe Personalstand war bereits um 1550 erreicht worden. Damals hatte man freilich den zehnfachen Ertrag erwirtschaftet. Das Halleiner Salz lieferte den dreifachen Gewinn gegenüber dem Erlös aus der gesamten, landesweiten Erzproduktion.

Ab 1816

Die Säkularisierung des geistlichen Fürsterzbistums, die Napoleonischen Kriege und der wiederholte Herrschaftswechsel in den Jahren bis zur Eingliederung Salzburgs in den Österreichischen Kaiserstaat 1816 brachte die Produktion in den angeschlagenen Salzburger Bergbaubetrieben fast gänzlich zum Erliegen, die Metallgewinnung verlief kritisch und verlustreich. 1825 wurde der Bergbau Schwarzleo in Leogang aufgelassen, 1864 folgten Mühlbach im Pinzgau, Dienten, Flachau und Hüttau und sogar der ärarische Gold- und Silberbergbau am Radhausberg in Gastein musste schließen. Dort waren die seit 1845 laufenden Sanierungskonzepte Karl Reissachers, die auch eine touristische Nutzung vorsahen, fehlgeschlagen. In Kolm-Saigurn im Rauristal brachte eine 1834 in Betrieb genommene Aufzugmaschine zum Hohen Goldberg eine Entlastung der Transportverhältnisse, geschäftliche Erfolge blieben jedoch aus, der staatlich geführte Betrieb, der immerhin einer armen Bevölkerung den Broterwerb sicherte, blieb defizitär und wurde 1875, zusammen mit dem Betrieb in Lend, eingestellt. Eine erfreuliche Ausnahme bildete der jüngere Kupferbergbau in Mühlbach am Hochkönig, der 1840 aufgenommen wurde und über Jahrzehnte leidlich prosperierte.

Doch ist um die Mitte des 19. Jahrhunderts durch zahlreiche Projekte der Neuerschließung auch eine Wende zum Besseren zu beobachten.

In Gastein wurde 1866 auf Initiative von drei Geldgebern die „Erste Gewerkschaft Radhausberg" gegründet und 1871 der Bergbaubetrieb neu aufgenommen.

In Rauris wagte der legendäre Pionier Ignaz Rojacher, der mit dem harten Arbeitsleben am Hohen Goldberg seit Kindesbeinen vertraut war und das Vertrauen des k.k. Oberbergrates Posepny genoss, 1876 einen vielbeachteten Neustart, der die in ihn gesetzten Hoffnungen, den gesunkenen Goldschatz der Hohen Tauern neu zu erschließen, aber trotz der denkbar besten persönlichen Voraussetzungen, von seiner angegriffenen Gesundheit abgesehen, nicht erfüllen konnte. 1880 begann er den Bau eines Bremsberges und einer Förderbahn vom Maschinenhaus zum Knappenhaus. Das zu einem Gasthaus umgestaltete ehemalige Kolmer Werkhaus erhielt eine mit Wasserkraft betriebene elektrische Glühlichtanlage. Diese glückliche Mischung aus technischem und organisatorischem Genie bewies Ignaz Rojacher auch für die von ihm initiierte Errichtung der meteorologischen Station auf dem Sonnblick in 3106 Meter Höhe. Seine Bemühungen erwirtschafteten freilich keine Gewinne, 1889, zwei Jahre vor Rojachers Tod, kam es zum Verkauf und der Bergbau am Hohen Goldberg zum Erliegen. 1926 erwarben nach mehrfachem Besitzerwechsel die Naturfreunde elf Quadratkilometer Grund, um diesen für Naturschutzzwecke zur Verfügung zu stellen.

Ab 1900

In Gastein stand der Bergbaubetrieb der Ersten Gewerkschaft Radhausberg 1906/1907 vor der Einstellung. Seine Weiterführung als Zweite Gewerkschaft Radhausberg ist mit dem Bau der Tauerneisenbahn und dem Tunnel zwischen Böckstein und Mallnitz verknüpft. Der Schweizer Oberbergrat Karl Imhof, Leiter des Tunnelbaus, fasste Interesse zu dem geschichtsreichen Goldrevier rund um das Sonnblickmassiv und stellte Studien für ein großzügiges Tiefenaufschlussprogramm an. Er konzentrierte die bergmännische Tätigkeit auf das Siglitz-Naßfeld-Bockhart-Revier, das durch einen Unterbaustollen vom Naßfeld aus und gleichzeitig vom Bockhart her erschlossen werden sollte. 1917 bis 1926 wurden 237 Kilogramm Gold und 1148 Kilogramm Silber sowie 746 Tonnen Arsen erzeugt. Bis 1925 geriet das Unternehmen in eine aussichtslose Lage, sodass Imhof die Direktion niederlegte. 1927 wurde der Betrieb eingestellt. Die Weltwirtschaftskrise brachte damals eine ganze Reihe von kleineren Bergbauen, die ihren Bestand bislang hatten verteidigen können, zum Stillstand. Auch der jüngere Kupferbergbau Mühlbach am Hochkönig musste 1931 schließen. Nur das im Besitz der Familie Weinberger stehende Eisenwerk Sulzau-Werfen überstand diese kritische Zeitspanne. Ab 1938 bedingten die Kriegsvorbereitungen des NS-Regimes eine kurze Scheinblüte im erzproduzierenden Montanbereich. Einen wirtschaftlichen Aufschwung nahm Anfang der vierziger Jahre der Kupferbergbau Mitterberg, wo ab 1943 im Monatsdurchschnitt 5500 Tonnen Kupfererz gefördert wurden.

In Gastein wurde neben anderen Unterfahrungsprojekten der sogenannte Imhof-Unterbaustollen weiter vorgetrieben. 1940 bis 1944 wurde 600 Meter unter den alten Gruben am Radhausberg der Pasel-Stollen (Radhausberg-Unterbaustollen) angelegt. Nennenswerte Erzmittel ergab das nicht, aber man stieß auf Hitzeklüfte, denen ein radonhältiger Wärmestrom entwich, der die Stollentemperatur auf 43° C ansteigen ließ.

1952 wurde daraufhin die Gasteiner Heilstollenbetriebsgesellschaft gegründet. Seit Anfang der siebziger Jahre frequentierten jährlich rund 4000 Patienten mit Rheumabeschwerden, Atemwegserkrankungen und anderen Leiden den Heilstollen. In den besten Jahren gab es rund 90.000 Einfahrten.

Das endgültige „Glück aus!" für den Salzburger Bergbau brachte 1977 die Einstellung des Mitterberger Kupferbergbaus und 1989 die Niederlegung der Salzproduktion in Dürrnberg/Hallein.

Salz – Die Würze des Lebens
Das Salzbergwerk Dürrnberg

Wahrlich, ohne Salz ist es unmöglich,
ein menschliches Leben zu führen.

Der römische Naturkundler Plinius d. Ä., der Verfasser dieser Zeile, hatte den Stellenwert des Salzes für die Entwicklung der menschlichen Kultur bereits klar erkannt. Salz machte die Viehhaltung möglich und Fleisch genießbar. Neben dem Dör-

Floßfahrt über den Salzsee im Schaubergwerk Dürrnberg bei Hallein.

ren war es das einzige Mittel der Haltbarmachung und ermöglichte so die Vorratswirtschaft. Als das Klima im ersten Jahrtausend v. Chr. abkühlte und feuchter wurde, fiel das Dörren und Trocknen zunehmend schwerer, was den Wert des Salzes zusätzlich erhöhte. Vor diesem Hintergrund ist die ins Neolithikum zurückreichende Nutzung der Salzlager am Dürrnberg zu sehen, deren geologische Entstehungszeit auf die Untere Trias zurückgeht. Ab ca. 4000 v. Chr. belegen Steinwerkzeuge vom Dürrnberg eine erste bescheidene Salzgewinnung durch die Nutzung der dortigen natürlichen Solequellen. Ab ca. 700 v. Chr. beginnt mit den von Hallstatt hierher eingewanderten Kelten die Intensivierung des Salzabbaus. 250 Jahre später ist am Dürrnberg bereits eine ebenso wohlhabende wie prunkliebende Montansiedlung nachweisbar, die die Salzproduktion mittels Stollenvortrieb und durch industriemäßige Organisation der Arbeitsabläufe bewerkstelligte. Das gesamte prähistorische Stollensystem erreichte eine Länge von rund 4200 m Länge und 200 m Tiefe.

Die römische Herrschaft über Noricum besiegelte den Niedergang des keltischen Bergbaus auf dem Dürrnberg, dessen Wiederaufnahme erst ab 1123 urkundlich belegbar ist, aber von da an einen raschen Aufschwung nimmt. 1398 wurde die Dürrnberger Salzgewinnung zum hochfürstlichen „Kammergut", 1530 kaufte Erzbischof Matthäus Lang alle Siedeanteile der damals noch nicht erzbischöflichen Sudhäuser. 1542 betrug die jährliche Salzproduktion bereits 22.000 Tonnen Pfannensalz. 1574 wurde der Johann-Jakobberg-Stollen, 1596 der Wolf-Dietrich-Stollen und 1654 der seit 1360 bestehende Freudenberg-Stollen neu aufgeschlagen. Als attraktives Reiseziel für Kavalierstouristen, Staatsmänner, Ökonomen und Künstler lässt sich das Salzbergwerk Dürrnberg bis ins Jahr 1640 zurückverfolgen. Ein Besucherzustrom im touristischen Ausmaß ist seit dem ausgehenden 18. Jahrhundert zu verzeichnen. Interesse weckten die geheimnisvollen Stollen, die im Unterschied zu anderen Bergwerken keine Atemnot erzeugten, aber auch die einzelnen Arbeitsprozesse. Aus dem durch Häuer aus dem Berg gebrochenen Salzgestein wurde durch Verdampfen, das Sieden einer Salzlösung, Salz als Endprodukt gewonnen. Die dafür benötigten Holzmengen waren so enorm, dass mehrfach Versorgungsengpässe auftraten.

Da etwa 70% der Lagerstätte unter bayerischem Gebiet liegen – Berchtesgaden baute auf derselben Lagerstätte, was wiederholt zu Konflikten führte –, wurde 1829 ein „Staatsvertrag" abgeschlossen, die sogenannte Salinenkonvention. Im 20. Jahrhundert zeigte sich die Dürrnberg-Halleiner Salzgewinnung der Marktsituation nicht mehr gewachsen und wurde 1989 stillgelegt. Als Schaubergwerk, mit Zeugnissen aus der Arbeitswelt der Knappen, abenteuerlichen Grubenhunt-Fahrten, Rutschen und einem romantisch beleuchteten Salzsee, ist der Dürrnberg nach wie vor eine bedeutende Tourismusattraktion.

Themenweg 13 – Bad Dürrnberg
KELTENLEHRPFAD MIT SCHAUBERGWERK

Durch den originalgetreuen Nachbau eines Keltendorfes führt dieser Themenweg, der an elf Haltepunkten mit großformatigen, farbigen Schautafeln den keltischen Alltag vor 2500 Jahren, die Arbeitswelt der Salzgewinnung, das Fest- und Totenbrauchtum sowie Siedlungsgeschichte und ökologische Probleme dieser keltischen Montansiedlung erläuternd nahebringt.

Im Keltendorf am Dürrnberg.

Das Ramsautal, dessen ebene Fläche heute weitgehend als Parkplatz genutzt wird, war das Siedlungszentrum der eisenzeitlichen Kelten auf dem Dürrnberg, wo Handwerk und Gewerbe blühten. Die Salzgewinnung war nicht denkbar ohne den begleitenden Arbeitseinsatz von Schmieden und Kalkbrennern, Töpfern und Lederern. Da der Talboden stark versumpft war, mussten die Blockwandhäuser auf Schwemmlandinseln errichtet werden. Flechtwerkwände bewahrten sie vor Ausschwemmungen. Auf dem aussichtsreichen Ramsaukopf mit seinem felsigen Untergrund bauten die Kelten eine strategisch wichtige Höhensiedlung, wo Steinwälle und Toranlagen den Hütten zusätzlichen Schutz boten.

Die heutige Besucherattraktion Keltendorf führt in die Lebenswelt dieser ersten „Salzburger" zurück. Da ist viel von den Mühen und Gefahren der Salzgewinnung zu erfahren, vom lärmenden Klang ihrer Feste und Wagenrennen, von den prunkvollen Zeremonien ihrer Totenverehrung sowie von den Finten und Fallen, Siegen und Niederlagen im Existenzkampf um das „Lebensgut Salz".

Im großen Fürstenhaus erzählt schließlich der Keltenjunge Bran von seinen Abenteuern und begeistert damit vor allem Kinder für die geheimnisvolle Welt der Kelten.

Bereits der Neuzeit gehört die Solestube am Eingang ins Keltendorf an.

Das hölzerne Gebäude wurde im Jahr 1702 als Zwischenlager für die Sole errichtet und ist – dank den konservierenden Eigenschaften von Salz – bis heute in tadellosem Zustand. Die Bottiche des Erdgeschoßes konnten bis zu 90.000 Liter jener wässrigen Salzlösung fassen, die der Fachmann Sole nennt.

Während die Kelten Salzsteine aus dem Berg brachen und zu Handelsgrößen zerkleinerten, begann ab dem 13. Jahrhundert n. Chr. der „nasse Salzabbau", der einen enormen technischen Fortschritt bewirkte. Dabei wurde Wasser in den Berg geleitet und zu Seen aufgestaut, um das Salz aus dem Gestein zu lösen. Die entstehende Sole wurde in sogenannten Solestuben zwischengelagert und in hölzernen Rohrleitungen aus dem Berg und schließlich in die Halleiner Sudhäuser geleitet. Erst dort wurde durch Verdampfung reinweißes Kochsalz erzeugt.

Start: Salzbergwerk Dürrnberg
Öffnungszeiten: 1. April bis 31. Oktober, 9.00–17.00 Uhr und 1. November bis 31. März, 11.00 bis 15.00 Uhr. (Warme Kleidung und festes Schuhwerk sind erforderlich!) Das Keltendorf hält jeweils eine Stunde länger offen.

Route: Von der Eingangshalle ins Schaubergwerk gehen wir den Lettenbühel hinauf Richtung Kirche und erreichen in 5 Gehminuten den Eingang zum Keltendorf, durch den auch der Keltenlehrpfad mit seinen 11 Farbschautafeln und Infotexten führt. Wer sich für die Besichtigung der einzelnen Holzblockbau-Hütten und die Solestube etwas Zeit lässt, sollte eine Stunde einplanen. Eilige kommen auch mit 30 Minuten durch das Programm.

Hinweis: Führungen durch das Schaubergwerk Dürrnberg schließen einen Besuch im Keltendorf als Schlusspunkt des Programms mit ein. Kombikarte für Erwachsene ATS 200,–, für Kinder ATS 100,–, Familienkarte ATS 500,–. Besuch nur im Keltendorf: ATS 50,–. Das Besichtigungsprogramm Schaubergwerk und Keltendorf ist geeignet für Kinder ab 4.

Info: Salinen Tourismus Ges.m.b.H.-Salzbergwerk, A-5422 Bad Dürrnberg, Tel. 06245-85285-22

Wie ein Sonnenstrahl im tiefen Erdreich –
Die Faszination des Goldes

Ein Gelehrter, so heißt es, vergrub in der Moschee von Cordoba einen Sonnenstrahl und versicherte, dass jener sich, wenn man ihn nach vielen Jahren ausgraben würde, in ein Goldstück verwandelt hätte.

Gold – das kostbarste Metall der Erde – wird seit alter Zeit mit der Kraft der Sonne gleichgesetzt. An das Sonnenlicht, das die Dunkelheit der Nacht besiegt, die Kälte vertreibt und mit seinem Feuer alles zum Leben erweckt, erinnert auch die Symbolkraft der aus Gold und Silber gearbeiteten Monstranzen, die in der katholischen Messliturgie das Mysterium der Verlebendigung Jesus Christi zum Ausdruck bringen. Zu ihrer Herstellung, wie auch für Messkelche, Patenen und Altarschmuck, gelangte Tauerngold zur Verarbeitung.

In der ersten Hälfte des 16. Jahrhunderts sind allein für Rauris fünf Goldschmiede urkundlich belegbar. An die 200 Goldschmiede sind bis zum Beginn des 17. Jahrhunderts für das ganze Land Salzburg dokumentiert. Tatsächlich wird ihre Zahl viel höher anzusetzen sein. In ihren Werkstätten entstand ein Teil jener Kirchenschätze, die vom Reichtum des Tauerngoldes bis heute den fassbarsten Eindruck geben, waren sie doch den Wechselfällen der Geschichte weniger ausgesetzt

Hostienmonstranz mit der Meistermarke des Hans Caspar Ainhorn, 1635–1684 in Salzburg nachweisbar. Unken, Pfarrkirche.

97

Gediegenes Gold in Pyramidenwürfeln vom Hohen Goldberg.

als vergleichbare Schätze in privaten Händen. Auch vermitteln sie die mythischen Aspekte des Goldes treffender, als dies rein profanen Schmuckstücken oder Münzen möglich ist. Die bedeutendsten Gold- und Silberschmiede zur Blütezeit des Tauerngold-Bergbaus waren in Augsburg ansässig, dessen Werkstätten berühmt für ihre hohe Kunstfertigkeit waren.

Gold gehört zusammen mit Kupfer zu den ältesten vom Menschen benutzten Metallen. In Österreich beschränken sich seine Vorkommen weitestgehend auf die Hohen Tauern und lassen sich in zwei geologisch unterschiedliche Lagerstätten unterteilen. In einer Luftlinie von 30 Kilometer Länge ziehen sich die Montanreviere des Schellgadentypus, die silberarmes Gold in Begleitung von Pyrit, Galenit, Chalkopyrit, Scheelit und Turmalin führen, am Ostrand der Hochalm-Hafner-Reißeckgruppe entlang vom obersten Murtal im Lungau hinüber ins Katsch- und Maltatal. Die Lagerstätten der sogenannten Tauerngoldgänge liegen hauptsächlich im Bereich der Zentralgneise im innersten Raurisertal (Rauriser Goldberg, Goldzeche, Öxlingzeche), am Talschluss des Gasteinertales (Radhausberg, Siglitz) sowie in den Kärntner Zirknitztälern und im Wurtental. Das auf mittelalterliche Zeit zurückgehende Streckennetz an Stollen wird von Fachleuten auf gut 130 Kilometer Länge geschätzt. Der Goldertrag von den Anfängen des Bergbaus bis ins 20. Jahrhundert dürfte bei 60 bis 70 Tonnen Gold liegen.

Mehr als das Zehnfache davon, nämlich über 700 Tonnen Gold in nur einem Jahr, produziert heute Südafrika, das mit Abstand goldreichste Land der Welt. Die Goldreserven Österreichs, verwahrt von der Nationalbank, belaufen sich im Vergleich dazu auf rund 300 Tonnen.

In einem hemmungslosen Goldrausch befindet sich die Weltwirtschaft seit Anfang des 19. Jahrhunderts. 1798 war die Goldgewinnung dreimal so groß wie in den 5000 Jahren zuvor. Gegenwärtig wird in nur zwei Jahren mehr Gold gewonnen als im gesamten Mittelalter. Der größte Teil des erzeugten Goldes findet nach wie vor in der Schmuckwarenindustrie Verwendung, von geringerem Umfang ist die Goldmenge, die für Hortungszwecke und die Münzprägung bestimmt ist.

Schimmerndes Gold in feinen Blättchen
Unterwegs zu den Goldwaschplätzen in den Hohen Tauern
Ursprünglich wurde das Gold in feinen Schüppchen und Körnern aus den sandigen Uferbänken der Flüsse gewaschen, der eigentliche Bergbau ist jüngeren Datums. Seit dem 8. Jahrhundert ist für Salzburg diese Urform der Goldgewinnung anzunehmen. Nicht geklärt ist, ob sich die Goldsuche zur Kelten- und Römerzeit, sofern es eine solche im Salzburger Raum überhaupt gegeben hat, auf diese elementare Produktionsweise beschränkte, mithilfe von einfachen Holztrögen das Gold blättchenweise auszuschwemmen, das die Salzach und andere Bäche aus dem Innern der Hohen Tauern mit sich führten.
Auf vergleichsweise gesicherten Grundlagen steht, dass im 13. und 14. Jahrhundert in den Ämtern Werfen und St. Veit zeit-

Waschgoldgewinnung im 18. und 19. Jahrhundert.

weilig mehr als 100 Goldwäschen in Betrieb waren, und im Lungau sind im 15. Jahrhundert Goldwäschereien bei Schellgaden, Ramingstein und „umb Emerstorff" genannt, also bei Unternberg, dessen Schattseite zum Schwarzenberg hin reiche Goldadern bergen soll, wie zumindest die Sage bis heute erzählt. Nach Bergrat Posepny (1880) wurde an der Salzach, am Rauriser Ritterkarbach, der Rauriser, Gasteiner und Krimmler Ache, im Brixner Tal, Großarltal, am Hollersbach, den Sulzbächen, Embach und Hierzbach das begehrte Gold blättchen- und schüppchenweise gewaschen. Goldwaschanlagen bestanden genauso und zahlenmäßig in größerem Umfang an der Südseite der Hohen Tauern, an Möll und Lieser sowie in Tragin bei Paternion im Drautal.

Die Aufbereitungsverluste des Goldbergbaus in den Hohen Tauern lagen mitunter bei bis zu 50%, die in die Bäche geschwemmt und von den Goldwäschern mit einigem Geschick erobert werden konnten. Dabei wurde das Goldwaschen hauptsächlich im bäuerlichen Nebenerwerb betrieben, der Ertrag musste zur Gänze beim landesfürstlichen Wechsel eingelöst werden. Daneben bestand ein vermutlich ausgedehnter Schwarzmarkt, auf dem das gewonnene Waschgold etwas profitabler an italienische Händler losgeschlagen werden konnte. Um 1700 war dieser bäuerliche Nebenerwerb, der bald nur noch von armen Schluckern ausgeübt wurde, bereits stark rückläufig und verlor bis um 1850 gänzlich an Bedeutung.

Im 20. Jahrhundert gab es mehrfache Versuche zur Wiederbelebung dieser ältesten Form der Goldgewinnung. In Rauris bestand bis 1960 in der Frohn bei Bucheben im Hüttwinkeltal der Goldwäschereibetrieb des Wünschelrutengängers Hans Schabauer. Seine selbstgefertigten Gewinnungsanlagen umfassten einen Förderschacht mit Förderturm, ein Manipulations- und Wohngebäude, doch deckten die Erlöse kaum die Existenzgrundlage.

Seit Anfang der siebziger Jahre erlebt das Goldwaschen eine Renaissance als Freizeitsport und Tourismusangebot. Nach dem Vorbild Skandinavien, wo der Weltverband der Goldwäscher, die „World Goldpanning Association" seinen Sitz hat, werden Wettkämpfe im Goldwaschen ausgetragen. 1986 und 1994 lockte Rauris als Veranstalter dieser Goldwäscher-Olympiade 700 Wettkämpfer aus 17 Nationen ins Tal. Mittler-

Rauriser Goldwäscher versuchen ihr Glück.

weile bieten auch Böckstein und Heiligenblut Goldwaschanlagen als Ferienattraktion.

Themenweg 14 – Rauris
KNAPPENWANDERWEG KOLM-SAIGURN

Unmittelbar neben dem Parkplatz an der Mautstelle Bodenhaus finden wir am Einstieg zum Knappenwanderweg nach Kolm-Saigurn einen Goldwaschplatz, wo man unter fachkundiger Anleitung sein Glück versuchen kann. Um sich sein ganz persönliches Souvenir aus gediegenem Tauerngold zu erobern, braucht es allerdings Geduld und Ausdauer. Anmeldung und Geräte direkt beim Goldwaschplatz.

Der anschließende Knappenweg führt über die Grieswies-Alm mit ihrer imposanten Schlucht bis zum Lenzanger knapp vor dem einstigen Montanzentrum Kolm-Saigurn. Schautafeln an der Mautstation Bodenhaus vermitteln einen montanhistorischen Überblick und zeigen den Weg des Edelmetalls von den Tauerngoldgängen am Hohen Goldberg in die Rauriser Ache. Dazu gibt es auf weiteren Schautafeln Wissenswertes zur Geologie, zur Geschichte und zu den Verarbeitungsweisen des Tauerngoldes. Den Schlusspunkt dieses Informationsprogramms setzen drei große Talschluss-Panoramen beim Ammererhof in Kolm-Saigurn.

Start: Parkplatz an der Mautstelle Bodenhaus (1236 m)

Route: Diese einfache Tal- und Bergwaldwanderung mit leichter Steigung (320 m Höhendifferenz, 3,5 km einfache Weglänge) gibt durch Schautafeln eine gute Orientierung. An Gehzeit sollte man für eine gemütliche Tour (hin und zurück) gut 3 Stunden einplanen. Festes Schuhwerk ist erforderlich.

Hinweis: Ein Folder liegt auf.

Einkehr: Ammererhof und Naturfreundehaus, Kolm-Saigurn (1626 m)

Info: Fremdenverkehrsverband A-5661 Rauris, Tel. 06544-6237 und Nationalpark-Infostelle Zimmererhütte, Tel. 01-8923534-18

Goldwaschplätze in den Hohen Tauern

Goldwaschen in Rauris
Anmeldung: Tourismusverband Rauris
Postfach 22, A-5661 Rauris
Tel. 06544-6237
Sportalm: Familie Maier
Tel. 06544-6255
Heimalm: Familie Granegger
Tel. 06544-6334

Goldwaschen in Böckstein
Anmeldung: Montan Museum Altböckstein
Michael Hemm
Bergherrenstraße 32
A-5645 Böckstein
Tel. 06434-2447

Goldwaschen in Heiligenblut
Anmeldung: Gold und Silber Schurfgemeinschaft Großglockner
Raimund Granögger
A-9844 Heiligenblut
Tel. 04824-2109

Das „Bindermandl" –
ein armer Goldwäscher im Raurisertal

Heinrich Noë (1835–1896), Bibliothekar und Schriftsteller, der durch Jahrzehnte die bayerischen und österreichischen Alpen durchstreifte und mit seinen Publikationen zu einem Bahnbrecher des modernen Tourismus wurde, pflegte auch literarische wie persönliche Beziehungen zum Gasteinertal. Den Goldbergbau in den Hohen Tauern hat er gleich mehrfach zum Schauplatz seiner Erzählungen gemacht. Aus mündlichen Berichten wurde er mit der legendären Gestalt des Bindermandls bekannt, eines armen Erzsuchers und Goldwäschers, dessen Schicksal ihn zu einer Gasteiner Novelle mit dem Titel „Denkwürdigkeiten eines Erzsuchers" inspirierte. Darin nachzulesen ist Bekanntes und Neues über das Abenteuer des Goldwaschens eines „Bergsüchtigen", also eines Erzsuchers aus übergroßer Leidenschaft.

Ich wußte, daß er vor noch nicht gar langer Zeit in der Rauriser Ache dem Handwerk des Goldwaschens obgelegen war und fragte ihn nun deshalb geradezu, wie es ihm dort ergangen sei.

„Das ist wahr", antwortete er, „ich habe in der Rauris gewaschen. Aber, Gott sei es geklagt, auch dort hatte ich von den Menschen viel zu leiden. Ist es nicht gleichgültig, ob ein armer Teufel wie ich die kleinen Goldflinserchen im Wasser und Sand mit saurem Schweiß sammelt, oder ob sie der Fluß davonträgt, daß sie niemandem einen Nutzen bringen? Bei einem größeren Wasserstande, der oft die ganzen Ufer mitnimmt, geschieht das ja ganz gewiß."

„Hast Du Dir nicht einen Erlaubnisschein vom Pfleggericht verschaffen können, Seppl", fragte ich.

„O nein! Zum öffentlichen Waschen war ich als Bergsüchtiger viel zu anrüchig. Den Schein hätte ich nie bekommen, denn mich behandelten sie schon gar wie den größten Verbrecher."

„Wie oft hast Du's denn gemacht in der Rauris?", fuhr ich fort.

„Wo ein Platz gut war, da habe ich die meiste Zeit in der Nacht arbeiten müssen, sonst hätten sie mich totgeschlagen. Du kennst die kleine Klamm zwischen Bucheben und der Kapelle außerhalb Wörth, wo sich der Weg eine kleine Weile rechts oben auf Pfählen an der brüchigen Felswand hinzieht, dort hab ich mir zwischen dem Bach und den Pfählen an den Felsen das Moos gesammelt."

„Das Moos?", fragte ich verwundert.

„Ja, das Moos. Ich dachte mir eben, bei hohem Wasserstand, wo der Bach das Moos an der Wand überflutet, müssen Goldteilchen in dem feinen Moos hängenbleiben, wenn die Ache überhaupt Gold mit sich führt. Ich machte die Probe. Nachdem ich einen großen Haufen Moos zusammengetragen hatte, vermischte ich ihn mit Reisig und verbrannte das Ganze zu Asche. Diese Asche wusch ich mit der größten Sorgfalt aus und sah nun aus den vorhandenen Goldteilchen, daß dieser Bach überaus lohnend sein müsse. Aber diese Entdeckung half mir vorläufig nicht viel, denn an dieser Stelle hätte ich nicht ans Waschen denken dürfen, wenn ich nicht mißhandelt oder gar in den Kerker geworfen sein wollte.

Nachdem ich einige Tage nachgedacht und bald den einen, bald den anderen Plan gefaßt und wieder verworfen hatte, blieb ich endlich auf folgendem Entschlusse stehen. Ich baute an der verborgensten Stelle dieser Wassermenge ein Wehr, dieses machte ich so: Vorne stemmte ich, der Breite des Wassers entlang, Holzstämme zwischen die Felsen und hinter ihnen, etwa zwei Klafter höher, brachte ich abermals solche an. Den Zwischenraum zwischen diesen beiden Terrassen füllte ich nun so aus, daß ich zu oberst große Steine, sodann Reisig und endlich Moos einstampfte. Ich dachte mir dabei, daß, wenn das Wasser über das obere Wehr hinabfällt, es durch das Reisig, welches dort befestigt ist, in so kleine Strahlen zerteilt wird, daß es nicht mehr die Gewalt hat, das in ihm schwimmende Gold über das untere Wehr mit hinabzureißen, sondern es in dem dort angebrachten Moose liegen lassen muß. Gegen die Gefahr aber, daß der Zwischenraum zwischen den beiden Wehren mit Flußsand ausgefüllt würde, hatte ich ihn so steil abhängig gemacht, daß wohl der leichte Sand, nicht aber die schweren Goldkörner über die Spitzen des Mooses hinabgeschwemmt wurde. Alles dieses machte ich bei sehr kleinem Wasserstande im Spätherbst und besonders bei der Nacht.

Meine Berechnung hatte mich nicht getäuscht. Als ich zwei Jahre später – denn so lange mußte ich warten, wenn ein Erfolg zu verspüren sein sollte – abermals bei geringem Wasserstande im Winter hinging, fand ich alles ziemlich so, wie ich es verlassen hatte. Aber es war eine schwere Arbeit, die Füllung aus der Wehr herauszunehmen. Endlich brachte ich meine ganze Ladung nach

Hause. Ich trocknete das Moos und verbrannte es zu Asche. In dieser Asche fand ich einige Lot Gold, unter welchem sich einzelne große Körner befanden, die allein schon ein Quint wogen. Diese ganze Vorrichtung war eigentlich nichts als ein im Großen angelegtes Waschbrett.

Aus: Heinrich Noë „Denkwürdigkeiten eines Erzsuchers" (1875)

Themenweg 15 – Rauris
TAUERNGOLD-RUNDWANDERUNG

In das einstige Zentrum des Rauriser Goldbergbaus führt dieser Rundwanderweg, dessen Route alte Stolleneingänge berührt, das Radhaus im Maschingraben und verfallene Knappenhäuser. Während der Blütezeit des Goldbergbaus bis zur Mitte des 16. Jahrhunderts schürften hier bis zu 2000 Knappen nach dem begehrten Edelmetall. Nach dem schrittweisen Niedergang in der Folgezeit versuchte 1876 der Rauriser Hutmann und Technikpionier Ignaz Rojacher, der sich bei seiner Tätigkeit im Rauriser Bergbau immer wieder durch grandiose Ideen und Lösungen bei Problemen im Bereich der Sicherheit, Organisation und in kniffligen technischen Aufgaben ausgezeichnet hatte, einen letzten Neustart für die erschöpften und unrentabel gewordenen einstigen Goldgruben.

Das Radhaus des Schrägaufzugs auf den Hohen Goldberg. Nach einem Holzstich von Hugo Charlemann.

Das Radhaus heute.

Start: Ammererhof in Kolm-Saigurn (1626 m)

Route: Über den Naturfreunde-Familienwanderweg steigen wir in knapp zweistündiger Wanderung zum Naturfreundehaus-Neubau (2175 m) auf. Oberhalb der Baumgrenze genießt man auf diesem Weg die herrliche Aussicht auf das Bergmassiv des Sonnblicks und des Hocharn. Pflanzenfreunde erfreuen sich auf diesem Steig einer reichen Alpenflora. Beim Naturfreundehaus-Neubau, wo man auf eine zünftige Jause einkehren kann, startet der *Tauerngold-Rundwanderweg* und Gletscherschaupfad. Eine Panoramatafel neben der Hütte gibt dazu wichtige Hinweise. Dabei erwarten den Wanderer vier montanhistorisch oder gletscherkundlich bedeutsame Haltepunkte: Das *Radhaus* und Bruchhof am Kälberriegel (2161 m), 1831–1833 erbaut, diente bis 1888 als Bergstation für den 1500 m langen Schrägaufzug von Kolm-Saigurn herauf. Ein gewaltiges Kehrrad, das von Gletscherwasser angetrieben wurde, versetzte die Wägelchen der Aufzugmaschine in Fahrt, die aus massiven Balkenrahmen mit aufgesetzten Kasten bestanden und etwa 800 kg „Pochgang" aufnehmen konnten. Vom Maschinenhaus baute Ignaz Rojacher einen Steindamm für die sogenannte Bremsbahn, von wo eine nahezu horizontale Schleppbahn, deren Trasse noch erkenntlich ist, zum 2339 m hochgelegenen Knappenhaus führte. Wir gehen zurück zum Sonnblickweg, den wir nach Überschreiten des Bachlaufes gleich wieder verlassen. Denn hier ist der Einstieg zum Gletscherlehrpfad durch das Vogelmeier-Ochsenkar, das heute eisfreie, ehemalige Gletscherzungengebiet des großen Goldberggletschers. Die beiden nächsten Haltepunkte, der Obermayer-Felsen (2275 m) und das *Gletschertor*, sind mit dem Eiszeitforscher Albrecht Penck verbunden, der hier von 1888–1896 Gletscherstudien durchführte. Schautafeln informieren über die Gletscherentwicklung. Nun führt unser weiterer Weg zum einstigen *Knappenhaus*, das den Knappen des Goldbergwerkes als

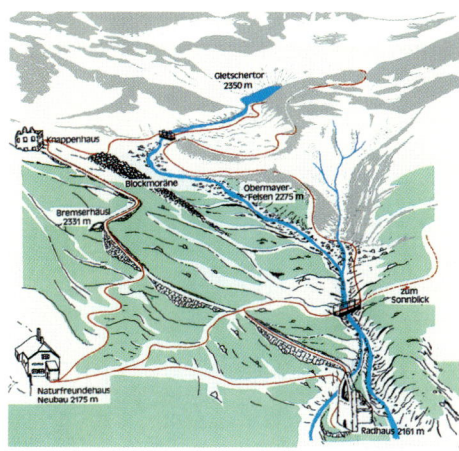

Wohn-, Schlaf- und Wirtschaftsgebäude diente und nun lang schon in Ruinen liegt. Der Weg führt über die Trasse der horizontalen Schleppbahn weiter zum *Bremserhäusl* (2331 m), der höchsten Stelle des Schrägaufzuges, die als Umladeplatz für das Golderz und die Versorgungsgüter diente. Von hier aus geht es zurück zum Naturfreundehaus Neubau.

An Gehzeit für den 7 km langen Tauerngold-Rundwanderweg sind gemütliche 3 Stunden einzuplanen. Dazu kommen jeweils 1,5 Stunden für den Auf- und Abstieg Kolm-Saigurn – Naturfreundehaus-Neubau. Alles in allem eine herrliche Tagestour. Der Wegverlauf der Tauerngold-Rundwanderung ist bis auf einige kleinere Anstiege weitgehend eben. Etwas Kondition verlangt der Aufstieg von Kolm-Saigurn zum Naturfreundehaus-Neubau (500 m Höhendifferenz). Alpine Ausrüstung ist unbedingt erforderlich.

Hinweis: Im Frühjahr können stellenweise Schneeflecken rutschige Passagen verursachen. Vorsicht ist dann geboten. Eine kleine Broschüre liegt auf.

Auskunft: Fremdenverkehrsverband A-5661-Rauris, Tel. 06544-6237 und Nationalpark Informationsstelle Zimmererhütte, Tel. 01-89235 34-18

Einkehr: Ammererhof, Naturfreundehaus Kolm-Saigurn und Naturfreundehaus-Neubau

Sehenswert: Raurisertal Museum, A-5661 Rauris, Marktstraße 59, Tel. 06544-6253

Öffnungszeiten: Täglich außer Donnerstag 10.00–12.00 und 16.00–18.00 Uhr; Sonntag nach Ostern bis 31. Mai und 1. November bis 15. Dezember geschlossen. Der Rauriser Goldbergbau und Mineralien sowie die Lebensgeschichte des Pioniers Ignaz Rojacher bilden Schwerpunkte der Ausstellung.

AUFZUGMASCHINEN ZUM RADHAUSBERG (GASTEIN) UND HOHEN GOLDBERG (RAURIS)

Zwei Aufzugmaschinen haben den Tauerngoldbergbau im 19. Jahrhundert zu einer vielbestaunten Sensation gemacht, denn sie standen nicht nur zur Beförderung bergbaulicher Lasten im Einsatz, sondern transportierten auch erste montanistisch interessierte Alpintouristen bergwärts. Sie verkörpern die Urmodelle der modernen touristischen Aufstiegshilfen.

Am Talschluss des Naßfeldes im **Gasteinertal** wurde 1804 nach den Plänen des aus Lend gebürtigen Oberwerkmeisters Joseph Gainschnigg eine Aufzugmaschine zu den Gold- und Silberbergbauen des Radhausberges errichtet, die einen Frachtwagen auf Holzgeleisen mittels Treibseil, Treib- oder Kehrrad antrieb. Die Talstation lag in der Schusterasten im Naßfeld, die Bergstation, ein gemauertes, turmartiges Gebäu-

de, befand sich in der Nähe der Bergbauanlagen des Hieronymusstollens im Bereich des Zettachbodens auf dem Radhausberg. Eine knappe halbe Stunde dauerte die Bergfahrt, die Schluchten und steile Felswände berührte und daher für weniger bergerprobte Touristen zur waghalsigen Mutprobe werden konnte. Mit der Einstellung des Gold- und Silberbergbaus am Radhausberg 1864 wurde die Anlage dem Verfall preisgegeben.

In **Rauris** entlastete ab 1834 eine solche, von einem gewaltigen Wasserrad angetriebene Aufzugmaschine, die

Aufzugmaschine zum Radhausberg in Gastein.

gleichfalls Oberkunstmeister Joseph Gainschnigg konstruiert hatte, den Lastenverkehr zwischen Kolm-Saigurn und dem Gold- und Silberbergbau am Hohen Goldberg, wo in 2340 Meter Höhe das Goldberger Knappenhaus stand. Eine große Truhe auf vier walzenförmigen Rädern wurde dabei auf Holzgeleisen bergwärts befördert. Dabei waren teilweise schwindelerregende Steilstufen zu überwinden. Über eine Streckenlänge von 1600 Metern überwand sie eine Höhendifferenz von 600 Metern. In den Jahrhunderten zuvor musste dieser Gebirgsweg im Saum- und Sackzugverkehr, ausschließlich mit der Kraft von Menschen, Pferden und Hunden bewältigt werden. Auch sogenannte „Knappenrösser", schlittenartige Gefährte, standen zum Transport in Verwendung.

Ignaz Rojacher, gebürtiger Rauriser Hutmann mit beeindruckendem technischen Erfindungsgeist, nahm bei seinem Versuch eines Neustarts des Goldbergbaus am Fuße des Sonnblicks 1876–1888 maßgebliche Verbesserungen an der Aufzugmaschine in Kolm-Saigurn vor. Auch die Errichtung des Sonnblick-Observatoriums 1888, bis heute die höchstgelegene Wetterstation Europas, wäre nicht möglich gewesen ohne den Einsatz dieses Lastenaufzugs.

Als besonderer Erfolg sei hier noch eines angemerkt. – Die Aufzugmaschine zum Gold- und Silberbergbau am Hohen Goldberg war 63 Jahre in Betrieb, ohne einen Unfall mit tödlichen Folgen verursacht zu haben.

IGNAZ ROJACHER

Ignaz Rojacher (1844–1891), der Pionier des Raurisertales, war das Kind armer Keuschler, die das Obersaghäusl im Gaisbachgraben bewohnten. Mit zwölf Jahren wurde er am Hohen Goldberg als Truhenläufer eingestellt. Seine kindliche Konstitution war der schweren Männerarbeit aber nicht gewachsen. Ignaz Rojacher wechselte in das Zimmerhandwerk und trat 1870 als Waschhutmann neuerlich in den Rau-

Ignaz Rojacher.

riser Bergbau ein. Er war nun damit betraut, die Aufbereitung, das Pochen und Schlämmen des Erzes zu überwachen. Sein außerordentliches technisches und organisatorisches Geschick brachten ihm rasch Anerkennung und Förderer ein. Ignaz Rojacher installierte das erste elektrische Licht und den ersten Fernsprechapparat im Raurisertal. 1876 pachtete er vom Staat den defizitären Bergwerksbetrieb. Er kam anfangs einigermaßen auf seine Rechnung und sicherte den Beschäftigten ihre Arbeitsplätze. 1880 ging der Bergbau in sein Eigentum über. Nun begann er den Bau eines Bremsberges und einer Förderbahn vom Maschinenhaus zum Knappenhaus. Auch die Errichtung des Sonnblick-Observatoriums (1886) erfolgte auf seine Initiative hin. 1888 führte er als Postmeister für das Raurisertal eine tägliche Postverbindung zwischen Taxenbach und Kolm ein. Trotz seiner erstaunlichen Leistungen konnte er den Rauriser Goldbergbau nicht mehr in die Höhe bringen. 1888 sah er sich, auch mit Rücksicht auf seine angegriffene Gesundheit, zum Verkauf der Anlagen gezwungen, die in der Folge stillgelegt wurden.

Knappenleben am Rande des Gletschereises

„Das Haus, in welchem die Knappen übernachten und ihre Lebensmittel sich zubereiten, steht hart am Rande des Gletschereises, siebentausend fünfhundert Fuß über dem Meer. Nur ein ungeheurer Schuttwall zertrümmerten Gesteines, welchen der Gletscher vor sich hergeschoben hat, trennt die Schwelle des Hauses von turmhoch lagerndem Eise. Was es mit dem Leben der Knappen

in dieser Einöde für eine Bewandtnis hat, das wird sich auch derjenige vorzustellen vermögen, der vom Wesen des Hochgebirges nur einen undeutlichen Begriff hat.

Vor allem muß erwogen werden, daß sämtliche Knappen das ganze Jahr hindurch jede Woche am Freitag Mittag das Knappenhaus verlassen und am Montag Abend dorthin zurückkehren. Die meisten derselben besitzen ein kleines Heim, welchem sie nachsehen müssen, andere wollen einen oder zwei Tage ihren Angehörigen bei der Arbeit helfen, alle aber bedürfen neuer Lebensmittel, wollen auf kurze Zeit dem Winter des kalten Hauses und den ungesunden Gruben entrinnen, ein anderes Wasser trinken als das vitriolhaltige des Berges.

Diejenigen Knappen, welche ihre Heimat drüben in Fragant haben, gehen allwöchentlich über das von tausend Klüften unterbrochene Eismeer der großen Zirknitz, die anderen, deren Hütte im Tal der Möll oder dessen Verästelungen steht, steigen manchmal über dieses, manchmal aber auch über das noch gewaltigere Gletscherfeld der Goldzeche hinab. "

Aus: Heinrich Noë „Ein Abenteuer auf dem hohen Goldberg" (1875)

Themenweg 16 – Böckstein
KNAPPENWANDERUNG ZUM BOCKHART UND GROSSEN SILBERPFENNIG

Eine Mautstraße führt von Böckstein, einst Sitz der Bergwerksverwaltung, durch das Naßfelder Achental mit seinen wildromantischen Schluchten, vorbei an Kesselfall und Bärenfall, ins Naßfeld (1588 m). Der „Naturschauweg Naßfeld", der durch diesen kesselförmigen Trogtalschluss führt, bringt an ausgewählten Haltepunkten Informationen zur Geschichte und Naturwelt des Naßfeldes und ist daher als weiterer Programmpunkt zu empfehlen.

Das Valeriehaus, ursprünglich ein Berggewerkenhaus, diente früher als Bergsteigerstützpunkt und ist heute ein Restaurant. Mit dem Aufbau von Sportgastein wurde dieser wildromantische Trogkessel zur Wintersportregion. Die Ostseite des Naß-

111

Einstige Knappenhäuser auf dem Weg zum Bockhartsee.

feldes nimmt der Radhausberg (2613 m) ein, das einst ergie-
bigste Goldrevier der Hohen Tauern, mit dem Salesenkogel
(2681 m) und Kreuzkogel (2686 m) an der Seite. Nach Südwesten ragt das von Gletschern umsäumte Schareck (3122 m)
auf, an seiner Nordwestseite eingeschnitten liegt das Siglitztal.
Nach Norden anschließend erhebt sich der Bockhart mit seinen beiden Seen unter der Kolmkar Spitze (2529 m) und
schließlich der Große (2600 m) und Kleine Silberpfennig (2238
m). – Alles Namen, in denen die Geschichte des Gasteiner
Gold- und Silberbergbaus nachklingt.

Start: Parkplatz Valeriehaus, auch mit öffentlichen Bussen von Badgastein aus erreichbar.

Route: Wir wandern ein kurzes Stück in westlicher Richtung, bevor
wir auf der Werksstraße zum Unteren Bockhartsee (Stausee) aufsteigen. Vor dem Straßentunnel weichen wir auf den gut markierten
Steig rechts des Weges (zur Bockhartseehütte) aus, auf dem querste-
hende, eng gesetzte Platten, das sogenannte Säumerpflaster, die
frühere Nutzung als Saumpfad verraten. Schweizer Löwenzahn und
Großkopf-Pippau begleiten uns bis zur Bockhartseehütte, wo wir den

Ausblick auf den überstauten Unteren Bockhartsee (1849 m) genießen. Am südlichen Seeufer gedeihen der Alpendost, Waldstorchschnabel und Tauerneisenhut. Wir wandern weiter bis zum Seeende, wo der Weg wieder an Steigung zunimmt und im Bereich eines alten Stauwerks einen Bach quert, der bis heute arsenhaltiges Wasser führt. Über Hügelschwellen, den Relikten von alten Abraumhalden, mit kleinen, von Arsen und Eisen graubraun eingefärbten Flachmoorbecken, die auf den Bergbau des 16. Jahrhunderts zurückgehen, steigen wir hinauf zum Oberen Bockhartsee (2070 m), wo die Bockhartscharte ins Blickfeld eintritt. Hier sind die Reste eines alten Römerweges im Gelände oberhalb des Steiges zu entdecken.

Auf der Bockhartscharte (2226 m) eröffnet sich uns ein prachtvoller Ausblick auf das Hüttwinkeltal mit den vergletscherten Dreitausendern Sonnblick und Hocharn. Von hier kann man über Almböden nach Kolm-Saigurn absteigen und von dort mit dem Bus nach Rauris gelangen. Nach unserem Routenvorschlag zweigen wir auf den gut markierten Steig nach Norden zur Baukarlscharte ab, wo wir anfangs ganz gemächlich dahinwandern und dann eine botanisch interessante Kalkschieferwand passieren, wo Rosenwurz, Berghauswurz, Weiße

Oberer Bockhartsee.

Schafgarbe, Alpenaster und Edelweiß, Echte Edelraute, die Niedrige Glockenblume, verschiedene Steinbrecharten und Leimkraut gedeihen. Verfallene Grubenausgänge und Abraumhalden, die längst von einer reichen Alpenflora überwachsen sind, bezeugen dem geschichtskundigen Betrachter auch hier die mit dem Goldbergbau verbundenen Mühen und Gefahren. Nun führt unser Weg zunehmend steiler auf die Baukarlscharte, wo eine alte Knappensiedlung in – spärlich gewordenen – Ruinen liegt. An der Nordseite sind noch die Reste eines einstigen Bergwerks im Gelände erkennbar. Von hier nimmt unser Weg seine letzte Steigung. Den Grat entlang, der einige Trittsicherheit verlangt, erreichen wir das flache Gipfelplateau des Großen Silberpfennigs (2600 m), der eine großartige Rundsicht auf das Gasteinertal, die vergletscherten Tauern und die Kalkalpen bietet. Mit etwas Glück sehen wir einen Weißkopfgeier oder Steinadler über den Gipfeln schweben.

An Gehzeit für die Strecke Naßfeld/Valeriehaus (1588 m) bis auf den Großen Silberpfennig (2600 m) muss man mit rund 4 Stunden rechnen. Diese wunderbare Bergtour weist zwar keine besonderen Gefahrenbereiche auf, doch sind Kondition, alpine Ausrüstung und Trittsicherheit Voraussetzung.

Auskunft: Kur- und Fremdenverkehrsverband A-5640 Bad Gastein, Tel. 06434-25310

Einkehr: Valeriehaus

CHRISTOPH WEITMOSER UND DAS GOLD VOM RADHAUSBERG

Unnser liebe Frauen thuen wür verachten nit,
wöllens lassen in Iren Ehren:
sie hat den Weitmoser sonderlich gemacht
zu ainem grossen reichen Herrn.

Wolf Prem, Gasteiner Bergreim (1553)

Das Jahr 1553, in dem sich der Gasteiner Knappe Wolf Prem für einen festlichen Anlass als Poet versuchte und dafür *„Ain schennen Perckhreimb vnnd Gesang von dem Rathhauß in der Gastein"* niederschrieb, bot wohl vielfach Anlass für fröhliche Feiern. Denn das Bergrevier in Naßfeld-Siglitz, wo am Radhausberg und Bockhart an die 100 Kilometer Stollen zu den Gold- und Silbererzen im Berginnern führten, hatte das Tal in einen regelrechten Goldrausch versetzt. Um die 850 Kilogramm Feingold und 2800 Kilogramm Silber jährlichen Ertrag warfen in jenen Spitzenjahren die Gastein-Rauriser Bergwerke ab, die sogar Jakob Fugger den Reichen, der sich mit seinem Montanbesitz in Tirol und Ungarn das Monopol über den europäischen Silber- und

Christoph Weitmoser.

Kupfermarkt erobert hatte, nach Gastein lockte, wo sein Konzern mit einer Faktorei vertreten war.

Eine montanhistorische Sonderstellung kann Gastein auch deshalb beanspruchen, weil sich hier ortsansässige Gewerken, die aus dem Bauernstand hervorgegangen waren, als Bergbauunternehmer im großen Stil durchsetzen konnten. Im Mittelpunkt dieser Erfolgsgeschichte der Strasser, Zott und Weitmoser steht unangefochten Christoph Weitmoser, an dessen Laufbahn Aufstieg, Blütezeit und beginnender Niedergang des Gasteiner Bergsegens geknüpft ist wie an keinen sonst.

Christoph Weitmoser (1506–1558) war sechs Jahre alt, als sein Vater Erasmus den Bergbau am Radhausberg erwarb. Als er im Alter von 20 Jahren, nach seinem Studium in Freiburg im Breisgau, das Erbe antrat, war der Besitz mit 10.000 Gulden verschuldet und sein Vater, der 1525 als Anführer der rebellischen Gasteiner Bauern gegen den Erzbischof Kardinal Matthäus Lang gezogen war, hatte als politischer Asylant außer Landes gehen müssen. Aus diesen existenzbedrohenden

Anfangsjahren ist eine Sage überliefert, nach der die junge Gemahlin Weitmosers ihren Brautschleier verkauft habe, um das nahe Osterfest ausrichten zu können. Die Sache sei dem Salzburger Erzbischof zu Ohren gekommen, so heißt es weiter, und habe diesen tief berührt, sodass er der darbenden Gewerkenfamilie jenen Kredit bewilligte, auf dessen Grundlage der legendäre Aufstieg der Weitmoser möglich wurde. Was auch immer den Landesfürsten Matthäus Lang zu dieser historisch beglaubigten Kreditbewilligung an den Sohn eines aufständischen Bauernrebellen bewegt haben mag, ein verkaufter Brautschleier dürfte da kaum den Ausschlag gegeben haben.

Auch die Gasteiner Chronik von 1540 weiß davon, dass Christoph Weitmoser *„bis auf das 30. Jahr viel Not litte, danach aber, als er die Gruben unser Frau am Rathaus belegt, ist ime daselbst bald Aerzt zugestanden"*. Augenscheinlich hatten sich die Stollen am Radhausberg, von denen wir aus Wolf Prems „Bergreim" fünf namentlich kennen – Zu Unserer Lieben Frau, Gottberat, Erasmus, Christoph und St. Pauls Stollen – als besonders reich an Gold- und Silbererz erwiesen. Christoph Weitmoser tilgte seine Schulden und war bald kapitalkräftig genug, um seinen Aktionsradius als Gewerke über die engen Talgrenzen auszudehnen. Ergiebige Bergbau- und Schürfrechte in Kärnten, in der Goldberggruppe, Heiligenblut, Gmünd und im Maltatal festigten seine Stellung als Großgewerke in den Hohen Tauern. Dazu kamen Besitz und montanistische Beteiligungen am Kärntner Bleiberg, in Schladming (Silber), Kitzbühel (Kupfer) und Schwaz (Silber).

Auf dem Gipfel seiner Finanzmacht erhielt Christoph Weitmoser den Reichsadel und Titel eines Kaiserlichen Rates verliehen, wahrscheinlich von Karl V., dessen Hausbankier Jakob Fugger auch in Gastein vertreten gewesen war.

Als großzügiger Wohltäter, der besonders für Bildungsbelange sehr aufgeschlossen war, wirkte Christoph Weitmoser für *„Arme Schueller, die Lust zum Studieren hatten"*, aber auch einstige Arbeitnehmer und Notleidende wurden mit Schenkungen bedacht.

Als er am 2. Mai 1558 verstarb, hatte der Goldbergbau in den Hohen Tauern – aber auch europaweit – bereits seinen Höhepunkt überschritten. Um 1572 waren von den 25 Stollen am Radhausberg, dessen Gold- und Silbererz den Grundstein für den Weitmoserschen Reichtum gelegt hatte, nur mehr elf in Betrieb.

Themenweg 17 – Böckstein
PETER-SIKA-WEG AM RADHAUSBERG

Benannt ist dieser Goldgräberweg zum Radhausberg mit dem Knappenbäuelsee, der in zwei Varianten erwanderbar ist, nach dem Begründer des Montanmuseums Böckstein.

Start: Naturschauweg Naßfeld am Ende der Gasteiner Heilstollenstraße (1588 m).

Route: Die weniger beschwerliche Route führt über die Forststraße bis zur Abzweigung zum Hieronymushaus, doch ist daneben der alte Knappenweg (624, rot-weiß-rot markiert) noch gut begehbar. Bei der Weggabelung zum Hieronymushaus (Jägerrast) folgen wir der Abzweigung nach rechts und erreichen nach etwa eineinhalb Stunden die Fichtenwaldgrenze. Der Steig verläuft weiter in Serpentinen durch Lärchen- und Zirbenbestände bis zum Blutpalfen und dem Wegkreuz, wo eine Gedenkbank (für Peter Sika und Lois Schafflinger) zur Rast einlädt. Von hier aus bietet sich dem Betrachter ein phantastischer Panoramablick auf die Sonnblickgruppe. Der Weg neigt sich nun leicht abwärts und mündet in zwei kleine Brücken über den Knappenbach. In Blickrichtung auf den Salesenkopf liegt hier das alte Gasteiner Golderzrevier ausgebreitet. Das 1975 durch Lawinen zerstörte Hieronymushaus diente durch zwei Jahrhunderte als Knappenberghaus, wo gewohnt und gearbeitet wurde. Im Gelände sichtbar sind noch die Abraumhalden des Hieronymusstollens in 1902 m Seehöhe und die Aufzugtürme des 1804 von Joseph Gainschnigg konstruierten Radhausberg-Maschinenaufzugs.

Durch sumpfige Bergwiesen, deren Durchquerung gutes Schuhwerk verlangt, vorbei an verfallenen Erzaufbereitsanlagen geht es Richtung

Blumfeldköpfl (1963 m) und über ein kurzes Steilstück weiter zum Schiedeck. Hier bietet sich für erschöpfte Wanderer an der Mittelstation der einstigen Goldbergbahn ein Abstieg ins vordere Naßfeld nach Sportgastein an. Wir setzen den Weg über den Knappenbäuelsee (2240 m) fort und steigen dann in südlicher Richtung zum Hortengrübl ab. Danach berührt unser Weg die Ruinen der Knappenhäuser und den Kühlprain (Kühler Brunnen), von wo man das vordere Weißenbachtal in 1600 m Seehöhe erreicht. Der weitere Abstieg verläuft durch prachtvolle Almlandschaft zurück ins Naßfeldtal, wo uns der Bus zurück nach Böckstein und Bad Gastein bringt. Die Gehzeit für die längere Variante des Peter-Sika-Weges beträgt 6 Stunden, seine „Kurzform" nimmt etwa 4,5 Stunden in Anspruch. Beide Wege verlangen entsprechende Ausdauer, gutes Schuhwerk und alpine Ausrüstung.

Einkehr: Valeriehaus

Sehenswert: Wer seine Kenntnisse zum Gasteiner Gold- und Silberbergbau noch vertiefen möchte, dem seien die Gasteiner Museen empfohlen:

Gasteiner Museum, Kaiser-Franz-Josef-Straße 1, A-5640 Badgastein, Tel. 06434-3488

Öffnungszeiten: Täglich 10.30–12.00 und 15.30–18.00 Uhr

Einen Saal nimmt die Geschichte des Tauerngoldes ein, daneben sind Sammlungen zur Kurgeschichte, zu Brauchtum, Jagd und Geologie zu besichtigen. Für Bergbaufreunde hochinteressant ist die Sammlung von alten Berg- und Grubenkarten sowie Vermessungsgeräte und das Bücherarchiv mit über 2000 Bänden.

Böcksteiner Montanmuseum Hohe Tauern, Karl-Imhof-Ring 10, A-5645 Böckstein, Tel. 06434-4253

Öffnungszeiten: Salzstadel Dienstag bis Sonntag 10.00–12.00 und 16.00–18.00 Uhr, Säumerstall freitags Führungen 15.00 Uhr

Der aus der Mitte des 18. Jahrhunderts stammende Gebäudekomplex war der zentrale Verwaltungssitz des Gasteiner Goldbergbaus und wurde zudem als Aufbereitungsanlage mit Wohn- und Stallgebäuden genutzt. Im Salzstadel erfährt der Besucher Wissenswertes über den Gold- und Silberbergbau in Gastein, im Säumerstall ist der Nachbau einer Erzaufbereitungsanlage mit Pocher, Goldmühle und Stoßherd zu besichtigen.

Info: Kur- und Fremdenverkehrsverband A-5640 Bad Gastein, Tel. 06434-25310

Spiegelhell und wunderbar leitfähig –
Das vielseitige Silber

Silber ist schon in ältester Zeit als Edelmetall verarbeitet worden. Aber erst vom 18. Jahrhundert an lernte man den Glanz des reinen Silbers besonders zu schätzen. Zuvor wurde es meist in Gold- oder Kupferlegierungen verarbeitet. Größtes Gewicht kommt dem Silber als Münzmetall zu. Wie die Geschichte der fürstlichen Silberkammern dokumentiert, wurden selbst künstlerisch kostbarste Arbeiten in Notzeiten oder zur Finanzierung von Kriegen eingeschmolzen und vermünzt. Sein Vermögen zu „versilbern" klingt auch in heutigen Ohren nach Besitzverlust durch übermäßige Geldausgaben.

Ein silberner Tauftaler, von den Taufpaten überreicht, wurde früher dem frisch angekommenen Erdenbürger zum Willkommensgeschenk gemacht und von den Eltern in einem mit Watte gepolsterten Schächtelchen verwahrt. Diese symbolreiche Geste sollte wohl auf einen Lebensweg vorbereiten, der an die Macht des Geldes gebunden ist. Daneben sah das ausgeprägte Analogiedenken der Vergangenheit noch eine zweite Sinngebung vor. Silber wird dem Mond zugeordnet, dessen Merkmale des Nährens, des steten Wandels und Wachstums wie auch der Anpassungsfähigkeit gut geeignet schienen, die Kindheitsjahre günstig zu beeinflussen.

Silber hatte enorme Bedeutung als Münzmetall.

Nach seinen physikalischen Eigenschaften ist Silber ein weiß glänzendes, dehnbares Metall. Es ist leicht schmelzbar und hält nicht an einer bestimmten Form fest. Aus einem einzigen Gramm dieses Metalls, das häufig an Blei- und Kupfererze gebunden auftritt, lässt sich ein Faden von zwei Meter Länge herstellen. Silber ist fast immer, wie auch aus der Salzburger Bergbaugeschichte nachweislich, ein Nebenprodukt bei der Gewinnung von Kupfer, Quecksilber, Gold und Blei. In Salzburg lagen seine bedeutendsten Vorkommen in den Golderzgebieten der Hohen Tauern, wo der Große und Kleine Silberpfennig im Sonnblickgebiet an das hier geförderte Silber namentlich erinnern, weiters im Lungauer Ramingstein und in Leogang.

Im Vergleich zum Silberbergbau in Schwaz in Tirol, wo Anfang des 16. Jahrhunderts die größten Silbervorkommen Mitteleuropas abgebaut wurden, oder auch zum Schladminger Silberbergbau, waren die Salzburger Silbergewinne eher bescheiden. Für das Spitzenjahr 1557 ist der in Gastein und Rauris, im Lungau und in Leogang erzielte Ertrag mit ungefähr 3200 Kilogramm Silber zu veranschlagen.

Im ausgehenden 16. Jahrhundert veränderte das aus den Silbergruben Mexikos importierte Edelmetall die gesamte europäische Wirtschaftslage. Der damit einsetzende, gigantische Kapitalzufluss wurde zum Treibstoff der modernen Industrie- und Marktwirtschaft. Mexiko ist übrigens bis heute der weltweit größte Silberproduzent.

Gegenwärtig spielt der Silberbedarf für Münzprägungen, Tafelsilber und Schmuck, der die Nachfrage über Jahrhunderte hochgehalten hatte, nur noch eine verschwindend kleine Rolle. Der Absatz erreicht trotzdem eine Rekordhöhe von jährlich über 15.000 Tonnen Reinsilber, denn die Bedarfslage der Foto-, Film-, Elektro- und chemischen Industrie ist enorm. Eine glatte Silberoberfläche ist der beste Reflektor für sichtbares Sonnenlicht wie auch infrarote Strahlung. Die heutige Foto- und Filmindustrie ist zum international größten Verbraucher dieses kostbaren Metalls geworden. Weil Silber von allen Metallen der beste Leiter von Elektrizität und Wärme ist, zählen die Elektro-Industrie und Elektronik sowie die chemische Industrie zu den größten Aufkäufern von Silber.

Im einfachen Hausgebrauch berücksichtigen wir diese enorme Wärmeleitfähigkeit, wenn wir ein heißes Getränk auf das Silberlöffelchen im Glas gießen und so vermeiden, dass das Glas zerspringt.

Das in Salzburg produzierte Silber, das seit dem 16. Jahrhundert nur noch schwindende Bedeutung hatte, brachte Kirchenschätze wie das Silberaltärchen von Mariapfarr (datiert auf 1443) hervor, ungezählte, häufig silbervergoldete Messkelche, feines Tafelsilber und Münzen wie die „Salzburger Silbertaler", die wegen ihrer hervorragenden Qualität sehr geschätzt waren.

Silberaltärchen von Mariapfarr.

Silberbergbau in Ramingstein

Ramingstein war nach dem Montanrevier Gastein-Rauris der bedeutendste Silberbergbau des frühneuzeitlichen Salzburg. Daneben wurde in seiner näheren Umgebung auch auf Eisen und Blei gebaut. Als das Erzstift um das Jahr 1300 von dem „uralten" Geschlecht derer *de Raminsteine* die Freiung Ramingstein übernahm, schloss dieser Besitz neben 28 Gütern und 113 Keuschen auch zwei (!) Burgen und Bergwerke mit ein. 1443 sind als erste Gewerken die Brüder Sigmund und Christoff Mooshamer, deren Geschlecht auch für Schloss Moosham namengebend war, sowie Erhart Wendelstein namhaft zu machen.

Umfang und Bedeutung dieses Bergbaureviers geht auch daraus hervor, dass der Mooshamer Pfleger Konrad Thannhausen, dessen Familie neben jener der Mooshamer den Ramingsteiner Bergbau ursprünglich dominierte, 1459 zusammen mit Balthasar Waldecker eine „Ramingsteiner Bergordnung" schriftlich niederlegte, die ausdrücklich *„ennhalb der Tauern"* Gültigkeit hatte, also als Lungauer Bergordnung angelegt war. Sie hielt neben rein bergbaulichen Bestimmungen auch das Recht der Ramingsteiner fest, zur Versorgung der bergmännischen Bevölkerung jeden Samstag einen Wochenmarkt abzuhalten. Die Goldseisen-Akten von 1556 bis 1559, benannt nach dem damaligen Verwalter des Silberhandels in Salzburg, verzeichnen von den in Ramingstein engagierten Gewerken neben den Thannhausen und Moosheimern noch Peter Pagge, Ott von Liechtenstein und Matthäus Gionzell. Im Unterschied zu Rauris und Gastein, wo aus der bäuerlichen Bevölkerung mächtige Gewerken hervorgegangen waren, waren im Lungauer Bergbau nahezu ausschließlich Adelige und Gewerken von auswärts tonangebend.

Die üblichen Konflikte zwischen Bergbau und Landwirtschaft wurden angesichts dieser Herrschaftsstrukturen nicht unbedingt entschärft. In diese Richtung deutet auch ein Beschwerdeschreiben der Gewerken an den Landesherrn aus dem Jahr 1521, also vom Vorabend des Bauernkriegs 1525/26, das in sei-

Ramingstein mit Burg Finstergrün.

nem Tonfall ebenso restriktiv wie fordernd gehalten ist: *„Die Bauern sollten nicht ausgerechnet jenes Holz schlägern, das am einfachsten und mit geringsten Kosten zu den Bergbauen gebracht werden könne.*
Die Bauern sollten ihr Grassach (Fichtenreisig) woanders nehmen und nicht ausgerechnet dort, wo man es für die Vermeilerung von Holz zu Holzkohle brauchte. Wege, Stege und Brücken würden durch Platzregen und Güsse oft beschädigt. Bei der Wiederherstellung verweigerten die Bauern die Mithilfe, obwohl sie die genannten Wege benützten. Der Landesherr solle ihnen das Mithelfen anschaffen." (nach: Fritz Gruber)

Mit dem Niedergang der Erträge fiel der Besitz an den Erzgruben am Altenberg, Dürnrain und Kräofen schließlich an Fürsterzbischof Wolf Dietrich, der daraus 1597 noch 505 Kilogramm Silber erwirtschaftete. 1603 trennte er sich im Wege der Schenkung von seinen nicht mehr profitablen Ramingsteiner Silbergruben. Der Beschenkte, der Salzburger Ratsbürger Valentin Helmeck, betrieb dann einen skandalösen Raubbau und führte das Werk in eine heillose Misswirtschaft. 1791 kam es zur Stilllegung, Versuche der Neubelebung brachten keine erwähnenswerten Resultate. Mit dem Dorfbrand von 1841 wurden auch die meisten Akten zur Bergbaugeschichte eingeäschert.

Heute gibt es im einstigen Erzrevier Altenberg ein Schaubergwerk zu besichtigen sowie drei mit Schautafeln ausgestattete Montanlehrpfade.

Themenweg 18 – Ramingstein
ERZWEG DÜRNRAIN

Start: Gemeindeamt Ramingstein.
Route: Der Weg führt durch das Ortsgebiet mit einiger Steigung zur Burg Finstergrün hinauf und zu den ehemaligen Silbergruben am rechten Talhang oberhalb der Burg. Schautafeln informieren über den

einstigen Montanbetrieb, zu Strafjustiz und Hexenprozessen. Die Gehzeit für diese Wanderung, die feste Wanderschuhe und Trittsicherheit im Gelände voraussetzt, beträgt 1,5–2 Stunden. Der Rückweg führt wieder zur Burg und dann über den Kirchsteig hinunter ins Ortszentrum.

Einkehr: Gasthof Bräuwirt, Café Regner
Info: Infostelle A-5591 Ramingstein, Tel. 06475-805

Themenweg 19 – Ramingstein
ERZWEG ALTENBERG ZUM SCHAUBERGWERK

Start: Gemeindeamt Ramingstein im Ortszentrum.
Route: Wir gehen die Ortsstraße entlang in westlicher Richtung bis zum Gasthof Durigon, wo ein Schild auf den Erzweg Altenberg hinweist. Wir überqueren die Mur und steigen den sonnseitigen Hang zur Felsenpromenade hinauf, die im ersten Abschnitt der Pflanzenvielfalt des Ortes gewidmet ist. Der aussichtsreiche Spazierweg führt über den Kirchsteig in den Ortsteil Stein, wo sich beim Bauernhof Kren noch eine alte Hausschmiede erhalten hat. Weiter geht es, immer murabwärts, auf dem Altenbergweg und dann auf einem Güterweg zum aufgelassenen Marmorsteinbruch, dem höchsten Punkt dieser gut beschilderten Route. Durch Waldgelände führt der mit insgesamt 22 Schautafeln ausgestattete Weg nun ins eigentliche Montanrevier Altenberg, wo Abraumhalden und Mauerreste noch Zeugnis vom einstigen Silberbergbau geben. Beim Bauernhof Thoman erreicht der Weg wieder Wiesengelände. Mit freiem Blick über

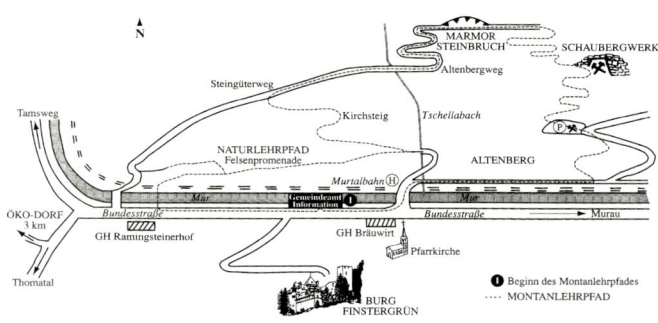

das Murtal steigen wir talwärts und erreichen das Schaubergwerk. Von dort geleiten die letzten Info-Tafeln zurück in den Ort Ramingstein.

Die Gehzeit beträgt 3–4 Stunden und verlangt etwas Kondition für die Hanglage dieser Wanderung.

Einkehr: Gasthof Bräuwirt, Café Regner

Info: Infostelle A-5591 Ramingstein, Tel. 06475-805

Themenweg 20 – Ramingstein
ERZWEG KENDLBRUCK

Start (= Ziel): Pochwerk bzw. Erlebnisspielplatz Kendlbruck

Route: Der Rundweg führt vom originalgetreuen Nachbau eines Pochwerkes in den Mühlbachgraben, wo einst, wie auch auf der Turrach, Eisenbergbau betrieben wurde. Vorbei an der historischen Schmelzhüttenanlage, dem sogenannten „Blahaus", wandern wir weiter zum Wallfahrtskirchlein Maria Hollenstein, dem Zielpunkt dieser Wanderung. Das legendäre „Augenwasser", das hier als Sickerwasser aus einem Felsen unter der Kirche austritt, genießt weitum eine Verehrung als Heilquelle.

Schautafeln entlang des Weges erläutern die Verhüttungsmethoden der Eisenerze.

An Gehzeit sind für diesen mühelosen Spaziergang durch den Kendlbrucker Mühlbachgraben tour-retour etwa 1,5–2 Stunden einzuplanen. Der Spielplatz am Ausgangs- und Zielpunkt „Pochwerk" soll Kindern eine möglichst unterhaltsame, aber auch lehrreiche Begegnung mit dem historischen Bergbau ermöglichen.

Einkehr: Gasthof Weilharter

Info: Infostelle A-5591 Ramingstein, Tel. 06475-805

Das historische Montanrevier Schwarzleo in Leogang
Der einst berühmte Bergbauort Leogang hat eine ganze Reihe von Erzlagerstätten zu verzeichnen. Hier wurde auf Silber, Quecksilber, Kupfer, Blei, Nickel, Kobalt und schließlich Magnesit gebaut. Die Lagerstätten, die sich historisch am weitesten zurückverfolgen lassen, sind die Kupferbergwerke von

Gunzenreit und Permannseck. Doch die bedeutendsten Grubenreviere verteilten sich über die Talhänge des Schwarzleograbens, etwa fünf Kilometer westlich von Leogang gelegen, wo im alten Verweshaus in der Ortschaft Hütten ein Bergbaumuseum eingerichtet ist. Zudem hält das Schaubergwerk Schwarzleo diese Traditionen für interessierte Besucher lebendig.

Bereits für die Zeit um 1200 v. Chr. sind in Leogang Schmelzplätze für Kupfer bekannt.

Seit 1425, als der Leoganger Bergbau erstmals urkundlich belegbar wird, sind Schladminger Silbergewerken an der Erzgewinnung beteiligt. Die Blei- und Kupfererzlager, später die Nickel- und Kobaltvorkommen, erwiesen sich als die ergiebigsten. 1587 wurde in Hütten ein Schmelzwerk sowie eine Holzkohlenmeilerei errichtet. Ab 1591 waren die seinerzeit berühmten Gewerken Rosenberger im Leoganger Bergbau vertreten. 1593 waren 60 Knappen beschäftigt, sie erwirtschafteten jährlich 7125 Pfund Blei, 2400 Pfund Kupfer und einiges Silber. Im 17. Jahrhundert stagnierten die Erträge, bis der Bergbau durch Johann Silvester Prugger von Pruggheim ab 1717 wieder in Aufschwung kam. Unter seiner Führung wurden 1730 um die 62000 Zentner Erz gewonnen.

Leogang war auch ein Zentrum der Salzburger Reformationsbewegung. Die Brüder Hans und Barth Hoyer vom Mühlraingut verbreiteten im Tal die christliche Glaubensreform Martin Luthers, sodass die Bergbausiedlung bald als *„der ärgste Ketzerherd"* der Pflegschaft Saalfelden *„in Verruf"* stand. Vom Emigrationspatent des Landesfürsten Erzbischof Firmian 1731 war die Knappenbevölkerung Leogangs besonders hart betroffen, der Bergbau kam in den Folgejahren fast zum Erliegen. 1761 kaufte Erzbischof Sigismund von Schrattenbach die Berg- und Hüttenwerke zu Leogang auf und konnte den Bergbau neuerlich in die Gewinnzone bringen, als zu den bestehenden Erzgruben noch reiche Vorkommen an Nickel- und Kobalterz aufgeschlossen wurden. Die Kobalterze vom Nöckelberg, die in der Blaufarbenindustrie Verwendung fanden und für die venezianische Glaserzeugung auf Murano einen wichtigen Handelsartikel darstellten, machten den Leoganger Bergbau in ganz Europa bekannt.

Nach Beschwerden über die nachlassende Qualität des Leoganger Kupfers nahmen die Bergräte Kaspar Melchior Balthasar Schroll (1756–1829) und dann sein Nachfolger Matthäus Mielichhofer die dortigen Bergbaue unter ihre besondere Aufsicht. Dies konnte aber den Niedergang nicht mehr aufhalten. 1825 wurde die Hüttenproduktion liquidiert, 1831 der Bergbau bis auf unbedeutende Schurftätigkeiten eingestellt. Ein positiver Wendepunkt trat 1870 mit dem Metallwarenfabrikanten Ing. Karl Krupp ein, der den Leoganger Bergbau auf neue Grundlagen stellte. Die Jahre zwischen 1871 und 1880 brachten Spitzenerträge an Nickel-, Kobalt- und Kupfererzen und die Belegschaft stieg auf 62 Mann. Ab 1885 kam es infolge der Marktkonkurrenz der neukaledonischen Erze, die den Nickelpreis um die Hälfte sinken ließen, zu einer letztlich vernichtenden Entwicklung, die 1906 mit der Auflösung der Leoganger Nickel-Kobalt-Gewerkschaft endete. Doch kann Leogang für sich beanspruchen, dass die erste Nickelmünze der Welt, das Schweizer Fünfrappenstück, 1882 aus Leoganger Nickel geprägt wurde.

Themenweg 21 – Leogang
MONTANLEHRPFAD SCHWARZLEO

Die Einrichtung des Schaubergwerks Schwarzleo im Jahr 1989, mit welcher die in mittelalterlicher Zeit vorgetriebenen Barbara- und Danielstollen für Besucher zugänglich gemacht wurden, und die Eröffnung des Bergbaumuseums Hütten drei Jahre später, das acht Schauräume der Geschichte des Bergbaus widmet, belegen eindrücklich die reiche Tradition des Leoganger Bergbaus. Der Montanlehrpfad Schwarzleo verbindet diese beiden montanistischen Besucherattraktionen.

Im Schaubergwerk Schwarzleo bei Leogang.

Start: Bergbaumuseum Hütten

Route: Wir folgen der Schotterstraße taleinwärts durch einen schattigen Waldgraben, an dessen Hängen einst nach dem kostbaren Erz geschürft wurde, bis zum Schaubergwerk. Die Gehzeit dieser Wanderung bei sehr mäßiger Steigung über eine Länge von 5 km beträgt eine gute Stunde. In einer Kurzvariante von wenigen Gehminuten ist der Montanlehrpfad Schwarzleo auch von der Anfahrtsstube „Unterberghaus" (Jausenstation) zu begehen. Knapp davor ist ein Parkplatz eingerichtet. Einige Schautafeln im Vorfeld des Bergwerks geben Informationen.

Einkehr: Anfahrtsstube „Unterberghaus"

Sehenswert: Bergbaumuseum Hütten, A-5771 Leogang, Hütten 10, Tel. 06583-7105

Öffnungszeiten: Mai bis Oktober täglich außer Montag 11.00–17.00 Uhr, Dezember bis April jeweils Dienstag, Donnerstag und Sonntag 9.00–12.00 Uhr. Nach Voranmeldung auch außerhalb der Öffnungszeiten

Schaubergwerk Leogang, A-5771 Leogang, Schwarzleo 3, Unterberghaus, Tel. 0664-3375852

Öffnungszeiten: Mai bis Oktober (aber je nach Witterung) täglich außer Montag 11.00–17.00 Uhr. Besichtigung nur mit Führung möglich. Bei Gruppen wird um Voranmeldung gebeten.

Info: Tourismusverband A-5771 Leogang, Tel. 06583-8234

Themenweg 22 – Weißpriach im Lungau
ERZWEG ZINKWAND

In den Niederen Tauern bei Schladming wurde seit mittelalterlicher Zeit Silber und Blei abgebaut. Bereits 1304 erhielt deswegen Schladming den Freiheitsbrief und 1322 sogar das Stadtrecht. 1408 erschien der „Schladminger Bergbrief", dessen organisatorische Regelung des Montanwesens Vorbildwirkung für ganz Mitteleuropa hatte. Im 16. Jahrhundert beschäftigten die Bergbaue der Region an die 1500 Knappen. Die Ereignisse des Bauernkrieges hatten nicht nur die Zerstörung der Stadt Schladming zur Folge, sondern brachten auch den Bergbau zum Erliegen. Erst unter Maria Theresia kam es zu einem Wiederaufbau des Schladminger Montanwesens. Während sich die Silberlager als erschöpft zeigten, kam nun der Gewinnung von Kobalt, das für die Farbenerzeugung

Zinkwand. Vorn im Bild sind die Reste von Knappenunterkünften zu erkennen.

(Kobaltblau) maßgeblich war, und dem Nickelabbau größere Bedeutung zu. Das in Schladming erzeugte Kobaltblau ging an die Porzellanmanufakturen, in die Glasindustrie und fand auch in der Freskomalerei breite Verwendung. Als Farbstoff diente es weiters zum Einfärben von Wäsche, Marzipan, Zucker und hölzernen Spielpuppen, bis die gesundheitsschädlichen Wirkungen des darin enthaltenen Arsens erkannt wurden. 1818

Weißnickel-Kobalterz von der Zinkwand.

wurde der Montanbetrieb eingestellt.

Die Hauptbaue des Zinkwand- und Vetterngebietes mit seinen Kobalt- und Nickelvorkommen lagen auf steiermärkischem Boden und sind auf dem „Erzweg Zinkwand" vom hinteren Weißpriach- und Znachtal im Lungau aus zu erreichen. Der Name „Zinkwand" hat freilich nichts mit Zink zu tun, sondern mit der zacken- oder zinkenförmigen Gestalt des Berges.

Neben Knappenhäusern befand sich auch eine Bergschmiede in dieser hochalpinen Lage (Zinkwand 2442 m). Mauerreste sind im Stolleneingang noch sichtbar.

Start: Letzter Parkplatz im hinteren Weißpriachtal an der Abzweigung ins Znachtal.

Route: Man folgt dem markierten Wanderweg ins Znachtal bis zur Greinmeisteralm. Von dort zweigt der ehemalige Knappensteig nach rechts ab. Er führt an den Resten der verfallenen Erzaufbereitung vorüber und steigt schließlich steil ins Knappenkar auf. Vorbei an den Ruinen der Knappenhäuser, einem „Schneekragen", also einem aus Steinmauern errichteten und mit Holzpfosten eingedecktem Lawinenschutz, gelangt man zu den Erzstollen der Zinkwand. Dieses letzte Wegstück ist nur absolut schwindelfreien und trittfesten Alpinisten zu empfehlen. Die Begehung des Bergwerks dauert eine knappe halbe Stunde, die Mitführung einer Lampe und eines Helmes sind notwendig. Die Gehzeit für diese prachtvolle Gebirgswanderung in den Niederen Tauern beträgt für die einfache Wegstrecke an die 5 Stunden. Die Höhendifferenz von fast 1200 m (Ulnhütte 1272 m, Zinkwand 2442 m) erfordert für diese Wanderung hochalpine Ausrüstung und gute sportliche Kondition.

Hinweis: Die Teilnahme an einer geführten Gruppe ist empfehlenswert.

Einkehr: Ulnhütte unweit vom Parkplatz

Info: Ferienregion Lungau, A-5582 St. Michael, Tel. 06477-89880

Der warme Glanz des Kupfers –
Eine 4000-jährige Salzburger Bergbautradition

Anfang und Ende des Salzburger Bergbaus sind mit dem freundlich warmen Metall des Kupfers verbunden, das mehr Bilder aus Kunst, Küche und Wohnkultur weckt als aus dem Kriegswesen. Kupfer war das erste vom Menschen bearbeitete Metall, die Kenntnis seiner Gewinnung und Verarbeitung ist seit 8000 v. Chr. bekannt. In Salzburg ist diese Tradition erstmals in der Bronzezeit feststellbar. In Mitterberg bei Mühlbach am Hochkönig erreichte der prähistorische Bergbau auf Kupfer, dessen Lagerstätten häufig mit Schwefelkies verbunden sind, sogar industriellen Umfang, der mit einem regen Fernhandel verbunden war und um 1000 v. Chr. zu Ende ging.

Mit der Kenntnis der Bronzegewinnung aus neun Teilen Kupfer und einem Teil Zinn setzte ein neues Zeitalter ein, das in der Kulturentwicklung Europas rasche und besonders tief greifende Fortschritte bedingte. Das wichtigste Kupfervorkommen der Antike lag auf Zypern, der Insel der Venus, die für das Metall namengebend wurde, und später in Spanien. Vom lateinischen Namen „cuprum" ist auch unser Wort für Kupfer abgeleitet. Viele Eigenschaften dieses hellroten, weichen, dehnbaren Metalls, das sich in sehr dünne, grün durchscheinende Blättchen ausschlagen lässt, treffen sich mit jenen Attributen, die dieser Göttin der Schönheit, der Kunst und des behaglichen Komforts zugeordnet werden. Auch die „Zypresse" geht auf dieselbe Sprachwurzel zurück, denn dieser Baum gedeiht auch bei einem erhöhten Schwermetallgehalt im Erdboden.

Heute liegt der Hauptverwendungsbereich für Kupfer aufgrund seiner guten Leitfähigkeit im Bereich der Elektrotechnik sowie im Maschinen- und Hochbau, wo es zu Kabeln, Drähten und Rohren verarbeitet wird. Haupterzeuger weltweit sind USA, Russland, Chile und Kanada. Davon produziert allein Deutschland jährlich über 400.000 Tonnen Elektrolytkupfer für Kathoden.

In der Salzburger Bergbaugeschichte haben insgesamt vier Lagerstätten von Kupfererz größere Bedeutung erlangt. Das sind Mitterberg bei Mühlbach am Hochkönig, wo der Kupferbergbau auf die Bronzezeit zurückgeht, mehr als 2000 Jahre lang ruhte, 1827 wiederaufgenommen und 1977 eingestellt wurde, sodann Hüttschlag im Großarltal, 1521 erstmals erwähnt, und der gleichfalls auf mittelalterliche Zeit zurückgehende Kupferbergbau Hochfeld im Oberpinzgauer Untersulzbachtal. Daneben wurde auch in Rettenbach bei Mittersill, in Hüttau, im Brenntal bei Mühlbach/Bramberg, in Fusch und Kaprun sowie am Klucken bei Piesendorf und Limburg bei Zell am See auf Kupfer gebaut. Schließlich ist noch der ehemals Stainhausersche Kupferbergbau am Radstädter Tauern/Seekar zu erwähnen, der durch das ganze 17. Jahrhundert, als fast alle (nicht mehr wirklich ergiebigen) Bergbaue in der Hand des Fürsterzbischofs vereinigt wurden, in Privatbesitz blieb. Daneben bestanden kleinere Abbaue auf Kupfer wie im Lungauer Weißpriach- und Lessachtal.

Kupferbergbau Mitterberg am Hochkönig

Am Hochkeil südlich des Hochkönigs (2938 m) lag das bronzezeitliche Bergbaurevier auf Kupfer, das 1827 durch einen abenteuerlichen Zufall wiederentdeckt wurde. Dem Rappoldbauern Johann Glatzhofer war auf der Fahrt über die Mitterberger Alpe ein Brotlaib vom Fuhrwerk gefallen und hangabwärts in ein Bachbett gerollt. Sein Schwiegersohn Thomas Plenk war unterhalb des Weges mit Streumachen beschäftigt und fand neben dem Brotlaib hellglänzendes, gelbes Erz, das er für Gold hielt. Daheim im Kirchsteinlehen wurden daraufhin heimliche Schmelzversuche angestellt. Ein Wünschelrutengänger, dem die Sache zu Ohren gekommen war, nahm einige Proben auf seine Wanderungen in den Pinzgau und nach Tirol mit. Sie gelangten schließlich in die Kanzlei der k.k. Eisenhütte Pillersee, wo sich der Oberhutmann Josef Zötl (1789– 1861) der Erzproben annahm. Im Mai 1829 besuchte er das Lagerstättengelände und verständigte dann als gewissenhafter

Beamter die zuständige Bergbehörde in Lend. Aber dort winkte man ab: *„Wir kennen den Mitterberg bereits, dort haben die Alten alles verhaut (abgebaut) und wir haben überdies noch Kupfer im Vorrat!"*

Daraufhin wagte Zötl 1829 die Gründung einer eigenen Gewerkschaft, die sich freilich aus wenig vermögenden Kuxen-(Anteils-)besitzern zusammensetzte, und es begannen erste Vorarbeiten für das Anschlagen des Mariahilf-Stollens. Das Ergebnis war zunächst enttäuschend. Erst als beim prähistorischen Pingenzug der spätere Josefi-Stollen angeschlagen wurde, kam das Unternehmen auf Erfolgskurs. Der tatsächliche Durchbruch stellte sich aber erst ein, als Zötl den Pingenzug vom Mariahilf-Stollen aus durch einen Querschlag unterfahren ließ.

Josef Zötl (1789–1861), der Wiederentdecker des Mitterberger Kupfervorkommens im Kreis seiner Belegschaft.

Der Unternehmensgeist und die Tatkraft eines Einzigen sollte ab nun dem ertragsarmen Hochtal ein Jahrhundert lang Arbeit und Einkommen sichern. Dabei gestaltete sich die Transportlage und Versorgung der Knappen, die sich aus der Kleinbauernbevölkerung des Mühlbacher und Dientener Tales zusammensetzte, anfangs äußerst schwierig. 1900 wurde im Bergbau die maschinelle Förderung mit Benzinlokomotiven eingerichtet. 1904 ging man vom alten *„Handgeböhr"* zur elektrischen Bohrung mit Siemens-Schuckert-Kurbelstoßbohrmaschinen über. 1906 veräußerte die Gewerkschaft ihren gesamten Bergbau-, Hütten- und Grundbesitz. 1908 gelangte dieser in den Besitz des Arthur-Krupp-Konzerns, Berndorf, und wurde zu einem Großbetrieb ausgebaut. Bis zu seiner Schließung im Jahr 1977 war der Kupferbergbau Mühlbach einer der größten Arbeitgeber des Landes.

Das Kupfer vom „alten Mann"

Zötl prüft das Erz, das, schon halb von Schnee verdeckt, auf einem großen Haufen liegt. Kein Wort sagt er dazu, sosehr Thomas auch darauf wartet. Dann steigen sie in den Roßgraben nieder. Bitter kalt ist es da drunten im tiefen Schatten, und der Bach trägt an seinen Rändern schon eine dünne Eisschicht.
Genau besieht Zötl die verlassene Arbeitsstätte. Er reißt mit dem Krampen da und dort eine Kluft auf und gibt sich auch damit nicht zufrieden. Kreuz und quer steigt er herum, läßt Thomas und Barbara lange Zeit allein und folgt der im Walde sich verflachenden Felsrippe. Endlich läßt er die beiden nachkommen. Er weist auf eine grabenförmig vertiefte, mit Gestrüpp verwachsene Lichtung, die sich talwärts verliert. – „Da hat der alte Mann gegraben!"

Aus: Josef Brettenthaler „Barbara". Salzburg 1954

Themenweg 23 – Mühlbach am Hochkönig
RUNDWANDERUNG DURCH VIER JAHRTAUSENDE KUPFERBERGBAU

Start: Arthurhaus (1502 m), gebührenpflichtiger Parkplatz, Bushaltestelle, Ausgangspunkt für den Aufstieg zum Hochkönig.
Route: Vom Arthurhaus (1866 erbaut), das den Knappen einst als Einkehrwirtshaus diente und 1922 vom damaligen Eigentümer Arthur Krupp von Bohlen und Halbach umgebaut wurde, führt dieser Rundweg zu 7 Haltepunkten, die die Landschaftsspuren des bronzezeitlichen Bergbaus sichtbar machen sowie zu 15 Stationen, die dem neuzeitlichen Kupferbergbau und dem Knappenleben gewidmet sind.
Wir folgen vom Arthurhaus der Wanderstraße zum Hochkeil und können seitlich des Weges tiefe Trichter, sogenannte „Pingen" ent-

decken, die Einbrüche der alten Kupferabbaustätten aus der Bronzezeit vor rund 4000 Jahren. Wir gelangen zu einem Mundloch aus der Periode des spätbronzezeitlichen Bergbaus, der ursprünglich 80 m lang und 60 m tief war.

Das geförderte Kupfererz wurde von den prähistorischen Bergleuten mit Rillenschlögel und Klopfstein zerkleinert, auf dem „Bodenstein" mit einem „Läufer" zermahlen und im „Sichertrog" mit Wasser ausgeschlämmt. Das Kupfererz wurde im sogenannten Feuersetzverfahren gewonnen, also durch die Erhitzung des Erzgesteins mittels brennender Holzstöße. Die schockartige Abkühlung durch Wasser unterstützte die rissartige Lockerung des Erzgesteins, das mit Bronzepickeln und Steinwerkzeugen abgeschlagen wurde.

Die Vortriebsleistung war gering (4 bis 6 cm pro Tag), dazu verursachte die Bewetterung (Frischluftzufuhr) und Wasserentleerung der Stollen immer wieder Probleme. Trotz dieser Widrigkeiten trieben die bronzezeitlichen Bergleute ihre Stollen bereits bis zu 120 m ins Erdreich vor.

Die nächste Station auf diesem Knappen-Rundwanderweg, der Josefi-Oberbau hinter der Skiliftstation, der 1830 angeschlagen wurde, berührt bereits die Geschichte des neuzeitlichen, 1827 aufgenommenen Kupferbergbaus. Rechts des Roßbaches ist noch das Mundloch eines bronzezeitlichen Einbaus zu sehen. Darauf folgt eine bronze-

Windraucheggalm vor dem Hochkönigsmassiv.

135

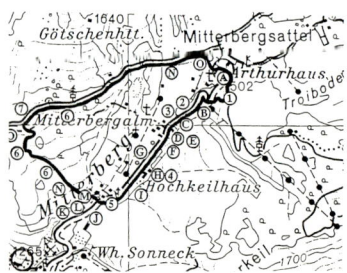

zeitliche Erzaufbereitungs- und Siedlungsstätte beim Holzhaus des ehemaligen Gutsverwalters. Der weitere Rundweg führt nun zum „Maria-Hilf!"-Berghaus, 1830 als erstes Knappenwohnhaus erbaut, und zum 1829 angeschlagenen Mariahilf-Stollen. Bei der Mariahilf-Halde fällt eine wunderbare Lärchenallee auf, die 1840 von den Bergleuten gepflanzt wurde.

Die Mitterbergalm, heute der höchstgelegene Bauernhof des Landes, diente den Knappen des 19. Jahrhunderts als Scheidstube, wo das „Hauwerk" nach erzhaltigem und taubem Gestein sortiert wurde.

Das Hochkeilhaus, unser nächster Haltepunkt, 1857 erbaut, heute Jugendheim und ursprünglich als Knappenwohnhaus genutzt, liegt 150 m oberhalb eines bronzezeitlichen Kupferschmelzplatzes, davon noch deutliche Spuren im Gelände sichtbar sind.

Nach Schätzungen wurden im Laufe des über tausendjährigen prähistorischen Bergbaubetriebs am Mitterberg an die 10.000 Tonnen Kupfer erschmolzen. Daraus ließen sich immerhin 30 Millionen Bronzebeile herstellen. Mit einem solchen Bronzebeil war übrigens auch der „Ötzi" ausgestattet, der um 3000 v. Chr. bei dem Passübergang vom Schnalstal ins Ötztal ums Leben kam.

Die beiden letzten Stationen unserer Rundwanderung berühren den Barbarastollen (1868) mit dem Barbaraberghaus (Knappenwohnhaus) und die alte Bergschmiede. Über die Windraucheggalm führt der gut markierte Rundweg zurück zum Arthurhaus. Die Steinmauern, die hier Almweideflächen umgrenzen, erinnern an die notwendige Selbstversorgung der Knappen, die auch Almwirtschaft betrieben, um mit frischer Milch und Butter ihre Gesundheit zu erhalten.

Der Weg ist gekennzeichnet durch Tafeln mit Ziffern für die Reste des prähistorischen Bergbaus und durch Tafeln mit Buchstaben für die Zeugnisse des neuzeitlichen Bergbaus.

An Gehzeit sind für diese leichte Bergwanderung, die gutes Schuhwerk voraussetzt, rund 2,5 Stunden einzuplanen.

Einkehr: Arthurhaus

Hinweis: Während der Sommerzeit startet jeden Donnerstag um 10.00 Uhr vom Arthurhaus eine geführte Gruppenwanderung „Auf den Spuren der Bergleute". Ein Wanderführer zu diesem Rundweg liegt auf.

Info: Fremdenverkehrsverband A-5505 Mühlbach am Hochkönig, Tel. 06467-7235

Sehenswert: Schaubergwerk Arthurstollen

Als einziges Schaubergwerk Mitteleuropas bietet der 1995 eingerichtete Arthurstollen die Möglichkeit, Technik und Arbeitswelt bronzezeitlicher Bergleute kennenzulernen. Der Besuch ist aber nur mit Führung möglich. Sie führt in Abbauräume von bis zu 180 m unter der Erdoberfläche, die größte Tiefe, die je bei einem prähistorischen Bergbau gemessen wurde. Auch blieben diese Stollen so unverändert erhalten, wie sie von den prähistorischen Bergleuten vor über 3000 Jahren verlassen wurden.

Dazu gewinnt der Besucher Einblick in die Arbeitswelt des Bergbaus zu Beginn des 20. Jahrhunderts. Der Arthurstollen wurde 1907 angeschlagen und durchquert das Südrevier des Mitterberger Kupfererzbergbaues. Ab 1928 wurde er zudem für die Stromgewinnung mittels Wasserkraft genutzt.

Start: Von der nördlichen Ortsausfahrt St. Johann auf der Bundesstraße 1 erreicht man nach ca. zwei Kilometern ein Elektrizitätswerk (OKA). Von hier aus wandert man zu Fuß auf markiertem Fahrweg in etwa drei Viertelstunden zum Wasserschloss und Eingang ins Schaubergwerk.

Öffnungszeiten: Mai bis Oktober auf Anfrage.

Info: Tourismusverband A-5600 St. Johann, Tel. 06412-6036

Themenweg 24 – Hüttschlag im Großarltal
AUF DEN SPUREN DES KUPFERGEISTES

Der einstige Bergwerksort Hüttschlag hieß früher nach den dortigen Hüttenanlagen zur Verarbeitung des geförderten Kupfererzes „in der Großen Asthütten". Ein als Montanlehrpfad gestalteter Ortsrundgang führt heute zu den wichtigsten Schauplätzen der Hüttschlager Montangeschichte und kann mit einem Besuch im Schaustollen „Unserer Lieben Frau Hauptstollen" abgerundet werden.

Bei den Hütteggalmen soll bereits im 11. Jahrhundert ein Kupferbergbau „umgegangen" sein, wie das in der Knappensprache heißt. Die reichsten Erzvorkommen des Tals lagen in der Grünschieferzone (Chloritschiefer), die ältesten Aufschlüsse im Gebiet von Kareis und der Schwarzwand, wo auch die ältesten Schmelzgruben (Reitgraben) gelegen sind. 1521 ist für den Hüttschlager Kupfer- und Schwefelkiesbergbau eine Schmelzhütte urkundlich nachweisbar und damit setzt die Entwicklung zum größten Kupferbergbau Salzburgs ein. Im Zeitraum seines Bestehens von 1520 bis 1863 wurden hier rund 370 Tonnen hochwertiges Kupfer erzeugt.

Die ersten namentlich überlieferten Gewerken im Tal waren im 16. Jahrhundert die Familie Regauer und Herzog Ernst von Bayern. Von den zahlreichen Schürfbauen des Tales waren jene in der Schwarzwand und in Kareis die bedeutendsten. Die Produktion wurde schon früh auf die Erzeugung von Kupfervitriol ausgeweitet. 1569 fielen Bergbau und Schmelzhütte an den Gewerken Sebastian Priefer und bereits in der nächsten Generation an die mit dem Salzburger Bergbau vielfach verbundenen Stainhauser, die 1614 in Konkurs gingen. Der Mangel an Holz und Holzkohle schränkte den Bergbaubetrieb empfindlich ein. Der Kahlschlag bedingte bedrohliche Folgeerscheinungen für die Umwelt, sodass Schlägerungsverbote erteilt werden mussten. 1622 übernahm Fürsterzbischof Paris Graf Lodron das darniederliegende Montanrevier, das unter der neuen Leitung einen erfreulichen Aufschwung nahm. Die Protestantenausweisung von 1732, durch die viele Großarler Knappenfamilien aus ihrer Heimat vertrieben wurden, beendete diese prosperierenden Jahrzehnte. 1816 fiel der Besitz infolge der Säkularisierung des Erzstiftes an den Österreichischen Staat und wurde 1849 als unrentabel eingestellt. Versuche eines Neustarts um 1850 und 1860 sowie während des Ersten Weltkriegs führten zu keinem wirtschaftlichen Erfolg.

Start: Gemeindeamt, wo ursprünglich das 1686 erbaute Verweserhaus stand, also der Verwaltungssitz des Hüttschlager Bergbaus untergebracht war.

Route: Eine kostenlos erhältliche Broschüre vermittelt in Form einer Rätselwanderung Wissenswertes zu den insgesamt 16 Haltepunkten. Einstündiger Spaziergang durch den Ort.
Info: Infostelle A-5612 Hüttschlag, Tel. 06414-281
Sehenswert: „Unserer Lieben Frau Hauptstollen", Schaustollen im einstigen Kupferbergbaurevier der Schwarzwand mit kostenlosen Führungen, Juli bis September, donnerstags, 8.30–15.00 Uhr. Treffpunkt vor dem Gemeindeamt Hüttschlag. Warme Kleidung und festes Schuhwerk mitbringen!
Talmuseum Großarltal im Gensbichlhaus, wo man sich über die Geschichte des Kupferbergbaus im Großarltal eingehend informieren kann. Mai bis Oktober täglich 10.00–17.00 Uhr, Tel. 06417-445 oder 204

Themen-Schwerpunkt – Hüttau-Niedernfritz
SCHAUBERGWERK „HISTORISCHE KUPFERZECHE AM LARZENBACH"

Die Pongauer Bergbaulandschaft wäre nicht vollständig ohne die Erwähnung der historischen Eisen- und Kupfergewinnung in Filzmoos und am Roßbrand sowie den Hinweis auf die Historische Kupferzeche am Larzenbach, die seit 1999 als Erlebnisbergwerk für Besucher offensteht.
Der Kupferbergbau am Larzenbach befand sich nördlich von Hüttau im Larzenbachgraben in 700–800 Meter Höhe und bestand aus dem Johannes-, Barbara- und Georgstollen, die untereinander durch Gesenke und Aufbrüche verbunden waren. Der Bergbau reicht wahrscheinlich bis ins 13. Jahrhundert zurück. 1549 wird die Kupferhütte erwähnt, die für den Ort namengebend geworden ist. Sie dürfte noch vor dem 17. Jahrhundert stillgelegt worden sein und stellt insofern ein wissenschaftlich wertvolles Montandenkmal aus der Welt des frühneuzeitlichen Bergbaus dar. 1853 wurde der Betrieb durch die „Kupfergewerkschaft Larzenbach" noch einmal aufgenommen. Im Grubenfeld „Barbara" wurden bis 1869 Erze

139

abgebaut, im Pochwerk vor Ort verarbeitet und dann in der k.k. Hütte Lend verschmolzen. Besondere Attraktionen dieses neu errichteten Schaubergwerks sind die Zeugnisse aus mittelalterlicher Zeit, Erzrutschen, eine Förderhaspel und die Farbenpracht der gezeigten Kupfer-Sekundärmineralien.

Historische Kupferzeche am Larzenbach
A-5511 Hüttau-Niedernfritz
Das Erlebnisbergwerk liegt 600 m nördlich des Ortszentrums, 3 km von der Tauernautobahn-Abfahrt entfernt. Öffnungszeiten: Täglich (außer Mittwoch) 10.00–16.00 Uhr, Tel. 06458-7103 oder 72320

Themenweg 25 – Neukirchen am Großvenediger
KNAPPENWEG UNTERSULZBACHTAL

Der Kupferbergbau Hochfeld im Untersulzbachtal soll bis auf das Jahr 1520 zurückgehen. Nachweislich ist er fünf Jahre später Gegenstand eines Kaufvertrags, in dem von *„20 Stär Hochfelder Ertz"* die Rede ist. Die vergleichsweise geringe Menge, nach heutiger Rechnung eine Tonne Erz, lässt auf einen Kleingewerken oder „Freigrübler" schließen, also auf einen Knappen, der auf eigene Rechnung schürfte. Danach fiel die Grube an Augsburger Gewerken, die dort *„etlich jar, zwar wenig, doch schennes Khupferärzt"* abbauten. Sodann geriet die Grube in Vergessenheit, bis sich 1610 ein armer Mittersiller Weber der Gewinn versprechenden Sache neu annahm.

Dem vermögenden Mühlbacher Bauern und Wirt Gregori Perger gelang es 1701–1717, den Bergbau im Untersulzbachtal wieder soweit auf die Beine zu stellen, dass er um die Bewilligung zur Errichtung einer Schmelzhütte ansuchen konnte. 1718, nachdem er sein ganzes Vermögen in den Bergbau gesteckt hatte, gewann er in dem Mittersiller Pfleger Friederich Ignatius Lürzer von Zehendthall den dringend benötigten Mitgewerken. Bald war mit Albert Khämbl ein Dritter im

140

Bunde. Gregori Perger, ursprünglich Alleinbesitzer, musste den Platz an der Spitze für Lürzer von Zehendthall freimachen. – Das Spekulationsobjekt Bergbau, so führt es die Geschichte des Bergbaus im Untersulzbachtal lehrreich vor Augen, machte besonders unter den Kleingewerken und Freigrüblern viele zu Geprellten. Gregori Perger starb als armer Mann.

1745 fielen sämtliche Taggebäude einem Großbrand zum Opfer. 1761 zerstörte ein Hochwasser die noch erhaltenen Gebäude und Transportstrecken. Die Kapitalkraft des Mühlbacher Kupferbergbaus ermöglichte in den folgenden Jahrzehnten neue Erschließungsarbeiten am Hochfeld, die sich als gewinnbringend erwiesen. Der Kupferbergbau Hochfeld nahm durch den Einsatz zeitgemäßer Förder- und Verarbeitungstechniken sogar einen beachtlichen Aufschwung. Die Jahresförderung steigerte sich auf bis zu 25 Tonnen Kupfer und 80 Kilogramm Silber. Ab 1781 befanden sich alle Anteile in der Hand des Salzburger Erzbischofs. Mit der Säkularisierung des Erzstiftes und der folgenden Übernahme des Salzburger Bergbaus durch die Österreichische Monarchie brach für das Kupferrevier Hochfeld wieder eine äußerst schwierige Betriebsperiode an, unter den Gewerken jener Zeitspanne waren Ignaz von Kürsinger, Graf von Platz und Friedrich Lürzer. 1856 wurde der Bergbau still-

„Blauwandl". Kupferverwitterungen im Hieronymusstollen im Kupferbergbau Hochfeld.

gelegt. Zwei Versuche zu einer Wiederbelebung, 1909 bis 1928 und 1946 bis 1954, waren nur von kurzer Dauer und wenig gewinnträchtig.

Start: Parkplatz beim Gasthof Schiedhof in Sulzau, südlich von Neukirchen am Großvenediger.

Route: Vorbei am Naturdenkmal „Untersulzbachwasserfall" führt dieser Montanlehrpfad in einer Stunde Gehzeit durch eine artenreiche

Schaubergwerk Hochfeld.

Schluchtwaldvegetation, über nacheiszeitliche Moränen und entlang von Spuren des einstigen Bergbaus über eine Höhendifferenz von 200 m zum Schaubergwerk. Schautafeln am Wegstart und Zielpunkt informieren über die Montangeschichte sowie Naturkundliches und geben einen interessanten Einblick in die Geologie des „Tauernfensters". Dazu gibt es Informationen über die Epidotfundstelle in der Knappenwand, eine Mineralienfundstelle von internationalem Rang.

Einkehr: Gasthof Schiedhof, Sulzau

Hinweis: Führungen durch das Schaubergwerk Hochfeld am Knappenweg gibt es von Mitte Mai bis Ende Oktober. 1200 m des einst über 4 km langen Stollen- und Schachtsystems sind für den Besucher zugänglich und machen die Lebensweise und den Arbeitsalltag der einstigen Knappen lebendig. Die 1,5–2 Stunden dauernde Führung verläuft durch den Hieronymus-Erbstollen (Zubringerstollen) zu den Abbauen im Morgen- und Abendrevier. Zerrklüfte mit originalem Mineralienbesatz gestalten diese Wanderung zu einem besonderen Erlebnis.

Info: Schaubergwerk Hochfeld, Tel. 0664-2313108 und Tourismusverband A-5741 Neukirchen a. Gr., Tel. 06565-6256

Themenweg 26 – Piesendorf
PANORAMA LEHRPFAD

Das Naglköpfl an der Piesendorfer Sonnseite war schon im ersten Jahrtausend v. Chr. besiedelt. Prähistorische Bergknappen schürften am „Kluckenriedel" schon nachweislich um 500 v. Chr. nach dem begehrten Kupfererz. Im Mittelalter wurde der Bergbau wieder aufgenommen und hatte bis 1853 Bestand. Ein Neuversuch 1906 erwies sich als unrentabel und wurde nach kurzer Betriebsperiode eingestellt.

Der Piesendorfer Panorama Lehrpfad widmet einen von zehn Haltepunkten mit großformatigen Schaupulten dem historischen Kupferbergbau. An spannend gestalteten Themen zu erwandern sind ferner: Dorfentwicklung und Siedlungsgeschichte von den Kelten und Illyrern bis heute, Salzachmäander und die Kraft der Wildbäche, die Entstehung der Hohen Tauern, Salzachgletscher u. a. m.

Start: Dorfbrunnen von Piesendorf

Route: Eine Übersichtstafel am Dorfbrunnen stellt den Wegverlauf und seine Haltepunkte vor. Der als Rundgang angelegte Lehrpfad führt über Feuerwehrhaus und Seniorenheim in Richtung Moarhofbauer. Auf dem alten Knappensteig geht es weiter zur Piesendorfklamm und zur „Keltenwiege" auf einem Kraftplatz, bis wir nahe dem höchsten Punkt unserer Wanderung das Gelände des historischen Bergbaus Klucken erreichen.

An Gehzeit sind 3–4 Stunden einzuplanen. Die Steigung von 300 Höhenmeter setzt gute Kondition voraus. Festes Schuhwerk ist erforderlich.

Einkehr: Almstube Hochmaurach

Hinweis: Ein Folder mit Übersichtskarte ist im Fremdenverkehrsverein erhältlich.

Info: Fremdenverkehrsverband A-5721 Piesendorf, Tel. 06549-7239

Arsen – Königin der Farben und Gifte

Nimm, hier sind vierzig Stück Dukaten: gib
Mir eine Dose Gift; solch scharfen Stoff,
Der schnell durch alle Adern sich verteilt,
Daß tot der lebensmüde Trinker hinfällt,
Und daß die Brust den Atem von sich stößt,
So ungestüm, wie schnell entzündet Pulver
William Shakespeare, Romeo und Julia

Verona und Mantua zur Zeit der Frührenaissance. Wenn Romeo im fünften Akt von Shakespeares Schauspiel beim Apotheker schnell tötendes Gift ersteht, so ist natürlich Arsenik gemeint. Das weiße, tödlich wirkende Pulver, das im Lungauer Rotgüldental aus Arsenerz gewonnen und zu Arsenik verarbeitet wurde, spielte in den Familienfehden und politischen Intrigen der Renaissance eine erhebliche Rolle. Die Franzosen nannten es *„poudre de succession"*, Erbschaftspulver, und die Geschichte der Giftmorde führt vorwiegend Frauen an, von Lucrezia Borgia bis zur armen Keuschlerin, die sich einer diskret verabreichten Überdosis Arsenik bedienten, um Missliebige, vielfach Ehemänner oder Liebhaber, loszuwerden. In einem Mooshamer Gerichtsakt von 1662 heißt es über einen solchen Mordfall, der sich nur wenige Kilometer vom Arsenbergbau Rotgülden zugetragen hat: *„Helena Grueberin zu St. Margarethen, wegen ihren Mann Blasien Grueber in einem Sterz beygegeben Gift solle mit dem Schwerd hingerichtet, der Kopf auf einen Pfahl gestöcket, die drei Zangenzwick aber aus Höchster Gnaden nachgesehen werden."*
Einen solchen Giftmord mit Hilfe einer Überdosis von Arsenik, der sich im benachbarten Malta zur Regierungszeit Maria Theresias ereignet hat, behandelt Maria Steurer in ihrem historischen Roman „Eva Faschaunerin" (1974), zu dem es im Untertitel heißt: Vergilbte Protokolle aus einem hochnotpeinlichen Prozess wurden zur Fundgrube für dieses Buch. Die Autorin zeichnet darin den sozialgeschichtlichen Alltag im

bäuerlichen Milieu Oberkärntens entlang seiner spannungsreichen Bruchlinien zwischen dem Nachwirken mittelalterlicher Mentalität und dem Aufbruch in eine von Vernunft und liberalen Grundsätzen geprägte Zukunft.

Der letzte Kriminalfall eines Arsenmordes in Österreich ereignete sich in den siebziger Jahren des 20. Jahrhunderts und setzte unter die zerrüttete Ehe eines steirischen Tanzlehrerehepaares einen tödlichen Schlussstrich.

So spektakulär die Rolle des Arseniks auch für die Kriminalgeschichte ist – und die prächtig grünen, gelben und roten Farben, die Arsenerz entwickelt, mögen seine mysteriöse Anziehungskraft zusätzlich gesteigert haben –, seine eigentliche Bedeutung liegt in der Industrie- und Wirtschaftsgeschichte und hat damit recht solide Grundlagen. Arsenerz zählt zu den ältesten Bergbauprodukten der Menschheit, die Kenntnis seiner Gewinnung stammt aus dem Orient. Die Arsenikerzeugung in Rotgülden, situiert am Rotgüldenbach in 1450 bis 1600 Meter Höhe und über eine eigene kleine Erzstraße aufgeschlossen, hatte sich aus dem Goldbergbau in Schellgaden entwickelt. Sie stellte vom 14. Jahrhundert, als die Kenntnis der Arsenproduktion aus dem sächsisch-böhmischen Raum übernommen und durch Hans Schmidinger 1392 im Erzstift Salzburg eingeführt wurde, bis zur ersten Betriebseinstellung 1884 den größten Arsenbergbau Mitteleuropas.

Unter den Gewerken sind die Namen der Herren von Moosheim, die Tannhausen, Jocher, Allesch und Robinig bis heute nicht nur Fachleuten ein Begriff. Bereits im 15. Jahrhundert wurden bis zu 1500 Kilogramm Arsenmehl ausgeliefert, die nach Salzburg, Triest, Venedig, Augsburg und Nürnberg geliefert wurden und Abnehmer in der Glaserzeugung, Lederbearbeitung und im Drogeriehandel fanden. Auch die Nebenprodukte Auripigment und Realgar waren gefragte Rohstoffe für die Farbenerzeugung.

Die von Napoleon verhängte Kontinentalsperre, die jeglichen Export von Venedig aus unterband, stürzte den Arsenbergbau in Rotgülden vorübergehend in die Krise, von der er sich aber

Mundloch des Friedrichstollens, Arsenbergwerk Rotgülden: um 1500 angeschlagen, vom Weg zum unteren Rotgüldensee aus sichtbar.

rasch erholte. Auch als Konkurrenz aus England, Sachsen, Böhmen und Schlesien den Wettbewerb verschärfte, blieb Rotgülden vorerst der angespannten Marktlage gewachsen und hielt innerhalb der österreichisch-ungarischen Monarchie sogar eine Monopolstellung.

Die Förderung von Arsenerz lag bei 90 bis 135 Tonnen pro Jahr, daraus wurden 17 bis 21 Tonnen Arsenik in Pulverform gewonnen.

Seine Anwendungsgebiete waren breit gestreut, grosso modo industriebezogen und teilweise abenteuerlich. Arsenik galt – in winzigen Dosen konsumiert – als Fitmacher und Heilmittel bei Syphilis. Neben seiner quantitativ enormen Bedeutung für die Farben-, Glas- und Ledererzeugung war es Bestandteil alchemistischer Labors und fand als Kosmetikum und Enthaarungsmittel bis in den Orient Absatz.

Bis 1843, als Friedrich Volderauer die frisch erworbenen Hüttenanlagen erneuerte, um die Qualität des erzeugten Arseniks zu steigern, waren die Erzaufbereitung und die Brennöfen beziehungsweise die „Gifthütte" an der Mündung des Rotgüldenbaches in die Mur denkbar einfach ausgestattet und funktionierten teilweise nur mangelhaft. Hinter dem Röstofen lagen mehrere längliche, gemauerte Räume, durch die der Arsenikrauch geführt wurde, damit er sich darin pulverförmig absetze. Daher rührt auch der Name „Hittrach" für „Hütt(en)rauch". Arsen verdampft nämlich sehr leicht durch seine niedrige Schmelztemperatur. Durch die Abkühlung kondensiert Arsenik an den Wänden als weißes Pulver.

146

Die Restmenge entwich in die freie Luft und belastete mit Rauchschwaden, die durchdringend nach Knoblauch rochen, die Umwelt. Die Rotgüldener Arsenhütte war daher immer wieder gerichtsanhängig. Zur Schonung von Natur und Landwirtschaft durften die Brennöfen schließlich nur im Winter, von Ende Oktober bis Anfang Mai, in Betrieb gehalten werden. – Solange eben die Vegetation unter einer schützenden Schneedecke lag.

Das in den Giftkammern gewonnene Roharsenik wurde einem Reinigungsprozess unterzogen, das gewonnene Material in handgroße Stücke zerschlagen und in Holzfässern zu 10, 25 und 50 Kilogramm verpackt. Dabei wurde gelber und roter Arsenik, Realgar und Auripigment unterschieden. Nach der Erneuerung der Hüttenanlagen, mit der sich die Reinheit des Erzeugnisses erhöhte, und mit der Aufschließung eines Unterfahrungsstollens durch Friedrich Volderauer steigerte sich die Produktion auf jährlich 25 Tonnen erzeugtes Arsenik, Realgar und Auripigment. Aber die europäische Marktlage nahm, bedingt durch einen verschärften Wettbewerb und die Wirtschaftskrise in der Folge des Deutsch-Französischen Krieges eine für die Rotgüldener Arsenikerzeugung ungünstige Wendung. 1884 kam es zu einer ersten Betriebsstilllegung. Ein Bericht von 1897 führt den rapiden Verfall der Anlage drastisch vor Augen: *„Der Bach rauscht über die Wehre, aber die Räder der Poche stehen still und modern. Zwei der Werkshäuser, zwischen denen der Weg hindurchführt, neigen sich müde gegeneinander. Sie würden schon längst den Weg mit ihren Trümmern bedecken, hätte man die Mauern nicht durch Querpfosten gegenseitig gebölzt ... "*

Im Ersten Weltkrieg wurde Arsen für die Erzeugung von Kampfstoffen verwendet, was die Nachfrage in gigantische Höhen trieb. Diese Marktlage wurde noch weiter angeheizt, als 1920 Arsen für Pflanzenschutzmittel auf den riesigen Baumwollfeldern der nordamerikanischen Südstaaten zum Einsatz kam. Rotgülden wurde im Zuge dieser Entwicklung zum Spekulationsobjekt und 1924 der Betrieb neuerdings aufgenommen. Im Jahr darauf wurden an die 100 Tonnen Arsenerz gefördert. Der schlagartige Verfall des Weltmarktpreises bewirkte 1926 die endgültige Betriebseinstellung.

Ein Weizenkorngroß macht rot, ein Erbsengroß macht tot

„Was habt ihr denn am Faschaun den Kühen zum Kalben eingegeben?" fragt Trina.

„Eingegeben?" fragt verwundert die Jungbäuerin zurück. „Wie meinst du das, Trina?"

Trina wirft einen Blick zur Liesl hinüber und dämpft ihre Stimme: „Ich mein, habt ihr nichts Verbotenes im Haus gehabt?"

„Etwas Verbotenes? Was soll denn das sein?"

Trina neigt ihren Kopf dicht an Evas Ohr: „Hast du nie gehört, daß man den Kühen Hüttrach eingibt?"

„Hüttrach? Den Namen hab ich schon gehört. Hüttrach ist ein Gift, das weiß ich."

Trina nickt: „Ja, es ist ein Gift, darum ist's verboten. Aber es erleichtert der Kuh das Kalben. Arsenik nennt's der Apotheker in Gmünd."

„Und wieviel gibt man den Tieren von dem Mittel?"

„Nicht mehr, als ein Weizenkorn groß ist. Mußt sehr vorsichtig sein!"

Eva hat Abscheu vor allem, was als giftig bezeichnet wird. Wie fröstelnd zieht sie die Schultern hoch und muß einen Augenblick lang an eine Flasche denken, die sie einmal in der Apotheke in Gmünd gesehen hat; darauf war ein Totenkopf mit zwei gekreuzten Knochen abgebildet.

„Ja, sorgsam umgehen muß man mit dem Hüttrach wohl, sonst kann das größte Unglück passieren!"

„Wo wird denn das Verbotene bei uns aufbewahrt?"

„Schau in den Wandkasten, der über dem Tisch in der Kachelstube hängt, dort findest du einen Lederbeutel, da ist es drinnen. Solange ich Hörlbäuerin war, haben wir es allezeit den Kühen eingegeben. Mein seliger Mann, der Vater von deinem Jakob, hat es noch selbst gekauft."

„Gut, Trina, was hier immer war, soll durch mich nicht abgeschafft werden. Die Kühe sollen Hüttrach kriegen, aber allein möcht ich's zum erstenmal nicht tun."

„Ja, ein Weizenkorngroß macht rot, und ein Erbsengroß macht tot! Das ist ein altes Sprichwort."

Aus: Maria Steurer „Eva Faschaunerin"

Themenweg 27 – Muhr
NATURLEHRWEG ROTGÜLDEN

Das Arsenhaus im Murwinkel, wo sich ein Parkplatz und die Endstation für öffentliche Busse befindet, ist der Ausgangspunkt für diese leichte Bergwanderung von einer Stunde Gehzeit hinauf zum Rotgüldensee (1702 m). Zehn Haltepunkte informieren entlang des Weges anhand von Schautafeln über Geschichte und Naturwelt des Rotgüldentales im Nationalpark Hohe Tauern.

Heute wird in diesem Gebiet nicht mehr Gold oder Arsenik gewonnen, sondern elektrischer Strom. Eine Hangstufe von hundert Meter Gefälle und eine zweite von doppelter Höhe, über die das Gewässer der Rotgüldenseen zu Tal stürzt, wurde für die Errichtung eines Kraftwerks genutzt. – Die Schäden und Beeinträchtigungen, die die Naturwelt des Rotgüldentals einst durch den giftigen „Hütt(en)rauch" aus den Brennöfen und Röstkammern erlitten hat, sind längst Vergangenheit. Heute bietet diese herrliche Berglandschaft eine vielfältige Fauna, über deren Artenreichtum Schautafeln informieren.

Unterer Rotgüldensee. Zielpunkt des Naturlehrweges.

Start: Arsenhaus (1300 m) – Parkplatz, Endstation für öffentliche Busse

Route: Ein guter Fußweg führt in Serpentinen den Berghang aufwärts bis zum Unteren Rotgüldensee, der in einen steilwandigen Hochtrog eingebettet liegt. Die Rotgüldenseehütte ist auch Ausgangspunkt für eine Besteigung des großen Hafners (3076 m), empfehlenswert ist die Fortsetzung dieser Wanderung bis zum Oberen Rotgüldensee.

Einkehr: Rotgüldenseehütte

Info: Ferienregion Lungau, A-5582 St. Michael, Tel. 06477-89880

Eisen in Erz, Kosmos und Erdkern

Der Pariser Eiffelturm, ein Koloss aus 7300 Tonnen Schmiedeeisen, die Wolkenkratzer von New York, deren Konstruktion aus Stahl und Gussbeton nur auf dem Granituntergrund von Manhattan möglich war oder auch der Orientexpress, dessen mondäne Waggons eine gusseiserne Dampflokomotive von Paris nach Istanbul beförderte, waren die bestaunten Weltwunder des industriellen Fortschritts auf der Basis von Eisen und Stahl im 19. Jahrhundert.

Historisch hat der Mensch erst relativ spät die Möglichkeiten des Eisenerzes für sich entdeckt, dessen weltweite Vorkommen 1976 auf 494 Milliarden Tonnen geschätzt wurden. Die Erdkruste enthält etwa 5 % Eisen, ein relativ geringes Vorkommen, wenn man dem gegenüberhält, dass der Erdkern zu 90 Gewichtsprozent aus Eisen besteht. Dazu hat sich unser Planet über den Zeitraum von Millionen Jahren mit Meteoreisen aus dem Weltraum angereichert. Nach wie vor geht auf unsere Köpfe ein feiner meteoritischer Eisenstaubregen nieder, dessen Niederschläge jährlich einige Tonnen ausmachen.

In nennenswertem Umfang trat die Verarbeitung von Eisenerz erst nach der Gold-, Silber- und Kupfergewinnung auf. Aber dann gab das Eisen einem ganzen Zeitalter, dem ersten Jahrtausend vor der Zeitenwende, in dem sich die Entstehung der europäischen Kultur abzeichnet, seinen Namen.

Es gibt nur ganz wenige europäische Vorkommen von nahezu gediegenem Eisen. Sie liegen im nordschwedischen Kiruna, im böhmischen Erzgebirge und auf der grönländischen Insel Disko. Doch haben die meisten Erzlagerstätten einen Saum von verwitterten Erzen an der Oberfläche, den sogenannten „Eisernen Hut", dessen Gewinnung am geschichtlichen Anfang des Eisenbergbaus steht.

Mit der Expansions- und Eroberungspolitik der Römer zog der Handelswert des Eisens kräftig an, die Erzeugung erfolgte aber weiter in der primitiven Form in offenen Feuergruben oder in niedrigen Schachtöfen, die erst um 1300 n. Chr. durch kleine Hochöfen ersetzt wurden. Die Eisenvorkommen Norikums erwarben sich durch die Bergbaukenntnisse und die vorzügliche Schmiedekunst der Kelten einen bedeutenden Ruf, norisches Eisen wurde im Imperium Romanum zu einem anerkannten Qualitätsbegriff.

Eine Sonderstellung nimmt die Verarbeitung von Meteoreisen ein. Dieses wurde geschabt und die Eisenspäne dem Hühnerfutter beigemengt. Der Hühnerkot, der einen chemischen Prozess der Nitration durchlaufen hatte, wurde verbrannt und damit Eisen von höchster Qualität gewonnen, der sogenannte „Damaszener Stahl".

Alle negativen Aspekte, die wir dem Eisen anlasten, bringt ein lange Zeit falsch interpretiertes Fundstück zum Ausdruck, das 1979 bei Bauarbeiten an der Glocknerstraße in 2050 Meter Seehöhe aufgefunden wurde. An die in mehrere Teile zerbrochene Eisenkette mit Handschellen, eine sogenannte „Sklavenkette", konnten zehn Gefangene aneinandergekettet werden. Auf den Saumpfaden über die Hohen Tauern wurde augenscheinlich auch menschliches

„Sklavenkette" Fundort Hexenküche, Großglockner Hochalpenstraße.

„Handelsgut" nach Süden befördert und dort zu Kapital gemacht. Eine vergleichbare Kette aus der spätkeltischen Stadt Manching bei Ingolstadt spricht für eine Einordnung ins 2. oder 1. Jahrhundert v. Chr.

Der neuzeitliche Salzburger Bergbau auf Eisenerz beginnt im 11. Jahrhundert mit Nachweisen über eine Eisengewinnung am Abtenauer Puchberg. Dienten leistete seit 1165 Eisenzinse und seit 1175 lieferte die Flachau Eisen, das anfangs im bäuerlichen Nebenerwerb erzeugt wurde. Als im 15. Jahrhundert erste Hochöfen mit entsprechend verbesserter Luftzufuhr entstanden, erlebte die Eisengewinnung ein sprunghaftes Wachstum. In einem Vertrag von 1477, abgeschlossen zwischen Erzbischof Bernhard von Rohr und dem bekannten Dientener Eisengewerken Achatz Zach, ist erstmals von *„Eysengus"* die Rede, was eine Verbesserung des Schmelzverfahrens nahelegt. Die Technologie des echten Gussverfahrens wurde erst um 1820 entwickelt. Seit Ende des 16. Jahrhunderts bediente man sich der „Rennöfen". (Von „Rinnofen"; das Eisen „rinnt" oder „rennt".)

Dabei zählte nicht nur das Militärwesen, Gewerbe und Landwirtschaft zu den maßgeblichen Abnehmern. Die wachsende Montanindustrie selbst hatte zur Betreibung ihrer Bergschmieden einen enormen Bedarf an Eisen für entsprechende Werkzeuge. Auch die Salzpfannen in Hallein waren wichtige Abnehmer.

Zu Beginn des 15. Jahrhunderts fand das Dientener Eisen einen so reißenden Absatz, dass die Ausfuhr kontrolliert werden musste, um den einheimischen Markt zufriedenzustellen. Der Eisenbergbau in Bundschuh, dem heutigen Schönfeld in den Lungauer Nockbergen, ist 1562 erstmals dokumentierbar und befand sich im Besitz Wilhelms von Trautmannsdorf, seit 1560 Domdechant in Salzburg, der ihn damals zusammen mit einem Drahthammer und *„Blahaus"* zu Mauterndorf an die Lungauer Gewerken Urban Mayr, Christoff Gressing und Ludwig Plaphard veräußerte. Im 17. Jahrhundert, als es über die Eisengewinnung zu anhaltenden Konflikten mit den Knappenmannschaften auf der Kärntner Seite kam, wurde der Bundschuher Eisenbergbau von der Familie Jocher betrieben. Danach fiel auch in diesem Gebiet das Montanwesen an den Salzburger Erzbischof als Landesherrn. 1807 erhielt Bundschuh ein neues Hüttenwerk mit einem Gusshaus, um konkurrenzfähig zu werden. Nach einer kurzen Betriebsperiode unter der Leitung der Lungauer Gewerkschaft Steiner, Türk & Co. kauften die steirischen Gewerken Neuper und Pesendorfer die Bergbaue in Bundschuh und das Hammerwerk in Mauterndorf, um hier eine Eisenerzeugung nach modernen Maßstäben zu errichten.

Eisenerzbrocken aus dem Schönfelder Eisenerzrevier am Altenberg.

Der Hochofen (heute Museum) wurde neu errichtet und ging 1876 in Betrieb. Beachtliche 15 Tonnen Roheisen wurden hier jährlich erschmolzen. Aufgrund der schwierigen Marktlage und der mangelhaften Infrastruktur, die der Rentabilität steirischer Eisenwerke nicht vergleichbar war und insbesondere mit dem Eisen vom Erzberg nicht konkurrieren konnte, wurde 1885 die Produktion eingestellt. Um die Jahrhundertwende kam es zu einem letzten Neustart. Graf Lamberg kaufte die Hütte in Bundschuh an und verpachtete sie 1901 an die Bleckmann's Phönix-Stahlwerke, die bis 1903 Roheisen erzeugten. Danach gingen die Liegenschaften in Schwarzenbergisches Eigentum und damit in eine rein forstmäßige Nutzung über.

Themenweg 28 – Thomatal
KNAPPENWANDERUNG SCHÖNFELD

Durch das Eisenrevier Altenberg unter dem Stubennock (2092 m) in Schönfeld, das von Thomatal/Bundschuh aus erreichbar ist, führt ein mit Schautafeln ausgestatteter Montanlehrpfad, der nicht nur für Bergbauinteressierte zu empfehlen ist. Auch die Schönheit dieser eiszeitlich geformten Landschaft, die ihre Bewaldung durch bergbaubedingte Abholzung verloren hat und dem Wanderer ein herrlich weitläufiges, sich über sanft geschwungene Höhenrücken hinziehendes Almgelände bietet, macht diese Knappenwanderung zu einem besonders lohnenswerten Unternehmen.

Start: Dr.-Josef-Mehrl-Hütte (1730 m). Eine Schautafel informiert dort über das Eisenwesen im Nockgebiet und die Stationen dieser Wanderung entlang des alten Erzweges.

Route: Zuerst wandern wir entlang der Bachmäander ein Stück ins Rosanintal, wo eine Tafel über die eiszeitliche Landschaftsformung unterrichtet. Nun geht es mäßig bergauf durch alte Zirbenbestände zu den Bergbauen des Altenberg-Reviers. Bei den Halden im Altenberg-Revier unterhalb vom Stubennock kann man mit einem mitgebrachten Magneten stark eisenerzhaltige Steine aus den Abraumhalden ziehen. – Eine Beschäftigung, die nicht nur Kinder faszinieren wird. Auf zwei weiteren Schautafeln steht Wissenswertes über die Geologie der Schönfelder Eisenlagerstätte, deren Erze an Kalke und Dolomite gebunden sind sowie die Bergbautechnik und die Förderung nachzulesen. Gefördert wurde bis ins 18. Jahrhundert durch Handarbeit mit Schlägel und Eisen. Für den Transport des Erzes standen Ochsen- und Pferdefuhrwerke, Schlitten und Sackzüge im Einsatz. Unter dem Stubennock sind die verwachsenen Stollen des ein-

Abraumhalden am Eisenbergbau Altenberg-Schönfeld an der Nordflanke vom Stubennock.

stigen Erzabbaus und Abraumhalden im Gelände erkennbar. An Gehzeit für diese leichte Bergwanderung mit kürzeren Steilstücken sind gut 2 Stunden einzuplanen. Alpines Schuhwerk ist erforderlich.

Höhendifferenz: Dr.-Josef-Mehrl-Hütte (1730 m) – Stubennock (2092 m)

Einkehr: Dr.-Josef-Mehrl-Hütte

Hinweis: Magnete mitbringen, um eisenhaltiges Erz aus den Abraumhalden zu holen!

Folder zum Knappenwanderweg und zum Museum liegen auf.

Sehenswert: Hochofenmuseum Bundschuh, an der Straße zwischen Schönfeld und Thomatal. Mit Röstofen, Kohlbarren, Gebläsehaus, Hochofen sowie Gewerken- und Personalhaus bildet das Montandenkmal Hochofenmuseum ein Ensemble, das informativ und anschaulich in die Geschichte des Eisenbergbaus im Bundschuhgebiet (dem heutigen Schönfeld) einführt.

Öffnungszeiten: Ende Juni bis Ende September mittwochs und sonntags von 10.00–16.00 Uhr.

Info: Ferienregion Lungau, A-5582 St. Michael, Tel. 06477-8913 und Infobüro A-5591 Thomatal-Schönfeld, Tel. 06476-451

Der Eisenhans

Der Jäger begab sich also mit seinem Hund in den Wald. Es dauerte nicht lange, so geriet der Hund einem Wild auf die Fährte und wollte hinter ihm her; kaum aber war er ein paar Schritte gelaufen, so stand er vor einem tiefen Pfuhl, konnte nicht weiter, und ein nackter Arm streckte sich aus dem Wasser, packte ihn und zog ihn hinab. Als der Jäger das sah, ging er zurück und holte drei Männer, die mußten mit Eimern kommen und das Wasser ausschöpfen. Als sie auf den Grund sehen konnten, so lag da ein wilder Mann, der braun am Leib war, wie rostiges Eisen, und dem die Haare über das Gesicht bis zu den Knien herabhingen. Sie banden ihn mit Stricken und führten in fort, in das Schloß. Da war große Verwunderung über den wilden Mann, der König aber ließ ihn in einen eisernen Käfig auf seinen Hof setzen und verbot bei Lebensstrafe, die Türe des Käfigs zu öffnen, und die Königin mußte den Schlüssel selbst in Verwahrung nehmen.

Aus: Jakob und Wilhelm Grimm „Kinder- und Hausmärchen" (1850, 6. Aufl.), Nr. 136

Großglockner Hochalpenstraße mit Fuscher Lacke.

Vom Pfad der Götter
zur touristischen Schaustraße

URWEGE, RÖMERSTRASSEN UND DIE
SAUMPFADE DER ÜBERTÄURER

„Als ich, wenige Hundert Meter von der Kasereckkapelle entfernt, die erste Kehre legen mußte, entdeckte ich, daß hier schon einmal eine Wegkehre gelegen hatte. Ihre Spuren waren zwar schon stark verwischt, aber das geübte Auge des Straßenbauers konnte sie ohne weiteres als solche erkennen. Als ich dann in südöstlicher Richtung weitertrassierte, arbeitete ich haargenau auf den Überresten einer alten Weganlage, die in der gleichen Steigung führte. Und die zweite Kehre, die ich schließlich anlegen mußte, lag wieder genau auf den Überresten einer alten Wegkehre. Als ich von hier wieder die Richtung zum Fallbichl nahm, lag meine Linie noch immer genau auf der Spur des mit Rasen überwucherten, an manchen Stellen bis zu vier Meter breiten, alten verfallenen Wegkörpers. Vor vielen Jahrhunderten, vielleicht sogar vor Jahrtausenden, hatte schon ein anderer trassiert, hatte sich dabei von den gleichen Überlegungen leiten lassen wie ich und mit primitiven Instrumenten die Aufgabe in derselben Weise gelöst. Diesem anderen bin ich dann in den folgenden Wochen noch oftmals in den sichtbaren Überresten seiner Arbeit begegnet. Bewundernswert war die Arbeit vor allem in bezug auf den großen Gedanken der Linienführung, die in groben Zügen der heutigen Scheitelstrecke der Großglockner-Hochalpenstraße entspricht. "
Franz Wallack, Erbauer der Großglockner Hochalpenstraße 1924–1935

Urwege
Die Kammlinie der Hohen Tauern fällt über eine Distanz von 125 Kilometern nirgends unter 2000 Meter Seehöhe. Erst der Radstädter Tauern (1739 m) mit dem Katschberg (1641 m) in den Niederen Tauern, die das maßgebliche Südtor des Landes

Franz Wallack bei der Vermessung des Geländes an der Südseite der Hohen Tauern, 1930.

Salzburg bilden, liegen deutlich niedriger. Daher entwickelte sich dieser Passweg schon in römischer Zeit zur maßgeblichen Nord-Süd-Verbindung. Doch die Geschichte der Gebirgsbegehungen wie der Überquerung der Tauern an ihren *Scharten* und *Törln* ist viel weitreichender und führt bis in die Urzeit zurück. Sagenhafte Überlieferungen von *„Ena-"* (Ahnen-) und *Heidenwegen* berichten von hochalpinen Pfaden, die von einem Geschlecht von *Wilden Leuten*, die lange vor den Christen das Land bewohnten, angelegt wurden. Die Archäologie kann anhand von Bodenfunden die Begehung dieser Höhenwege bis etwa 5000 v. Chr. zurückverfolgen.

Zwei Steinbeile aus dem 4. oder 3. Jahrtausend v. Chr., die nahe dem Naßfelder Tauern und am Korntauern gefunden wurden – dort vermutlich unbekannten Gottheiten der Natur und des Himmels dargebracht –, zählen zu den höchstgelegenen Steinbeilfunden in den Ostalpen. Sie dokumentieren das Vordringen jungsteinzeitlicher Menschengruppen in den inneralpinen Gebirgsraum, wo sich erste Siedlungen – wie am Weberpalfen bei Gries im Pinzgau – und Hochweidewirtschaft entwickelten. Das trockene warme Klima, das damals herrschte, und der Wildreichtum des Gebirges begünstigten diesen Vorstoß.

Die Axt vom Radhausberg, eine Lochaxt aus Serpentin, wurde 1910 am Kreuzkogel (2683 m) gefunden, neben dem Touristenweg, der heute vom Hieronymus-Berghaus über die Grubachalpe zum Gipfel führt. Die Axt vom Korntauern, aus dunklem graugrünem Hornblendeschiefer, wurde 1945 am Passübergang, am sogenannten Lärchenboden, in etwa 2000 Meter gefunden.

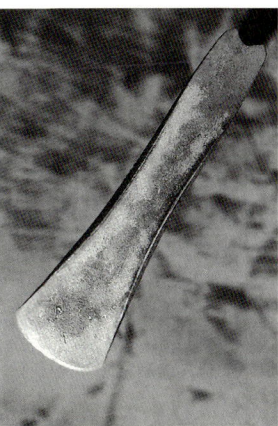

Bronzezeitliches Beil, ca. 1600 v. Chr. Fundort: Hochtor (2505 m).

Ist der Weg vom Gasteinertal nach Mallnitz über die Naßfelder und Korntauern nachweislich schon zur Jungsteinzeit im 4. oder 3. Jahrtausend v. Chr. begangen worden, so liegt im Fall der historisch bedeutenderen Glocknerroute über den Heiligenbluter, Fuscher oder Rauriser Tauern (nach den drei Ortschaften, die dieser Übergang verbindet) erst aus der Bronzezeit, also aus dem 2. vorchristlichen Jahrtausend, ein solches archäologisches Exponat vor. Im Sommer 1946 fand sich bei der Fuscher Wegscheid, wo eine Abzweigung in den Seidlwinkel nach Rauris und damit ins Goldrevier der Hohen Tauern führt, ein Bronzedolch, der um 1600 v. Chr. zu datieren ist und zu den ältesten Metallfunden im hochalpinen Bereich zählt. Auch in diesem Fall gibt es verwandte Gegenstücke in räumlich wie zeitlich nächster Nachbarschaft, das Schwert vom Ritterkopf im Raurisertal und ein weiteres vom Kalser Tauern.

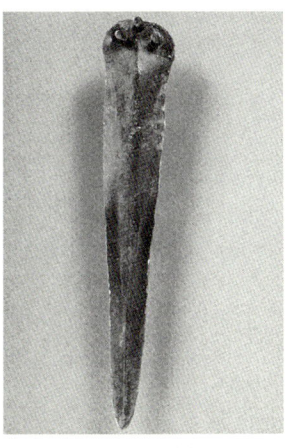

Bronzezeitlicher Dolch, ca. 1600 v. Chr. Fundort: Elendgrube (2350 m).

Die metallkundigen Kelten brachten den Verkehr über die Alpenpässe zu einer ersten Blütezeit, indem sie diese als Hirten, Händler und Bergleute frequentierten. Dem hochalpinen Raum kam dabei auch das Ansehen einer mythischen Himmelsregion zu. Entlang der Scheitelstrecke der Glocknerroute haben sich die Spuren einer *„via sacra"* erhalten, die die Überschreitung dieser Passhöhe ins Licht einer mystischen Unternehmung setzt, bestimmt von dem Wunsch, den göttlichen Kräften des Himmels und der gewaltigen Gebirgsnatur nahe zu kommen und ihren Schutz zu erwirken. Lange bevor die Römer die Passhöhe am Hochtor mit einer Herkulesstatue zum geweihten Ort machten, legten hier Kelten um etwa 200 v. Chr. Wegschreine aus Steinplatten an, in denen Bronzestatuen von Gottheiten Aufstellung fanden. Die Fragmente von mindestens 20 solcher Statuetten wurden aus dem Erdreich geborgen. Ihre religiöse Bestim-

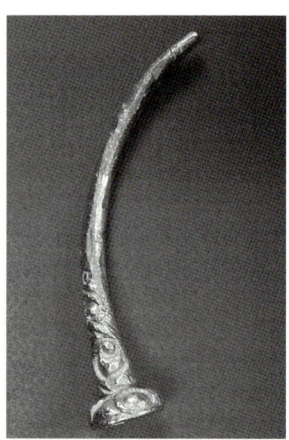

mung wird leicht fassbar, wenn wir einen Vergleich mit den viel späteren Wegkapellen, Marterln, Bildstöcken und Wetterkreuzen aus christlicher Ikonografie ziehen.

Ein besonders prezioses Fundstück aus keltischer Zeit, das als Weihegabe im Gebirgsraum der Hohen Tauern abgelegt wurde, ist das Fragment eines Goldtorques, also eines Halsringes aus der keltischen Festtracht. Dieses nach vorn offene, in zwei kugelige, verzierte Knäufe auslaufende Schmuckstück wurde sowohl von Männern wie von Frauen getragen.

Fragment eines keltischen goldenen Halsringes (Torques), 4. Jh. v. Chr., gefunden 1874 auf der Maschlalm im Rauriser Seidlwinkeltal (1300 m).

Aus der La-Tène-Zeit, also den letzten 500 Jahren v. Chr., belegen Münzfunde, darunter auch sogenannte Regenbogenschüsselchen aus Tauerngold, und Hufeisen die Frequentierung der Tauernwege. Eins davon wurde 1935 beim Hochtor in 2572 Meter Höhe am Scheitelpunkt der Glocknerstraße gefunden. Es gehörte zum Huf eines jener kleinwüchsigen keltischen Pferde, wie sie die Ambisonter oder Taurisker, die im Pinzgau ansässig waren, züchteten, also einem Vorgänger der heutigen Noriker oder Haflinger. Eine solche Nachrüstung des empfindlichen Pferdehufes mit eisernen „Sandalen", die sich vor allem bei Lastenbeförderungen auf Gebirgspfaden wie Steigeisen bewähren mussten, ist für diese Zeit noch keineswegs selbstverständlich und wohl als originäre Leistung keltischer Schmiede anzusehen. Wenn sie sich bis heute im Ansehen von Glücksbringern erhalten haben, so klingt etwas von diesem frühen Weltbild nach, indem diese Hufeisen wohl als Versprechen von Wohlstand und Sicherheit auf Reisen aufgefasst wurden.

Keltische Münze ostnorischen Typs, 2. Jh. v. Chr., gefunden in Rauris.

Die Fundorte zeichnen übrigens ein grobes Straßenbild des vorrömischen Salzburg. Fassbar wird die „obere" Straße durch das Saalachtal und über das Hochtor am Heiligenbluter Tauern wie auch die „untere" Straße durch das Salzachtal und über den Radstädter Tauern, die in Salzburg über die Jahrtausende die beiden wichtigsten Nord-Süd-Achsen ausgebildet haben.

Die „Tauerngold-Route" der „oberen" Straße, die später von den Römern ausgebaut wurde, führte über den Plöckenpass, der seit der Eisenzeit benutzt wurde – dazu haben sich zwei venetische Felsinschriften nahe der Passhöhe erhalten –, und den Gailbergsattel nach Aguntum (Dölsach in Osttirol) sowie weiter ins Drautal zur Großsiedlung auf der Gurina. Hier wird sich die Tauernstraße angeschlossen haben, die über den Iselsberg und durch das Mölltal an den Fuß des Tauernhauptkammes heranführte, während der Hauptstrang weiter nach Santicum (Villach) führte und über den Neumarkter Sattel (seit

Septimius Severus um 200 n. Chr. auch über die Laußnitzhöhe) nach Norden weiterlief.
Von Heiligenblut (1288 m) führte dieser Glocknerweg in
einem Zug auf das Hochtor (2575 m). Erst an diesem höchsten
Punkt des Übergangs beginnt nach althergebrachtem Ver-
ständnis der eigentliche „Tauern". Eine halbe Gehstunde weiter wird die Fuscher Wegscheid (2407 m) erreicht, wo sich die
Wege in den Seidlwinkel und in die Fusch trennen. Während
der Abstieg nach Rauris aber ohne Gegensteigung verläuft
und auch in den Wintermonaten offenblieb, führt der nur in
der schneefreien Jahreszeit begangene Weg nach Fusch
zunächst auf das Mittertörl (2373 m) und in einem neuerli-
chen Anstieg auf das Fuscher Törl (2455 m) zu, wo man erst
„aus dem Tauern herauskommt", wie die Einheimischen
sagen. Von da an verläuft der Weg hinunter nach Ferleiten
und nach Fusch, dessen Name noch der Römerzeit angehört,
denn er leitet sich von „fuscus" ab, was soviel bedeutet wie
„dunkel, düster".
Darüber hinaus bestanden, wohl gleichfalls schon seit Urzei-
ten benutzt, die Übergänge über den Krimmler, Felber, Kalser
und Naßfelder oder Korntauern sowie, in ihrer Bedeutung
deutlich zurückgestuft, die Übergänge über die Kleinelend-
scharte im Gasteinertal und die Arlscharte im Großarltarl.
Von den keltischen Münzfunden dieser Region entfallen fünf
auf Rauris, eine auf den Naßfelder Tauern. In der römischen
Republik erhöht sich ihre Zahl auf neun, weitere elf stammen
aus der Kaiserzeit.

Das Buckelpflaster der Römerwege

Mit der Eroberung Norikums durch das römische Heer 15 v.
Chr. bricht ein neues Zeitalter an, das auch im Verkehrswesen
einen deutlichen Wandel herbeiführte. Damals begann man
mit dem Ausbau von Fahrstraßen über die Alpen, doch blieb
das alte Routennetz erhalten. Schon 25 v. Chr. war der Übergang über den Großen St. Bernhard in römische Hand geraten. Zehn Jahre später setzte Rom zum großen Alpenfeldzug

an, der den beiden Stiefsöhnen des Kaisers Augustus, Tiberius und Drusus, einen sicheren Triumph zum Start ihrer noch jungen Militärkarriere bescheren sollte. Der große Stratege im Hintergrund blieb freilich Augustus, der dazu der Nachwelt diese Notiz hinterließ: *„Die Alpen ließ ich von der Gegend nächst der Adria bis zum Tyrrhenischen Meer befrieden, wobei gegen keinen Stamm der Krieg zu Unrecht eröffnet wurde."* (Mon. Ancyr. 26)

In diese Kämpfe waren auch die Ambisonter verwickelt, die ihren Sitz am Biberg bei Saalfelden oder am Karlstein bei Bad Reichenhall hatten. Die Kenntnis ihres Namens und ihrer annäherungsweisen Lokalisierung verdanken wir dem Geographen Claudius Ptolemaios. Von den drei nordwestnorischen Stämmen ist jener der Ambisonter übrigens der einzige, der zuverlässig mit dem Salzburger Land, nämlich mit dem Pinzgau, zu verbinden ist. Als einzige Volksgruppe Norikums erscheinen die Ambisonter in der Inschrift des heute noch 30 Meter hoch aufragenden römischen Siegesdenkmals von La Turbie bei Monaco, wo 6 n. Chr. der „Befriedung" des Alpenraumes durch das römische Heer ein Monument gesetzt wurde.

Kaiser Claudius (41–45 n. Chr.), der Gründer Juvavums.

Kaiser Claudius (41–45 n. Chr.) beendete den Okkupationszustand und richtete das norische Land als römische Provinz ein, indem er die typisch norischen Bergsiedlungen – *„castella Norica in tumulis"* – wie Vergil (Georgica 3, 474) die keltischen Burgen auf Hügeln genannt hatte, wohl unter Zwang durch Ortschaften im Tal ersetzen ließ. Er gründete zahlreiche Städte, Virunum,

Celeia, Aguntum und Juvavum, und ging daran, das bestehende Wegenetz für die Zwecke einer effizienten Verwaltung und raschen Truppenbewegung auszubauen. Wichtige Verbindungswege wurden zur Fahrbarmachung verbreitert und die Reichsstraßen, über die ein staatlicher Kurierdienst als *„cursus publicus"* verkehrte, nach und nach mit Sicherheitsposten, Straßenstationen und Meilensteinen ausgestattet.

Die wichtigste römerzeitliche Verbindung im heutigen Salzburger Raum, die den Großteil des Verkehrs aufnahm, war die Reichsstraße von Virunum über den Neumarkter Sattel, die muraufwärts durch den Lungau und über den Radstädter Tauern führte. Sie ist auch in der *„Tabula Peutingeriana"* verzeichnet. Ihr Ausbau geht auf Kaiser Claudius zurück und fällt damit noch ins erste nachchristliche Jahrhundert. Es ist dies die bekannteste und am besten erforschte römische Bergstraße. Sie hatte eine Breite von rund zwei Metern und ermöglichte so auch eine Befahrung mit einfachen Wagen. Ihre maximale Steigung lag bei 13 %. Unter Kaiser Septimius Severus erfuhr diese Strecke von Virunum nach Juvavum 201 n. Chr. eine bedeutende Abkürzung, indem er von Teurnia (St. Peter im Holz am Aufgang zum Katschberg) einen Passweg über die Laußnitzhöhe nach Immurium (Moosham) errichten ließ, was die Strecke von Santicum (Villach) nach Juvavum (Salzburg) um einen ganzen Reisetag verkürzte.

Daneben bestanden kleinere Provinzialstraßen, unter die auch die Glocknerroute einzustufen ist. Wo dieser Altweg im Geländeprofil der heutigen Großglockner Hochalpenstraße deutlich hervortritt, machen Schilder auf den „Römerweg" aufmerksam. So bei der Schupferhochalm nahe beim Gasthaus Piffkar, bei der Fuscher Wegscheid knapp unter dem Hochtor und im Gelände zwischen dem Gasthaus „Römerweg" und der Fuscherlacke, wo die alte Trasse zwei deutlich sichtbare Kurven in das grasige Gelände einschneidet.

Ein nach seiner Bestimmung rätselhafter Ausbau wurde am Saumpfad über den Naßfelder und Korntauern vorgenommen, der Mallnitz und Böckstein verbindet. Lange Zeit wurden diese Höhenwege, die höchstes technisches Niveau verraten, aber mit wenig Sinn für die landschaftlichen Gegebenheiten errichtet wurden, irrtümlich als „Fuggerstraße" gedeutet. Mit dieser Zuschreibung an das Handelshaus der Fugger, die in Gastein mit einer Faktorei vertreten waren, wurde der Zweck der Anlage mit dem Bergbau des 16. Jahrhunderts in Verbindung gebracht. Erst jüngste Nachforschungen haben ergeben, dass es mit der ortsüblichen Bezeichnung dieser Wegruinen als „Heidenwege" eine tiefere Bewandtnis hat.

An den talnahen Berghängen wurde die Trassierung durch Einschneiden und Aufschütten vorgenommen. Im Bereich der Blockhalden und im felsigen Hochgebirge waren Straßendämme aus mächtigen Felsblöcken mit geschotterter Oberfläche errichtet worden. Auffallend ist die Breite der Straßen von durchgehend drei bis vier Metern. Die Steigung mit 9 bis 11 % ist moderat, was ihre Nutzung nicht auf Fußreisende und Saumpferde einschränkt, sondern auch eine Befahrung mit einfachen Lastenkassen zulässt. Zu der meisterhaften technischen Leistung bildet die mangelhafte Anpassung ans Gelände einen befremdlichen Kontrast. Die Straßen rutschten daher bald stellenweise ab oder wurden von Geröll überdeckt und waren damit äußerst reparaturanfällig. In den ersten Jahren wurde zwar ausgebessert, die Passstraßen dürften aber insgesamt eine Lebensdauer von zehn Jahren nicht weit überschritten haben. – Was hat den rekordverdächtigen Bau dieser beiden hochalpinen Kunststraßen veranlasst?

Kriegerische Konflikte im Vierkaiserjahr 69 n. Chr., die den rätisch-norischen Grenzraum in Mitleidenschaft zogen, könnten der Beweggrund gewesen sein. Damals entstand akuter Bedarf an einer Schnellverbindung zwischen Italien und Noricum. Die Stichstraße ins Bockhartgebiet könnte die rasche Erschließung des Tauerngoldes bezweckt haben, um die Kriegskasse aufzufüllen.

Eine mögliche zweite Datierung bietet sich durch die Ereignisse des Markomannenkrieges (160–171 n. Chr.) an, als sich die Befreiung Noricums von den germanischen Invasoren durch General Pertinax abzeichnete. Im Zuge der Angriffe waren einige Alpenstraßen von den Eindringlingen zerstört worden, möglicherweise war die Radstädtertauernstraße von den Angreifern besetzt. Die Korntauernstraße könnte in diesem Zusammenhang zur Sicherung des Reiches im schnellstmöglichen Tempo errichtet worden sein.

Wie wir von Strabo wissen, hegten die Römer im Allgemeinen – trotz ihrer überragenden straßenbaulichen Leistungen – Gefühle des Unbehagens und der Angst vor der Überschreitung der Alpen. Mit spürbarer Beklemmung schildert uns dieser große römische Historiker die alpinen Passwege: *„… auch bei einem nur kleinen Fehltritt läuft man Gefahr, in bodenlosen Abgrund hinabzustürzen. Denn der Weg ist dort bisweilen so schmal, dass er den Fußgängern selbst und den damit unvertrauten Saumtieren Schwindel verursacht. Die einheimischen Tiere dagegen tragen die Lasten sicher. Weder davor aber gibt es einen Schutz, noch vor den ungeheuren von oben herabstürzenden Eismassen, die ganze Reisegesellschaften wegzutragen und in die jähen Schluchten zu stürzen vermögen. Denn ungeheure Eismassen türmen sich übereinander, in denen gefrorene Schneeschichten auf Schneeschichten lagern, die sich an der Oberfläche leicht von den unteren lösen, bevor sie die Sonne gänzlich schmilzt."* (IV, 6/6)

Für unser modernes Zeitbewusstsein und die Sicherheitsstandards, auf die wir vertrauen dürfen, klingt es daher tatsächlich ungeheuerlich, dass alle drei dieser römerzeitlichen Nordsüdverbindungen grundsätzlich auch für eine winterliche Nutzung offenstanden. Das gilt für den Radstädter Tauern, den Heiligenbluter Tauern mit der Weggabelung ins Seidlwinkel und für den Korntauern. Die Schrecken der alpinen Lawinen und Eismassen, die uns Strabo schildert, lassen sich bei diesem Wissensstand ganz gut vergegenwärtigen.

Römische Delikatessen für Juvavum

Kaiser Claudius (41–45 n. Chr.) hat das besetzte norische Land in eine römische Provinz umgewandelt und für dessen Verwaltung eine Reihe von Städten, Virunum, Celeia, Teurnia und Aguntum südlich des Alpenhauptkammes, Juvavum als Handelsplatz, Militärstützpunkt und Verkehrsknotenpunkt nördlich davon, gegründet. Über das Straßennetz, das nun zügig ausgebaut und gesichert wurde, wurden nicht allein die erforderlichen Truppenbewegungen abgewickelt, bald blühte auch ein reger Handelsverkehr auf, der das Leben im „Barbarenland" mit allen nur denkbaren Genüssen römischer Lebenskunst versüßte. Die Villenbauten, die nach und nach im Salzburger Alpenvorland entstanden, ließen keinen Luxus missen, der in Loig ausgegrabene Palastbau zählt zu den bedeutendsten zivilen Gebäuden im römischen Österreich. In bauchigen Amphoren, die bis zu 50 Liter fassten, gelangten Wein und Oliven über die Alpen. Feinschmecker, die an die Raffinessen der Mittelmeerküche gewöhnt waren, brauchten nicht einmal auf delikate Meeresfrüchte zu verzichten, wie weggeworfene Austernschalen,

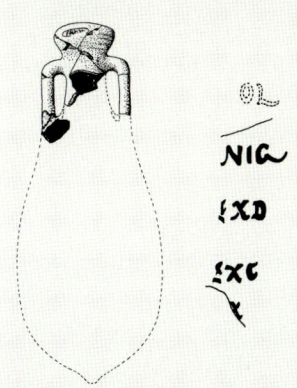

die an mehreren Fundorten der Salzburger Altstadt aufgetaucht sind, beweisen. Das beste Olivenöl lieferten die kaiserlichen Ölbaumplantagen Istriens. Auch die Früchte selbst waren im Handel.

Aber auch im Pinzgauer Raum bezeugen Relikte ein durchaus lukullisches Wohlleben. Ein Depotfund aus Zell am See umfasst fünf Bronzegefäße für den anspruchsvollen Villenhaushalt, darunter auch eine Kasse-

Amphore, gefunden am Salzburger Residenzplatz.

rolle aus dem damals führenden Erzeugerbetrieb in Capua, der seine Erzeugnisse bis nach Dänemark in den Handel brachte.

Aber auch das raue Gebirgsland Noricums hatte dem Feinkosthandel etwas zu bieten. Käse aus den Alpen wurde im 2. Jahrhundert n. Chr. bis an den kaiserlichen Hof in Rom verhandelt.

Die mittelalterlichen Saumpfade der Übertäurer

Einige unserer modernen Passstraßen, jene über den Großglockner, das Felbertal und den Radstädter Tauern folgen weitestgehend dem Verlauf mittelalterlicher Saumpfade, die ihrerseits wieder an uralte Routen im Nord-Süd-Verkehr angeknüpft hatten.

Daneben bestanden als Nebenlinien die Passwege über den Krimmler Tauern (2653 m), der einen Übergang ins Eisack- und Etschtal bot. Es folgt der Felber, Matreier oder Windisch Tauern (2481 m) von Mittersill nach dem alten Windisch-Matrei, heute Matrei in Osttirol, über den einst ein Postkurierdienst verkehrte. Dann ist der Kalser Tauern (2518 m) zu erwähnen, der vom Stubachtal nach Kals hinüberführt und nie von Saumpferden, sondern ausschließlich von Kraxenträgern begangen wurde. Die Gastein weist mit den Übergängen über den Mallnitzer und Korntauern zwei uralte Verbindungswege nach Mallnitz auf.

Im Mittelalter wurde der Handel allein durch Säumer bewerkstelligt; erst in der Neuzeit hat man wieder Fahrstraßen über die Alpen angelegt.

Zum wichtigsten Handelsgut wurde das Salz, das schon in keltischer Zeit eine Schlüsselrolle in der inneralpinen Ökonomie eingenommen hatte. Bis Ende des 12. Jahrhunderts stammte es von den Salzpfannen in Reichenhall, dann wurde Hallein zur führenden Produktionsstätte. Schließlich brachte der aufblühende Bergbau den Saumverkehr über die Hohen Tauern in Schwung. Auf der Rückfracht kamen die seit jeher begehrten italienischen Weine, vorwiegend aus Friaul und Istrien, mitunter auch Süßweine vom Peloponnes, ins Land sowie eine breite Warenpalette vielfach luxuriöser Handelsartikel. Zur Sicherung dieser wirtschaftlichen Lebensadern über die Tauern wurden die Tauernhäuser errichtet.

Auffallend ist, dass die beiden Übergänge von Gastein/Böckstein nach Mallnitz keine Tauernhäuser aufzuweisen haben. Das erste Unterstandshaus am Naßfelder Tauern, die Hagener Hütte (2400 m), wurde erst 1832 nach dem Vorbild der Notunterkunft auf der Matreier Seite des Felber Tauern errichtet.

Krimmler Tauernhaus im Achental: Bereits im 14. Jahrhundert als *„taberna in achen"* erwähnt, diente als Verbindung nach Bozen und Trient, woher der in Salzburg beliebte Südtiroler Wein bezogen wurde.

Tauernhäuser im Felbertal: Seit 1323 beurkundet, davon verteilen sich allein vier auf die Nordseite (Schößwend, Spital, Reut und Rain), auf die Südseite entfällt das Matreier Tauernhaus.

Tauernhaus Ferleiten im Fuschertal: Der heutige Tauerngasthof Ferleiten ist schon in den ältesten Salzburger Urbaren als Schwaige *„Verlatten"* erwähnt, mit einer Provision ausgestattet und so als Tauernhaus zu erkennen. Der Tauernweg über das Fuschertal wurde nur in der schneefreien Jahreszeit begangen. Mit der Eröffnung der Großglockner Hochalpenstraße 1935 wurde die Tauernprovision eingestellt und das Tauernhaus als Tauerngasthof fortgeführt.

Rauriser Tauernhaus: Bereits 1491 mit dem Zapf- und Schankrecht ausgestattet, zählt das am Schluss des Seidlwinkeltals

Rauriser Tauernhaus.

gelegene Rauriser Tauernhaus zu den ältesten Unterstandshäusern des Landes Salzburg. Der neunstündige Übergang nach Heiligenblut, der von Rauris aus auch im Winter begehbar blieb, war um 1500 der bedeutendste Saumpfad über die Hohen Tauern.

Tauernhäuser am Radstädter Tauern: 1522, kurz nach der Fahrbarmachung dieses zweitwichtigsten Übergangs über die Ostalpen, wird ein Tauernhaus auf der Passhöhe erwähnt, gemeint ist wohl Wieseneck, denn in einem Urbar des Jahres 1522 ist auch Schaidberg als *„Not Tafern"* erwähnt, das dazumals während der Sommermonate noch kaum besucht war.

Im Unterschied zu den Hospizen in den Westalpen, die auf den Scheitelpunkten des Passes lokalisiert waren, lagen jene in den Tauern in gehobener Lage am Talabschluss. Die meisten von ihnen sind aus sogenannten Schwaighöfen hervorgegangen und haben damit in der Rodungstätigkeit des 12. und 13. Jahrhunderts ihren Ursprung. Mit diesen Schwaighöfen dehnte sich die hochmittelalterliche Siedlungstätigkeit in die höchsten je erreichten Gebirgslagen aus. Mit Rücksicht auf ihre Berglage leisteten diese Höfe ausschließlich Käsezinse und wurden dafür mit Getreidelieferungen unterstützt. Aus solchen Schwaigen gingen die Tauernhäuser hervor, die Einkehr und notfalls Herberge für *Tauernfahrer* und *Tauerngeher* boten. Der Saumhandel seinerseits war als nicht unmaßgeblicher bäuerlicher Nebenerwerb organisiert.

Die Getreidezuwendungen für die Tauernhäuser verpflichteten zur unentgeltlichen Beherbergung und Verköstigung mittelloser Reisender, zur Hilfe bei Gefahr und in Notfällen sowie vor allem zur Markierung, Offen- und Instandhaltung des Passweges, für den mitunter auch ein eigener Tauernknecht zur Anstellung kam. Eine Urkunde vom Ende des 15. Jahrhunderts hält die Aufgabe des *„Schwaigers in der Velben"* mit diesen Worten fest: *„Darum sollen Sy den armen Leuten, dy nit Zerung habn, noch lon vermügen, über den Velber Tawrn helffen und durch gots und der pfründ willn ze essen gebn. Sy sullen auch den Tawrn mit Zaigern und anderer Notdurft bewaren. Ir ettlich solten auch am abend innen auf den ängern underm Tawrn schrein oder plasn, Ob yemand obn am Tawrn wär, sich verspatt oder vergangen hiet, daz Sy dem herab hülffen, damit sölh arm Volkh am Tawrn nit vergee oder verderb. "*

Die von den Erzbischöfen gewährten Provisionen an die Tauernwirte umfassten jährliche Lieferungen von rund 400 Kilo Roggen, 800 Kilo Hafer und ca. 20 Gulden, was den Gegenwert eines gutes Saumrosses ausmachte. Die Aufhebung der Grundherrschaften und Einziehung sämtlicher Naturaldeputate brachte nach langwierigen Verhandlungen um 1850 die

Umstellung auf Geldleistungen. Der Wiener Regierung war die Erhaltung dieses Wegenetzes in den Hohen Tauern ein echtes Anliegen, obwohl dessen wirtschaftlicher Stellenwert längst verblasst war. Im Zuge dieser Einigung wurden die Verpflichtungen der Tauernwirte noch einmal festgeschrieben. Ihnen oblag: *„die Offen- und Erhaltung der Tauernwege, die Aufstellung der Schneestangen und Steinpyramiden, der sogenannten Steinmandln oder Dauben, als Wegweiser, die Offenhaltung des Tauernhauses für jeden Fremden, die Begleitung armer Reisender und die Verabreichung von Kost und Obdach an sie, das Aufsuchen, dann die Rettung, Labung und Erquickung von Verirrten und Verunglückten, schließlich der Transport der Leichen der auf dem Tauern Zugrundegegangenen zur nächsten Pfarre.“*

Geistlichen Trost spendete im Fall des Rauriser Tauernhauses überdies die daneben errichtete Kapelle mit dem sinnigen Namen „Maria im Eis“.

Bis ins 20. Jahrhundert erfüllten diese Einrichtungen ihre soziale Aufgabe. Noch 1931 wurden im Matreier Tauernhaus an die 400 Handwerksburschen verpflegt und beherbergt und auch am Radstädter Tauern durften mittellose Reisende auf Kost und Logis rechnen.

Der ursprüngliche Zweck dieser Tauernhäuser diente freilich dem Handel, also der Sicherung des Saumverkehrs, dessen mittelalterliche Blütezeit zwei Faktoren ausgelöst hatten. – Der Aufstieg Venedigs zur führenden Handelsstadt und Wirtschaftsmacht im Mittelmeerraum, die einen lebhaften Handel mit den süddeutschen Städten, Nürnberg, Augsburg und Regensburg unterhielt, und der Salzburger Bergbau auf Gold und Silber, der zahlkräftige Abnehmer für feine Handelsware aus dem Süden entstehen ließ.

Auf dem Rücken von Saumpferden wanderten die feineren Erzeugnisse des Südens und im Gegenzug die etwas derberen Güter des Nordens über die Tauern: Ägyptische Baumwolle, italienische Brokate, Samt und Seide gegen Wolle und Loden, Felle und Leder. Glas aus Venedig gegen die Schätze des Bergbaus. Süßweine vom Peloponnes und Weine aus Istrien und Friaul gegen Käse und Salz. Gewürze gegen Holzschnitzereien und Leinwand. Südfrüchte, Weinbeeren und Öl gegen Selchfleisch und Speck.

Die Säumer selbst standen im Ansehen von ebenso selbstbewussten wie trickreichen Spürnasen, die auf ihren abenteuerlichen Wegen so mancher Gefahrenlage mit Courage, Kraft und Mutterwitz begegnen mussten. 1749 beschwerte sich ein Säumer beim Erzbischof über den Umgelter (Steuereinnehmer) in Taxenbach: *„der nicht allain mich, sondern alle Sämber insgemain Schelbmen gehalten und gedrohet, wie er mit uns umgehen wellen, vielleicht einbildend, wür Sämber sein arme Tröpf, welche ain höhere Obrigkeit weder anzulauffen wissen noch traun."*

Den Kern dieses komplexen Waren- und Personenverkehrs über die Törln und Scharten der Tauern, für die eine Mikrostruktur der lokalen Bedürfnisse und eine Makrostruktur des Fernhandels zu unterscheiden sind, machte freilich der Tausch von „Salz gegen Wein" aus.

Die altertümlichen „Weindienste", die an Höfe des Mitterpinzgaus geknüpft sind, sahen Naturalabgaben vor, die nicht am Hof erwirtschaftet, sondern nur „erhandelt" werden konnten und deuten insofern an, dass diese Einrichtung von der

Glasfenster in der gotischen Filialkirche zum hl. Ulrich in Scheffau. Hl. Rudolf und Saumpferd mit sogenannten „Lagerln" (Holzfässern) am Saumsattel.

Spätantike bis in mittelalterliche Zeit überkommen ist. Bemerkenswert ist in diesem Zusammenhang auch „Judendorf" in der Fusch, das sich aus einem Stützpunkt von Fernhandels-Kaufleuten entwickelt haben dürfte. Im Spätmittelalter wurde die Säumerei schließlich hauptsächlich von Kärntner Bauern ausgeübt, die vielfach im Gailtal ansässig waren. Dem Salzhandel bereitete die österreichische Regierung immer wieder Schwierigkeiten, sodass zeitweise ein lebhafter Schmuggel aufblühte.

Die Saumpferde, davon jedes eine Last von rund 150 Kilo trug, waren mit sogenannten „Lageln" versehen, flachen Holzbehältern, die am Saumsattel befestigt waren und gleichermaßen für die Aufnahme von Wein und Salz geeignet waren. Im Schnitt legten die Saumrosse täglich 35 Kilometer zurück. Nach einer Woche erreichten sie über Villach und Tarvis ihr Ziel in Gemona oder Venzone, wo die „obere" wie die „untere" Salzburger Straße einmündeten. Auf diesem Umschlagplatz wurde die Ware auf Lastkähne verladen und ging weiter nach Venedig und in die Levante.

Mit der Fahrbarmachung des Radstädter Tauern und Katschbergpasses für einachsige Wagen unter Erzbischof Leonhard von Keutschach (1519) büßten die Saumpfade über die Hohen Tauern an Bedeutung ein. Hinzu kam der Niedergang des Gold- und Silberbergbaus ab der zweiten Hälfte des 16. Jahrhunderts. Im 17. Jahrhundert musste eine verarmende Bevölkerung ihren an den Wein gewöhnten Gaumen auf Bier umstellen. Der Saumhandel erlebte durch dieses verhängnisvolle Zusammenspiel – Abstieg Venedigs zugunsten der aufstrebenden Wirtschaftsräume am Atlantik und Niedergang des Salzburger Bergbaus – existenzbedrohende Einbußen. Von dem einst umfangreichen Warenverkehr, der vielen Salzburgern Arbeit und Brot gegeben hatte, blieb der Viehhandel, inneralpiner Salzhandel, etwas an Weinfracht und dazu der Personenverkehr von Kärntner Webern, Malern aus dem Fassa Tal, Osttiroler Teppichhändlern, Lungauer Sauschneidern und Mölltaler „Jatergitschen" (Jäterinnen), die nördlich der Tauernkette zum Jäten des Frühjahrsweizens Beschäftigung fanden. Dazu gesellten sich Hausierer mit Waren aller Art, Enzianschnaps, Spitzen, Bandln, Heiligenstatuen und allerhand Kurmitteln der Volksmedizin.

Im 19. Jahrhundert kam das uralte Gewerbe der Säumerei ganz zum Erliegen. Die Aufhebung der Grenzen gegenüber Österreich hatte zuletzt auch dem Salzhandel die Grundlage entzogen. Heute wird diese Tradition mitunter zu touristischen Festterminen wiederbelebt.

Nach langen, stillen Jahrzehnten, in denen die Tauerntäler das Dasein vereinsamter Winkel führten und nur der Alpentourismus neue Hoffnungen weckte, machte das 20. Jahrhundert diese uralten Verbindungsstrecken wieder zu rege frequentierten Nord-Süd-Verbindungen. Die wichtigsten Marksteine dieser Entwicklung waren der Bau der Tauernbahn durch das Gasteinertal (1909), die Errichtung der Großglockner Hochalpenstraße (1935) und der Felbertauernstraße (1967) sowie der Bau der Tauernautobahn (1977).

Den eindrucksvollsten und schillerndsten Bogen aus der Urzeit erster Bergbegehungen in die Zeitgeschichte der Automobilität spannt dabei zweifellos die Großglockner Hochalpen-

Die „letzten Säumer" im winterlichen Arbeitseinsatz zur Errichtung der Großglockner Hochalpenstraße. 1931/32.

straße, die alle Aspekte vom frühen Höhenkultus bis zum Alpenerlebnis unserer Freizeitgesellschaft in sich aufgenommen hat. Bereits die Menschen des Jungneolithikums haben diese Höhenregion aufgesucht und ihren Gottheiten Votivgaben, Steinäxte, Bronzewaffen und Münzen dargebracht. Die Kelten und Römer haben auf diesem Tauernweg möglicherweise schon die Golderzlager in Rauris angesteuert. In mittelalterlicher Zeit verlief über diese „obere Straße" ein lebhafter Saumverkehr, der im 16. Jahrhundert auf jährli-

Erstbefahrung der Bautrasse mit einem Pkw 1934 durch Franz Wallack und Landeshauptmann Franz Rehrl in einem adaptierten Steyr 100 Wagen. Es war dies die erste Alpenüberquerung mit Pkw.

che 850 Gütertonnen kletterte (zur selben Zeit wanderten 3300 Gütertonnen über die Fahrstraße des Radstädter Tauern) und schließlich ergänzte sich zu diesem geschäftigen Treiben

Wallfahrt nach Heiligenblut.

eines Fernhandelsweges auch die spirituelle Dimension des heiligen Pilgerpfades. Die Glocknerwallfahrt, für die sich alljährlich am 28. Juni (am Vortag des Patroziniums von Peter und Paul) in Ferleiten einige hundert Pilger versammeln, um dann um vier Uhr früh ihre neunstündige Wallfahrt über den Glocknertauern nach Heiligenblut anzutreten, hält diese mystische Dimension des „Berggehens" lebendig. Lang schon vergessen ist, dass früher noch eine zweite Wallfahrt bestand, die nach St. Wolfgang in der Fusch führte, also zu jenen Wunderquellen, die nach Gastein die großartigste Heilwirkung erzielen sollten.

Themenweg 29 – Fusch an der Glocknerstraße
DER KELTEN-, RÖMER- UND SÄUMERWEG ÜBER DAS HOCHTOR UND DEN ALPENHAUPTKAMM

Die alte Trasse über den Heiligenbluter Tauern aus der Kelten- und Römerzeit, der Franz Wallack für den Bau der 1935 fertiggestellten „Schaustraße" über den Glockner in ihren Grundlinien folgte, ist in kleineren Ausschnitten bis heute im Gelände zu entdecken. Ein besonders gut erhaltenes Teilstück dieses alten Weges ist von der Kehre 10 aus deutlich sichtbar. Zwischen dem Gasthaus Römerweg und der Fuscherlacke weist eine Tafel zum „Römerweg", wo die im grasigen Gelände eingetiefte Trasse in zwei weiten Kurven talwärts zieht. Ein ähnlicher Abschnitt liegt im felsigen Gelände hinunter zur Elendgrube zwischen Mittertörl und Hochtor und genauso wird südlich der Fuscherwegscheid, wo sich einst ein Galmeibergbau befand, und der Weg vom Seidlwinkel in die Route vom Fuschertal herauf einmündet, ein Stück der alten Trasse sichtbar, die in Richtung auf das Hochtor ansteigt.

Am Hochtor selbst bietet sich zur fachlichen Vertiefung dieser Eindrücke der Themenschaupfad „Kelten-, Römer- und Säumerweg" an, der in einer halben Stunde Gehzeit vom Nordportal des 311 Meter langen Hochtortunnels über den Alpenhauptkamm zum Portal auf der Südseite führt. Diese gefahrlose Kurzwanderung auf einer Höhe von immerhin 2503 Metern wird von zahlreichen Schautafeln begleitet, die auf die wechselhafte Geschichte dieses 4000 Jahre alten Passweges Bezug nehmen Zudem bietet sich hier eine Panoramasicht auf über 30 Dreitausender. Eine Naturschnee-Rutschbahn sorgt für eine unterhaltsame Abrundung dieser informativ und erlebnisreich gestalteten Überschreitung des Alpenhauptkammes.

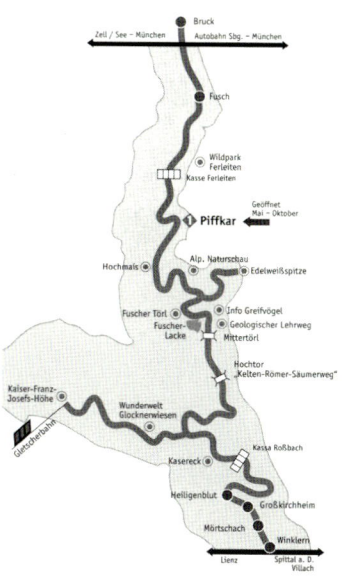

Start: Nordportal (2503 m) am Hochtor der Großglockner Hochalpenstraße

Route: Gut beschilderter Panorama-Themenweg, der in 20 Gehminuten über den Alpenhauptkamm zum Portal auf der Südseite führt.

Hinweis: Entlang der Großglockner Hochalpenstraße laden eine Reihe von kurzen Themenwegen und Informationszentren mit Ausstellungen zum Besuch ein. Besonders zu empfehlen: „Tauern – Passwege über die Alpen" in der Galerie Piffkar. Folder liegen auf.

Weiters der Haltepunkt Hochmais mit herrlichem Ausblick über den Talschluss des Ferleitentals, das Obere Naßfeld mit dem Museum „Alpine Naturschau" und der Haltepunkt Fuschertörl (2400 m) beim Dr.-Franz-Rehrl-Haus.

Auskunft: FVV A-5672 Fusch/Glocknerstraße, Tel. 06546-236

Das Höhenheiligtum am Hochtor

Am Hochtor legten bereits die Kelten eine „via sacra" mit Wegschreinen an und drückten so ihren Gottheiten der Berge, von denen sie Schutz bei der gefahrenreichen Überquerung des Alpenhauptkammes erhofften, ihre Verehrung aus. In römischer Zeit fand dieser Höhenkult seine Fortsetzung. Die Bronzestatuetten, die diese „via sacra" entlang der Passhöhe säumten, sind vermutlich im Zuge der Christianisierung zerschlagen, die Schreine selbst eingeebnet worden. Den Gottheiten, die hier von schutzbedürftigen Reisenden angerufen wurden, waren wohl auch die Münzen und andere Votivgaben geweiht, die in der Umgebung zutage gekommen sind. Beim Bau des Hochtortunnels pickelten Arbeiter eine Herkules-Statuette und Reste einer Öllampe aus dem Hangschutt, die ins 1. nachchristliche Jahrhundert datiert wird und sich als das eindrucksvollste Zeugnis dieses antiken Höhenkultus erhalten hat.

Dabei ist anzunehmen, dass sich nur ein winziger Bruchteil der einstigen Ausstattung dieses Höhenheiligtums erhalten hat. Das Christentum nahm später diese spirituelle Dimension durch die Heiligenbluter Wallfahrt wieder auf und der Prophet Jakob Lorber (1800–1877), der Jakob Böhme des 19. Jahrhunderts, erhob in seinen mystischen Schriften, die unter dem „Diktat eines Engels" entstanden, den Großglockner zum „geistigen Vater" Österreichs.

Die numinosen Ängste und scheue Götterverehrung, die einst die gefahrenreiche Unternehmung einer solchen Passüberschreitung begleitet haben, sprechen in keltischer Zeit nur über die stumme Gestik der deponierten Weihegaben zu uns. Erst mit der Schriftkultur der Römer liegen erste sprachliche Zeugnisse für die gebräuchliche Verehrung von Weg- und Berggottheiten vor.

Herkulesstatue vom Hochtor.

Am westlichen Fuße des Radstädter Tauernpasses fand sich ein Weihealtar aus Untersberger Marmor, der in das erste oder zweite Jahrhundert n. Chr. zu datieren ist. Ein Quintus Sabinius Asclepiades, dem Namen nach aus dem Osten des Imperium Romanum stammend, hat ihn zum Dank für eine glückliche Passüberschreitung, über deren Hindernisse oder Gefahren die Inschrift keine Auskunft gibt, für Jupiter und die Viae und Semitae anbringen lassen. Während uns Jupiter in seiner majestätischen Herrscherrolle als oberster Himmelsgott und Herr über Blitz und Donner aus anderweitigen Höhenheiligtümern an Passstraßen, wie etwa am St. Bernhard, bekannt ist, gehören die „Viae und Semitae" wohl einer älteren Vorstufe der keltischen Götterwelt an. Sie begegnen uns hier als machtvolle Gebieterinnen über den wilden Naturraum und die karge Felseneinsamkeit des Hochgebirges.

Themenweg 30 – Krimml
VOM KRIMMLER TAUERNHAUS ZUM KRIMMLER TAUERN

Schon 1154 ist von Bozen aus Südtiroler Wein über den Krimmler Tauern nach Salzburg gelangt. Wann dieser Urpfad entstand, der wechselweise über das Windbachtal oder die Birnbachlücke zu begehen ist, ist nicht mehr zu ermitteln. Im Mittelalter wurde diese Route als Handelsweg und Viehsteig viel begangen. Säumer brachten im Tausch gegen Salz, Wolle, Leinwand und Käse den begehrten Wein, dazu Gewürze, feine Stoffe und anderen Luxus ins Land. Zur Sicherung dieses Grenzverkehrs mit Saumpferden diente das Krimmler Tauernhaus, Ausgangs- und Zielpunkt dieser Wanderung, die schon im 15. Jahrhundert als *„Taberna in der Ahen"* (also im Achental) erwähnt ist.

Start: Krimmler Tauernhaus (1622 m), 3 Gehstunden vom Parkplatz an den Krimmler Wasserfällen entfernt und zu gewissen Zeiten per Nationalparktaxi (Tel. 06564-8327) erreichbar.

Route: Vom Tauernhaus folgen wir dem Fahrweg über die Äußere Unlaßalm, wo eine Abzweigung ins Windbachtal führt, durch herrliche Almwiesen bis zur Inneren Keesalm (1810 m). Hier beginnt der Anstieg auf die Birnlücke (2667 m), die auch die Staatsgrenze nach Italien bildet. Von hier aus besteht eine Abstiegsmöglichkeit zur Birnlückenhütte (2441 m). Unser Weg führt aber nach rechts auf dem Lausitzerweg (Nr. 13) bis zum Krimmler Tauern (2633 m) und weiter auf dem Steig Nr. 541 über die Tauernleiten bis zur Weggabelung. Über das Windbachtal gelangen wir auf dem alten Tauernweg und Saumpfad wieder zur Äußeren Unlaßalm und zum Krimmler Tauernhaus zurück.

Diese Ganztagstour verlangt hochalpine Ausrüstung und eine sportliche Kondition für immerhin 10 Stunden Gehzeit bei 1330 m Höhendifferenz.

Info: FVV Krimml, A-5743 Krimml, Tel. 06564-239

Einkehr: Krimmler Tauernhaus, Birnlückenhütte, Warnsdorfer Hütte

Hinweis: Als Rahmenprogramm für diese Tour empfiehlt sich ein Besuch der Krimmler Wasserfälle sowie der Wasserwunderwelt in Krimml.

Themenweg 31 – Uttendorf – Kals in Osttirol
KALSER TAUERNWANDERUNG

Der historische Tauernweg über den Kalser Tauern (2518 m) wurde wahrscheinlich schon um 1000 v. Chr. benutzt. Darauf deutet ein hier aufgefundenes Bronzeschwert. Der Pass war für Pferde unpassierbar und erlangte daher nie größere Bedeutung. Vor allem Salz wurde hier von Kraxenträgern ins benachbarte Lienz transportiert. Auf dem Rückweg kamen Wein und andere Handelsgüter nach Salzburg.

Start: Alpinzentrum Rudolfshütte, das von Uttendorf/Stubachtal aus über die Panoramastraße und die Weißsee-Gletscherbahnen erreichbar ist.

Route: Der Weg, der in Kals seinen Zielort hat, steigt von der Rudolfshütte über Geröllhalden auf die Gletscherwelt der Kals-Stubacher Tauern zu. Prachtvoll sind dabei die Ausblicke auf die Glockner- und Granatspitzgruppe. Vom Tauernhauptkamm (2518 m) abwärts streift der Weg das Tauernbründl (2222 m) und führt über die Grundalm zum Dorfer See (1930 m). Über einen Geröllriegel infolge eines alten

Bergsturzes führt uns der Weg über die Abflüsse des Laperwitz- und Frusnitzgletschers durch das Dorfer Tal. Ausgedehnte Almmatten und zahlreiche Hütten säumen diesen letzten Abschnitt unserer Wanderung nach Kals.

Info: FVV A-5723 Uttendorf, Tel. 06563-8279; Alpinzentrum Rudolfshütte, Tel. 06563-8221

Einkehr: Alpinzentrum Rudolfshütte

Hinweis: Für diese Tour, die am besten für zwei Tage angelegt wird, ist der Anschluss an eine geführte Gruppe zu empfehlen.

Jägerlatein – Bären und Steinböcke für die römische Arena

Profuturus, so überliefert uns dessen steinerne Aschenkiste, die in der Vorhalle von St. Peter in Salzburg Aufstellung gefunden hat, gehörte nach seinem Beruf als Fährtenleser (vestigiator) in jene Berufsgruppe des römerzeitlichen Salzburg, die das hiesige Gebirge bis in seine entlegensten Winkel und einsamsten Felsenhöhen durchstreifte, wo Braunbär und Steinbock ihre Reviere hatten. Er stand im Dienst eines gewissen Lollius Honoratus, der eine arbeitsteilige Gruppe von Jägern, eine *„familia venatoria"* mit dem Fang von in der Arena begehrten Wildtieren beschäftigte. Dazu zählten im norischen Raum vor allem der Braunbär, aber auch Hirsch und Steinbock.

Hatte sich die Republik noch Mäßigung hinsichtlich ihrer Inszenierung von „Brot und Spielen" auferlegt, kam es deswegen in der Kaiserzeit zu einer schrankenlosen Vernichtung von Tier- und Menschenleben. Den 40 Bären, die 169 v. Chr. in der Arena getötet wurden, stehen 400 gegenüber, die bei Spielen, die Caligula und Nero ausrichteten, im Sand der Arena verbluteten. Nach Ovid (Fast. V., 371) forderte nach römischer Tradition das jährliche Fest der Floralien vom 28. April bis 3. Mai einen besonders hohen Blutzoll an wilden Tieren.

Aschenkiste des römischen Jägers Profuturus.

Die *„ibices, caprarum genus"*, die Plinius in seiner Naturgeschichte (VIII, 214) erwähnt, sind höchstwahrscheinlich als Steinböcke zu deuten und zählten gleichfalls zu den bei Gladiatorenkämpfen begehrten Wildtieren. Das Gewerbe eines Fährtenlesers und Jägers dürfte bei dieser Nachfrage seinen Mann durchaus ernährt haben. Dafür spricht auch die reputierliche Ausführung seines Grabmals, mit dem die Kenntnis von diesem römischen Gebirgsjäger auf provinznorischem Boden auf die Nachwelt überkommen ist.

Themenweg 32 und 33 –
Mallnitz – Sportgastein/Böckstein
RÖMERWEGE ÜBER DEN MALLNITZER UND KORNTAUERN

Zwei Wanderrouten mit jeweils 12 Haltepunkten laden hier zur Spurensuche von römerzeitlichen Fahrstraßen über den Mallnitzer und Korntauern ein, die vermutlich im Vierkaiserjahr 69 n. Chr. oder während der Markomannenkriege 160–171 n. Chr. angelegt wurden. Aufgrund der jeweiligen Konfliktsituationen, die auch die norische Provinz betrafen, ergab sich zu diesen beiden Zeitpunkten ein akuter Bedarf an einer Schnellverbindung mit dem italischen Mutterland. Die Stichstraße ins Bockhartgebiet könnte dem Zweck gedient haben, die Kriegskasse mit Tauerngold aufzufüllen. Für den heutigen Betrachter erstaunlich ist die technische Kunstfertigkeit dieser Anlage sowie ihre großzügige Dimension, von der die mangelhafte Anpassung an die landschaftlichen Gegebenheiten befremdlich absticht.

Römerweg über den Mallnitzer Tauern
Start: Mallnitz, Parkplatz an der Straße zur Jamnigalm (1650 m)
Ziel: Sportgastein, von wo eine Busverbindung nach Badgastein besteht. Hier bietet sich die Tauernbahn mit dem Böcksteintunnel zur Rückkehr nach Mallnitz an.
Route: Hochgebirgswanderung über 6 Stunden und eine Höhendifferenz von rund 700 Meter, die keine extremen Steilstücke aufweist, aber Kondition und alpine Ausrüstung voraussetzt. Die Wanderung

folgt 12 Haltepunkten. Auf halber Strecke besteht in der Hagener Hütte eine Übernachtungsmöglichkeit. Eine Broschüre mit den genauen Erläuterungen liegt auf.

Ein anschauliches Bild vom ursprünglichen Verlauf dieser römischen Passstraße geben die Straßen- und Trassierungsrelikte an der Tauernsüdseite bis zum Tauernkreuz. Dazu gehören eine Transversale bei der Laschgalm, die Römerstraße durch den Laschgbach und die Straßenkehre am Abhang der Laschgwand. Bis zum Alpenhauptkamm des Mallnitzer Tauern (2450 m) verliert sich dann die Spur der einsti-

Römerweg über den Mallnitzer Tauern.

gen Straßenführung. Erst im steilen Berghang nördlich des Sattels tritt die alte Trasse wieder zutage. Sie zieht in langen Transversalen vom oberen zum unteren Eselkar und hält sich im steilen Gelände sowie in der Tauernleiten östlich der mittelalterlichen Saumpfade. Vor der Eggeralm erreicht sie den Talboden und zeigt dann im Naßfeld auf etwa 1650 m Seehöhe kaum noch Spuren ihres einstigen Verlaufs. Auf der gegenüberliegenden nördlichen Hangstraße zeichnet sie sich wieder deutlich im Gelände ab. Sie verläuft oberhalb des unteren Bockhartsees zum Plateau des oberen Bockhartsees und an dessen Ostrand zur Baukarlleiten. Der aus mächtigen Felsblöcken errichtete Straßendamm zieht eine Kehre und dann bergaufwärts in die Baukarlleiten, also in das ehemalige Erzrevier am Silberpfennig. Damit wird klar, dass die Strecke über den Mallnitzer Tauern und weiter in den Bockhart eine Stichstraße in das Bergbaugebiet darstellte.

Hinweis: Als Wegbegleiter nützlich ist die Broschüre „Naturwanderweg Römerstraßen" (Naturkundlicher Führer zum Nationalpark Hohe Tauern 14)

Einkehr: Hagener Hütte (2446 m)

Info: Kur- und Fremdenverkehrsverband A-5640 Bad Gastein, Tel. 06434-25310

Römerweg über den Korntauern

Start: Mallnitz, Talstation der Ankogelseilbahn oder Mittelstation, die vom Seebachtal aus mit Bus erreichbar ist.

Ziel: Böckstein. Eine Busverbindung nach Badgastein ermöglicht die Rückkehr nach Mallnitz per Tauernbahn.

Route: Hochgebirgswanderung mit einer Gehzeit von 7 bis 8 Stunden. Achtung! Entlang dieser Route besteht keine Übernachtungsmöglichkeit. Gute Kondition und entsprechende Bergausrüstung für ein alpines Gelände bis zu 2500 Höhenmetern ist erforderlich. Die Route weist 12 Haltepunkte auf.

Noch vor dem Einstieg zu dieser Wanderung zieht sich die alte Wegtrasse über einen weiten Schwemmkegel bis zur Talstation der Ankogel-Seilbahn. Aber erst im Wald oberhalb des Stappitzsees werden für das freie Auge die in den Hang eingetieften Straßenabschnitte wirklich deutlich erkennbar, die bis zum Tauernsee in langgezogenen Transversalen aufsteigen und sich von dort im steiler abfallenden Hochgebirgsgelände bis zur Korntauernscharte (2460 m) verfolgen lassen.

Besondere Attraktionen bilden ein Steindamm und eine aufgemauerte Dammstraße über eine Länge von 30 m unter der Korntauernstraße (Haltepunkte 4, 5 und 6) sowie die bis zu 4 m breite Steindammstraße beim Tauernsee (Südufer), wo Reste des in Buchrückenmanier gepflasterten mittelalterlichen Saumweges ins Auge stechen.

Römerweg über den Korntauern.

Nördlich des Passübergangs verlieren sich diese antiken Straßenrelikte. Erst knapp oberhalb des großen Sumpfbodens, am Nordabhang eines kleinen Inselberges, taucht die Trasse in Form eines mit talseitigen Stützmauern versehenen Dammes noch einmal auf (Haltepunkt 11).

Hinweis: Eine Begehung in umgekehrter Richtung, von Böckstein nach Mallnitz, ist nicht zu empfehlen, der Anstieg im ersten Wegstück ist sehr steil. Ein sachkundiger Wegbegleiter ist die Broschüre „Naturwanderweg Römerstraßen" (Naturkundlicher Führer zum Nationalpark Hohe Tauern 14).

Einkehr: Gasthof Alpenrose an der Talstation der Ankogelseilbahn

Info: Kur- und Fremdenverkehrsverband A-5640 Bad Gastein, Tel. 06434-25310

Themenweg 34 – St. Margarethen im Lungau
WANDERUNG ZU DEN RÖMERSTEINEN IM LEISSNITZGRABEN

Den Spuren des großzügigen Straßenbauprogramms unter Kaiser Septimius Severus (193–211 n. Chr.), dem Wiedererbauer Juvavums nach Jahren des Krieges und der Pest, folgt diese familienfreundliche Waldwanderung von St. Margarethen durch den Leißnitzgraben hinauf zur Bonnerhütte.

Septimius Severus ließ im Hinblick auf strategische Erfordernisse das norische Straßennetz großzügig erneuern und errichtete in diesem Zusammenhang auch den Passweg von Teurnia (St. Peter im Holz) durch das Liesertal und über die Laußnitzhöhe in den Lungau. Damit verkürzte sich die Anreise von Santicum (Villach) nach Juvavum, die zuvor nur über den Neumarkter Sattel und muraufwärts möglich gewesen war – wie auch in der *Tabula Peutingeriana* festgehalten – um eine ganze Tagesreise. Drei Meilensteine erwähnen Bauarbeiten, die unter Kaiser Caracalla 213 n. Chr. abgeschlossen wurden. Bei St. Margarethen, wo beim Kramerhaus neben der Kirche Spuren römischer Vorgängerbauten erhalten sind, teilte sich die Straße in eine Abzweigung Richtung „In muris" (Moosham) und weiter nach „In alpe" (Radstädter Tauern) sowie in eine Abzweigung über den *Bettelmandltauern* (Pichlern) nach Thomatal und weiter nach Ramingstein in Richtung Neumarkter Sattel.

Start (= Ziel): St. Margarethen Dorfmitte/Kirche (1064 m)

Route: Wir folgen dem gut beschilderten Weg zum oberen Ortsende Richtung Leißnitzgraben und wandern den Bach entlang durch Wald bergauf. Nach einer Gehstunde findet sich bei der sogenannten Kohlstatt eine Abzweigung „Zu den Römersteinen", der wir folgen und nach 20 Minuten auf einer Lichtung die fünf Meilensteine oder römischen Distanzmesser erblicken. Wir kehren zurück zur Kohlstatt und folgen wieder dem Steig zur Bonnerhütte bachaufwärts. Der Weg passiert eine Holzbrücke und eine Wildfütterung und wendet sich dann nach Osten zur Esseralm (1589 m), wo man einen herrlichen Blick über das Murtal genießt. Hier kann das Gelände nach längeren Regenfällen etwas sumpfig sein, daher sind die Bodenmarkierungen genau zu beachten. Ein Weidezaun markiert dann die Landesgrenze zwischen Salzburg und Kärnten, und nach wenigen Minuten erreichen wir – nach insgesamt 2,5 bis 3 Stunden Gehzeit – die Bonnerhütte (1713 m).

Einkehr: Bonnerhütte

Info: Infobüro A-5582 St. Margarethen, Tel. 06476-812

Lungauer Lodenmäntel aus norisch-keltischer Werkstatt

Wollstoffe, deren Fabrikation auf einer ausgedehnten Schafzucht beruht, zählten zu den Exportschlagern Noricums. Nach dem Arbeitsprozess des Spinnens, Webens und Walkens wurde der schwere norische Loden vielfach zu Mänteln verarbeitet. Eine solche Lodenwalkerei hatte offensichtlich auch in der römischen Mansio von Moosham bei St. Margarethen, die in der Tabula Peutingeriana als Immurium verzeichnet ist, eine Geschäftsstelle. Die Ausgrabung dieser Straßenstation, die seit den Tagen des Kaisers Tiberius (14–37 n. Chr.) nachweisbar ist und zumindest bis ins 3. Jahrhundert n. Chr. Bestand hatte, förderte neben den Relikten einer Mithraskultstätte, von Herbergen, Werkstätten und des obligatorisches Bades auch ein unscheinbares Bleitäfelchen zutage, das für die Alltagswelt jener Zeit aufschlussreich ist. Es unterrichtet über die

Erzeugung von Mänteln aus schwerem norischem Loden.

Die Straßenstation Immurium im kühlen Lungau bot offensichtlich einen interessanten Absatzmarkt für diese wetterfesten Überkleider, die den Reisenden – gleichgültig in welcher Richtung sie unterwegs waren – sehr nützlich sein konnten.

Mit einer kürzelhaften Notiz hält das erhaltene Bleitäfelchen fest, dass eine Arbeiterin mit dem schönen keltischen Namen Atagenta im Betrieb eines Unternehmers von gleichfalls keltischer Herkunft namens Catto eine bestimmte Menge Mäntel zugeschnitten, gefärbt, genäht oder gewaschen hat und nach Leistung bezahlt wurde.

Infolge der zentralistischen Preispolitik von Kaiser Diokletian (284–305), der die

Vorder- und Rückseite des Bleietiketts aus Moosham mit dem Hinweis auf eine keltische „Textilarbeiterin" namens Atagenta.

innere Zerrüttung des römischen Reiches durch einen Staatsmonopolismus aufzuhalten versuchte, dessen rigorose Maßnahmen zur Lenkung und Bevormundung des Alltags in die Richtung eines römischen „Staatskommunismus" gedeutet wurde, kennen wir sogar die unterschiedlichen Bezeichnungen für norische Mäntel, die im späten 3. Jahrhundert üblich waren. Sie sind im „Maximal-Tarif" der obrigkeitlich festgesetzten Höchstpreise aufgelistet.

Kaiser Diokletians Wirtschaftsreform oder „Maximal-Tarif"

Statt zu erklären, was ihm am Herzen lag, ließ der Kaiser einen Stenographen kommen. Er diktierte die Einführung zu einem neuen Edikt. „Der Preis der Dinge, die man auf den Märkten kauft oder täglich in die Städte bringt, hat alle Grenzen überschritten, so daß die zügellose Gewinnsucht weder durch reichliche Ernten gemäßigt wird noch durch Überfluß der Waren … Die Raubsucht tritt überall auf, wo immer nach dem Gebot des öffentlichen

Wohls unsere Heere hinziehen, nicht nur in Dörfern und Städten, sondern auf allen Straßen, so daß die Preise der Lebensmittel nicht bloß auf das Vierfache und Achtfache, sondern über jedes Maß steigen. Öfter ist durch Aufkauf einer einzigen Ware der Krieger seines Solds und unserer Geschenke beraubt worden ... Diese Habsucht soll in unserem Gesetz Grenzen und Maß finden unter Androhung der Todesstrafe für jeden, der es wagt, dagegen zu verstoßen!"

Der Kaiser erklärte, daß für jede Ware und jede Dienstleistung im Reich Höchstpreise eingeführt würden. Diokletian war so von sich selbst überzeugt, daß er glaubte, alles, was er begann, müßte gelingen. Er gab sich selbst die Schuld für die Teuerung. Wäre er früher gegen die wirtschaftlichen Schwierigkeiten vorgegangen, so hätten sie sicher nicht solche Ausmaße angenommen, glaubte er. Er war überzeugt, daß die Menschen ihr Leben mehr liebten als den Reichtum und daß niemand für Spekulationen seinen Kopf riskieren würde. Er meinte, daß jeder Frage mit Logik beizukommen sei und daß er fähig sei, für jede Ware und jede Tätigkeit im gesamten Imperium den richtigen Preis zu bestimmen und so zum erstenmal in der Geschichte der Menschheit sowohl gerechte als auch genaue Maßstäbe und Verhältnisse zu schaffen. Er ging davon aus, daß die Preise, die als offiziell gelten würden, Höchstpreise darstellten, und das hieß, daß man natürlich auch billiger als vorgeschrieben verkaufen könnte. Das war wichtig, weil im Imperium die Situation natürlich nicht überall gleich war. Er war überzeugt, daß es keinen echten Warenmangel gab und die Teuerung ein Ergebnis der Spekulation war, und zwar trotz guter Ein- und Ausfuhr und vorzüglicher Ernteerträge. Strenge Strafen drohten nicht nur den Aufkäufern und Wiederverkäufern, sondern auch den Abnehmern zu teurer Waren und sogar jenen, die überflüssige Waren horteten und verbargen. „Die Höchstpreise werden zu einem noch größeren Warenmangel führen, Herr!", sagte der Bankier.

„Das laß meine Sorge sein. Die Polizei kümmert sich ebenfalls darum. Deine Aufgabe ist es, mit deiner Kommission gerechte Preise festzulegen. Wann kannst du die Arbeit beenden?"

„Herr ..." Er begriff, daß jeder Widerstand zwecklos war, und überlegte. „In etwa acht Monaten." „Anscheinend hast du verges-

sen, daß man auch nachts arbeiten kann. In vier Monaten möchte ich alle Tabellen haben und sie selbst durchsehen."
(In eben diesen Tabellen finden wir erstmals die Namen von nori-schen Lodenmänteln verzeichnet.)

Aus: Ivan Ivanji „Kaiser Diokletian. Historischer Roman" (1973)
(Der serbokroatische Schriftsteller Ivan Ivanji war jahrlang persönlicher Dolmet-scher Titos und bringt in seinem Porträt Diokletians viele Parallelen und Anklänge an die Gestalt Titos und damit an das Modell des jugoslawischen Sozialismus.)

Herbststimmung mit Blätterteppich

Im Marsch zurück zu den Bäumen

WEGE DURCH WALD, FORST UND MOOR

Ein Fichtenbaum steht einsam
Im Norden auf kahler Höh.
Ihn schläfert; mit weißer Decke
Umhüllen ihn Eis und Schnee

Er träumt von einer Palme,
Die, fern im Morgenland,
Einsam und schweigend trauert
Auf brennender Felsenwand.

Heinrich Heine

Der Urbaum Ginkgo

Mehr als 300 Millionen Jahre sind vergangen, seit die Erde die ersten baumartigen Pflanzen hervorbrachte. Zusammen mit einer Vielzahl krautiger Pflanzen bereiteten sie jenes Ökosystem vor, das über viele Stufen der Anpassung und Umwandlung Lebensräume für Pflanzen und Tiere entwickelte und schließlich diesen Planeten auch für den Menschen bewohnbar machte. Bäume sind Urformen der Flora dieser Erde. Neben den Grannenkiefern *(Pinus aristata)*, die im Südwesten Nordamerikas überlebten, ist der Ginkgo, der wildwachsend nur mehr in Südostchina anzutreffen ist, die älteste lebende Baumgattung. Widerstandsfähig und unempfindlich gegen versmogte Luft, hat er zuletzt durch moderne Stadtplaner eine neue Wertschätzung als Straßenbaum erfahren.

Das alte China hielt den Ginkgo (eigentlich: Gin-kyo) heilig und gab dieser Verehrung durch die Anlage von Hainen Ausdruck. Durch einen Schiffsarzt der Holländischen Kompagnie gelangte der Ginkgo um 1700 nach Europa, wo er bei naturwissenschaftlichen Gelehrten lebhaftes Interesse weckte.

Etwas später trug Johann Wolfgang Goethe dazu bei, den *Ginkgo biloba* und seine „doppelte Natur" zwischen Pflanze und Baum, Farn und Nadelholz über den Kreis von Fachleuten hinaus im deutschen Sprachraum bekannt zu machen.

Auch Salzburg hat den Ginkgo in das Ensemble seiner Stadtbäume aufgenommen. Das älteste und am besten entwickelte Exemplar wurde vor rund 150 Jahren im damaligen Botanischen Garten der Universität eingesetzt. Im Zuge der Errichtung der Festspielhäuser wurde auf diesem Areal der heutige Furtwänglerpark angelegt.

Die ersten Urwälder, bestehend aus riesigen Schuppen- und Siegelbäumen in sumpfig-schwüler Tropenlandschaft, entstanden im Zeitalter des Karbon (345–280 Mio. Jahre), das noch zum Erdaltertum zählt. Unsere heutigen Bodenschätze an Stein- und Braunkohle, Erdöl und Erdgas gehen vielfach auf diese Entwicklungsstufe zurück. Das Ende dieser ersten, sauerstoffarmen Dschungel- und Sumpfwälder, die noch keine Blumen und kein Vogelgezwitscher kannten, trat nach schätzungsweise 200 Millionen Jahren infolge eines Klimawandels ein.

Wenn wir uns heute auf einem Spaziergang nach einem Bärlapp oder Schachtelhalm bücken, halten wir einen zwergenhaft „verkümmerten" Nachfahren dieser Urbäume in Händen. Das Erdzeitalter des Perm, der letzten Periode des Erdaltertums, das vor rund 220 Millionen Jahren zu Ende ging, hat mit den Nacktsamern neue Baumarten (z. B. Fichte und Kiefer) hervorgebracht. Damals belebten auch schon Riesensaurier und erste Vögel die noch menschenleere Welt. An die 700 Baumarten dieser Entwicklungsstufe, darunter viele Nadelbäume, blieben bis heute erhalten. Erst vor 60 Millionen Jahren kamen die bedecktsamigen Pflanzen auf. Dazu gehören Eiche und Buche, Birke und Ahorn, Esche und Erle sowie Vorläufer unserer Obstbäume.

Mit Einbruch der Eiszeit, die in mehreren Schüben zur Vergletscherung besonders der Nordhemisphäre führte, wurde auch

Mitteleuropa seines vormaligen Baumkleides größtenteils beraubt und über weite Gebiete von Gletschern überzogen. Doch wurden diese Kaltzeiten immer wieder von längeren Warmphasen unterbrochen. Mit dem endgültigen Schwinden der Eisdecke um 12.000 vor heute wanderten etliche Baumarten, die in Südeuropa überlebt hatten, wieder nach Norden. Aus Blütenpollen-Analysen von Torf- und Tonablagerungen in Mooren und Seen konnte die Forschung wichtige Aufschlüsse über den Klimawandel und die Vegetationsgeschichte der letzten 25.000 Jahre gewinnen.

Wald und Klimawandel

Im Alttertiär (vor ca. 70 Millionen Jahren) war das Gebiet des heutigen Alpenraumes von der „altafrikanischen Flora" mit ihren vorwiegend hartlaubigen Gewächsen bedeckt. Aus dieser uralten Pflanzengesellschaft haben sich in Zwergform Pflanzen wie Erika und Zwergalpenrose bis heute erhalten. Im Mitteltertiär verbreitete sich eine Flora von teils immergrünen, teils Laub abwerfenden Wäldern mit Mammutbäumen, Sumpfzypressen, Ginkgo und Magnolien, die sich weit über den Alpenraum bis nach Skandinavien und Grönland erstreckte. Gegen Ende des Tertiärs verschwanden infolge der Klimaabsenkung alle subtropischen Gewächse aus dem mitteleuropäischen Raum. Noch vor Beginn der Eiszeit war die Mehrzahl der heutigen Waldbäume bei uns heimisch geworden. Eine kleine Ausnahme bildet die Zirbe,

Das Edelweiß kam aus den Gebirgen Asiens in die Alpen.

heute der Urtyp des alpinen Gebirgsbaums, die in einer eiszeitlichen Warmperiode aus Nordasien bei uns eingewandert ist. Auch eine Vielzahl der heutigen Alpenpflanzen wurde noch vor der letzten Eiszeit bei uns heimisch: Krokus, Hauswurz, Schneerose, Roter Steinbrech, Blauer Speik, Echter

Speik, Schlüsselblume, Schusternagerl, Arnika, Stengelloses Leimkraut, Alpensoldanelle u. a. Die Alpenrosen, deren nächste Verwandte im Himalaya, Kaukasus und im Pontischen Gebirge zuhause sind, sind über Zwischenformen in die Alpen

eingewandert. Das Hochgebirge haben sie erst erreicht, als in die tiefer gelegenen Regionen die Wälder zurückgekehrt waren. Das Edelweiß wanderte während der Eiszeit aus asiatischen Gebirgen in die Alpen ein.

Alpenrose (Almrausch).

Von diesen Hinweisen ist leicht ablesbar, dass unsere Landschaft während der Eiszeit mehrfach ihr Vegetationskleid wie auch ihr Erscheinungsbild wechselte, da diese mit starken Klimaschwankungen einherging. Also der Reihe nach:

Zunächst wurde die wärmeliebende Laubwaldflora durch Nadelwälder ersetzt. Diese mussten einer arktischen Tundrenflora Platz machen, als die Temperaturen weiter absanken. An klimatisch begünstigten Orten fanden Krummholz, Zirbe und Lärche ein Refugium, wo auch Moossteinbrech, Alpenmohn und Zwergenzian überdauerten. In den Zwischeneiszeiten waren Klima und Flora den heutigen Verhältnissen bereits stark angenähert bzw. übertrafen die Temperaturen jene von heute und auch die Wiederbewaldung der Alpen setzt schon Jahrtausende vor dem Ausklingen der letzten Vereisung ein. Zuerst siedelten sich in der von den zurückweichenden Gletschern entblößten Landschaft krautige Pflanzen, dann Moorbirken, Legföhren, Rotföhren, Lärchen und Zirben an. Der Sebenstrauch fand an trockenen Felshängen seinen Lebensraum und ist in einigen Gebieten wie in Muhr bis heute ein charakteristisches Gewächs geblieben. Der Sanddorn verbreitete sich in den Salzachauen.

Tanne, Rot- und Hainbuche überdauerten die letzte Eiszeit im Süden der Balkanhalbinsel, die Tanne auch in Italien. Die Fichte wiederum „überwinterte" die Eiszeit in Ost- und Südeuropa. Lärche und Zirbe hielten sich am südlichsten Alpenrand bis nahe zum vereisten Bereich. Die Bergkiefer konnte sich stellenweise auch nördlich des Alpenhauptkammes behaupten. Auch die Eiche und andere, anspruchsvollere Arten des Eichenmischwaldes verteidigten Standorte, die nicht allzu weit von den vereisten Alpen entfernt lagen.

Die Nacheiszeit setzte vor rund 10.000 Jahren mit einer kräftigen Erwärmung ein. Die Gebirgslagen überzogen sich zunehmend mit Fichten und bald folgten Tannenbestände. In den tieferen Lagen siedelten sich Eichenmischwälder an, die am Nordrand der Ostalpen nach und nach bis in eine Höhe von 1400 Metern vordringen konnten.

Ab 7000 v. Chr. verbreiteten sich Föhren-Hasel-Wälder. Darauf folgten Fichten-Zirben-Wälder, die auch in höhere Lagen vordringen konnten. Um 5500 wurde ein trocken warmes Klima vorherrschend, sodass nach und nach Eichenmischwälder das europäische Landschaftsbild prägten. Das Klima blieb vorerst warm, kühlte aber langsam ab und wurde vor allem niederschlagsreicher. Dies begünstigte das Auftreten von Buchen-Tannen-Wäldern, durchsetzt von Eiben und Stechpalmen, die sich zwischen die bestehenden Eichenmisch- und Bergwälder einschoben. Um etwa 1500 v. Chr. hatten sich in weiten Teilen der Alpen die Fichten-Tannen-Wälder als beherrschende Waldform durchgesetzt. Sie stießen in Höhen bis zu 1700 bis 2000 Metern vor.

Der heutige Krummholzgürtel an der Baumgrenze war damals noch mit Fichten besetzt, in den Kalkalpen mit Tannenwald. Alpenrosen gediehen im Unterholz. Zirben-Lärchen-Wälder reichten bis an den heutigen Zwergstrauchgürtel heran.

Um 800 v. Chr. kam es zu einer eklatanten Klimaverschlechterung. Die Wärme liebenden Eichen und Stechpalmen, die eher trockenes Klima verlangen, verschwanden, Fichten und Föhren traten an ihre Stelle. Am Alpennordrand wurde Buche und Tanne zum landschaftsprägenden Baum, in den Mooren, wie etwa jenen des Flachgaus, verbreitete sich die Legföhre.

Rodungstätigkeit und Waldordnungen

Den Landesbewohnern des ersten Jahrtausends n. Chr. war noch die uneingeschränkte Nutzung der Wälder gestattet, um durch Rodungen Siedlungsland, Almen, Weide- und Anbauflächen zu erhalten. Eine eklatante Zurückdrängung des Waldes setzte im 10. Jahrhundert ein und galt zunächst den sonnseitigen Talleisten und Schwemmkegeln, wo größere Meierhöfe angelegt wurden. Erst im Hochmittelalter wurden Weiler und Dörfer angelegt. Vom 11. bis 13. Jahrhundert drang die Rodungstätigkeit, begünstigt durch ein mildes warmes Klima, in Höhen von 800 bis 1400 Meter vor, wo „Schwaigen" oder „Schwaighöfe" entstanden. Die letzte Rodungswelle, die höhere Tallagen und Schattseiten umfasste, ging um die Mitte des 14. Jahrhunderts infolge der Pest (1348/49) und der frühneuzeitlichen Klimaabkühlung zu Ende. Damals wurde der Wald bereits von den Hochalmen aus gerodet, sodass an sonnseitigen Hängen oft nur ein schmaler Hochwaldstreifen stehenblieb. Die bäuerliche Rodungstätigkeit geriet schließlich in Konflikt mit den Interessen des aufstrebenden Bergbaus und der Salzgewinnung. Hüttenwerke wie Sudpfannen verschlangen wachsende Mengen an Grubenholz, Holzkohle für die Schmelzwerke und Sudholz zur Eindampfung der Sole.

Die seither dominante Stellung der Fichte ist das Resultat einer Forstwirtschaft, die mit Bedacht auf die Erfordernisse von Bergbau und Salinenwesen tätig war. „Verlierer" dieser Entwicklung waren Tanne, Eiche und Buche. Der Nadelwald verdrängte den Laubwald.

Die Einführung einer gelenkten Waldwirtschaft geht im Wesentlichen auf die Initiative von Erzbischof Eberhard II. zurück, der sich 1224 bereits „Landesfürst" nennen konnte. Er hatte den bestehenen Waldbesitz, der vorwiegend durch Schenkungen in den Besitz des Bistums gelangt war, durch eine Politik der „Entgrafung" umsichtig und tatkräftig vermehrt und damit der „Landwerdung" Salzburgs den Weg gebahnt. Die Erzbischöfe konnten seither das Forstregal für sich beanspruchen.

1237 erließ Eberhard II. erste Richtlinien für eine geregelte Waldwirtschaft. Mit Blick auf die Holzversorgung von Bergbau und Salzsudwesen ergingen dann von 1342 bis 1536 acht Bergwerksordnungen und von 1524 bis 1755 sieben Waldordnungen.

1524 wurde die Bewirtschaftung der Wälder in einer umfassenden „Waldordnung" erstmals geregelt und der Aufsicht durch bestellte Forstorgane unterstellt. Erzbischof Matthäus Lang zog damit alle nicht nachweislich in Privatbesitz befindlichen Waldungen als „Kammergut" an sich, um den wachsenden Holzbedarf des in Blüte stehenden Bergbaus zu sichern. Gleichzeitig ordnete er eine subsidiarische Einforstung nach „Hausnotdurft" an. Nach dieser Neuregelung waren die Bauern angewiesen, aus den sogenannten Einforstungsrechten, die ihnen zuerkannt waren, ihren Bedarf an Nutz-, Brenn-, Zaunholz usw. zu decken.

Das Berg- und Forstregal mit seinen „Reservaten" genannten Vorrechten hatte Vorrang gegenüber Privatwäldern, die ordentlich umzäunt sein mussten (innerhalb von „Band und Stecken"). Für alle Landesbewohner, die ihren Holzbedarf nicht aus dem Eigenwald decken konnten, bestand ein Anspruch auf Versorgung aus dem Wald des Landesfürsten. Zur Aufsicht wurde ein „Waldmeister" eingesetzt.

Diese Regelung, die den zuvor „freien" Wald einer Reglementierung durch die Obrigkeit unterwarf und damit ein „Gemeingut" der landesfürstlichen Verfügungsgewalt unterstellte, wurde anfangs nicht widerspruchslos hingenommen. Denn Holz war damals ein alles beherrschender Rohstoff, der den Menschen von der Wiege bis zur Bahre begleitete. Haus und Stall, Wagen und Räder, Tisch und Truhe, Eimer und Fass, Webstuhl und Spinnrad, Schrauben und Nägel, selbst Teller, Becher, Gabel und Löffel und so gut wie alles Werkzeug waren aus Holz.

1592 erließ Wolf Dietrich neuerlich eine Waldordnung, in der die Waldnutzung durch die Untertanen einer noch strafferen Aufsicht und Reglementierung unterstellt wurde. Nicht länger geduldet wurde, dass *„ain jeder seines gefallens oben, in der millen oder unten im wald holz schlecht, und vielmals mit ainem ain(z)igen paumb, so er umhaut, bis in die 15 und 20 mer oder weniger damit verderbt und zerschlegt"*. Von nun an sollte der Unterwaldmeister jeden Frühling den Bauern das Holz für ihre Güter zuweisen, ihnen die Holzmarke ansagen und jeden Bezieher und die Holzmenge in ein Forstregister schreiben. Weiters wurde der Holzbezug der Holz verarbeitenden Kleingewerbe eingeschränkt, da die *„träxler, rädermacher, scheffler und dergl. holzhandtwercher"* bisher nach Belieben Holz aus den Wäldern geholt hatten. In Hinkunft durften sie nur vom Unterwaldmeister „ausgezeigtes" Holz schlagen. Ein scharfes Auge hatte die Obrigkeit auch auf das *„Grasshacken"* für die Stalleinstreu und die Nutzung der Wälder als Schaf- und Ziegenweide.

Diese auf Kosten und Nutzen abgestellte Waldwirtschaft erfuhr in der zweiten Hälfte des 18. Jahrhunderts durch Sparmaßnahmen und den Versuch einer möglichst effizienten, nahezu industriellen Organisation der Wald- und Forstwirtschaft noch eine deutliche Steigerung.

Sinnvolles und Kurioses kam dabei zur Anordnung: Das Aufstellen von Maibäumen, überflüssigen Zäunen, Zierbäumen

Die zirbene Hochzeitsstube beim Walderwirt im Oberpinzgau.

vor Wirtshäusern sowie das Anbringen oder Mitführen von Bäumen und Sträuchern bei Prozessionen wurde untersagt. Auch die Prangstangen fielen unter dieses Verbot sowie das Abbrennen von Johannis- oder Sonnwendfeuern. Strafbar machten sich weiters die *„pöchproker oder pöchklauber"*, es sei denn, sie pachteten gegen Gebühr eine Erlaubnis zur Harzgewinnung. (Die Gewinnung von Lärchenharz zur Erzeugung von „Venetianischem Terpentin" war in den Alpenländern nicht unbedeutend.) 1780 wurde die Verwendung der Langsäge zum Fällen und Abteilen der Bäume anbefohlen. Aber die Holzknechte blieben teilweise bis zu Anfang des 20. Jahrhunderts bei ihrer Maishacke, die am Stamm zwar höher ansetzt, aber als Werkzeug kaum reparaturanfällig war und ihnen überdies bei der Arbeit keine Rückenbeschwerden verursachte. Durchaus vernünftig war die Verordnung von 1789, derzufolge alles Bauholz, von Allerheiligen angefangen, in den drei Wintermonaten geschlagen und aus dem Wald gebracht werden musste. Vom Frühjahr an, so ist da einsichtig kommentiert, *„da das holz in den saft von keiner haltbaren dauer sein kann, muß dem Wald Ruhe verschafft werden."*

Der Wald heute

Als Salzburg 1816 an Österreich fiel, gingen diese Belastungen des Staatswaldes auf das k.k. Ärar über. Die einstmaligen Salzburger Montan- und „Halleiner" Waldungen, die heutigen Bundesforste, reichen bis an den Rand der Osterhorngruppe und vereinzelt bis zum Gais- und Heuberg, nicht aber in den Flachgau. Die dortigen hochfürstlichen „Kuchelwaldungen", die späteren Kameralwaldungen, wurden verkauft. Da die Fürstbischöfe größere Grundherrschaften in ihrem Land nicht aufkommen ließen, gab es keine großen Herrschaftsforste. Die heutigen größeren Privatwälder wurden erst in der zweiten Hälfte des 19. Jahrhunderts erworben. Eine größere Besitzumschichtung erfolgte im Zuge der Grundentlastung und Bodenreform nach 1848 vor allem beim Kleinwald. Ein

Teil der vormals erzbischöflichen Forste ging ins Eigentum der vormaligen Nutznießer durch Privatpersonen oder Gemeinschaften über. Nach 1866 kamen Staatswälder durch Verkauf in Privatbesitz. Der Verkauf der „Salzburger Kameralforste" 1869 umfasste 6900 Hektar und zog die Auflösung des Forstamtes Salzburg nach sich. Dieser Hergang erklärt, warum heute mit 44 % der größte Anteil der Salzburger Waldungen auf Kleinwald in meist bäuerlichem Besitz entfällt, das sind 164.000 Hektar. Die Staatswaldungen der Bundesforste umfassen mit 142.000 Hektar 40,5 % der Salzburger Waldflächen und nur 13 % oder 46.000 Hektar sind in der Hand privater Forstbetriebe, die einen Waldbesitz von mehr als 200 Hektar bewirtschaften.

Der Wald, den der heutige Besucher zur Erholung aufsucht, ist durch die Forstwirtschaft geprägt und nicht älter als 150 Jahre. An vereinzelten Stellen haben sich jedoch Bestände erhalten, die von diesen anthropogenen Einflüssen weitgehend verschont blieben und heute als Naturwaldreservate einen besonderen Schutz genießen.

Nach ihrer Zusammensetzung an unterschiedlichen Baumarten lassen sich die Salzburger Wälder in vier Gruppen unterteilen: Das nördliche Alpenvorland-Buchen-Mischwaldgebiet, das nördliche randalpine Fichten-Tannen-Buchenwaldgebiet, das zwischenalpine Fichten-Tannenwaldgebiet und das inneralpine (Tannen-)Fichtenwaldgebiet, das gegen die Waldgrenze hin zum Krummholzgürtel wird.

Themenweg 35 – Rauris
RAURISER URWALD

Der vom Österreichischen Naturschutzbund geschaffene Wanderweg durch den „Rauriser Urwald", einen urigen Blockwald am Talabschluss in Kolm-Saigurn in einer Seehöhe zwischen 1650 und 1750 Meter, zählt zu den Klassikern unter Salzburgs Themenwegen. Er liegt im Bereich eines Bergrut-

sches, wo sich über 80 Moortümpel gebildet haben. Aus
einem großflächigen Weide-
schlag hervorgegangen, blieb
sein Wachstum über 200
Jahre lang vom Menschen
unberührt. In diesem malerischen Bestand, der mit seinen
Tothölzern einer vielfältigen
Tier- und Pflanzenwelt Lebensraum bietet, steht auch
eine riesige, vom Blitz zerstörte Zirbe, deren Alter auf über
1000 Jahre geschätzt wird.
Viele Fichten zeigen hier
einen kurzastigen, ausge-
prägt säulenförmigen Wuchs,
der durch Anpassung an
extreme Schneelagen ent-
standen ist. Der Fachmann
bezeichnet sie als „Bürsten-
fichten". Infolge der vielen
moorigen Tümpel und
Lacken sowie des grobblocki-
gen Untergrunds ist der von
stark drehwüchsigen Fichten
beherrschte Wald offen und
locker. Der dichte Unter-
wuchs aus Heidelbeersträuchern und die saure Humusdecke aus nur langsam ab-
baubaren Fichtennadeln verhindern das Aufkommen von
Fichtenkeimlingen. Vereinzelt
sind entlang des Weges auch
Lärchen und Zirben anzutref-

Rauriser Urwald mit Moortümpel.

fen, die über der Zone des subalpinen Fichtenwaldes den gegen Kälte äußerst widerstandsfähigen Lärchen-Zirben-Wald bilden. Die Waldgrenze, also die Grenze des geschlossenen Baumbestandes, liegt im Rauristal, das infolge seiner Bergbaugeschichte zu den waldärmeren Tauerntälern zählt (mit nur 2,5% Waldfläche), bei etwa 2000 Meter Höhe. Nur vereinzelte Bäume können an günstigen Standorten noch weiter in den Gebirgsraum vordringen.

Der Name Blockwald rührt daher, dass die Fichten dieses Naturschutzgebietes großteils auf überwachsenen Felstrümmern wurzeln. Dazwischen haben sich Moortümpel mit seltenen Vorkommen an Zieralgen, Wasserläufern, Stechmücken, Königslibellen, Grasfröschen, Alpenmolchen und Wasserspitzmäusen gebildet. Die alten, teilweise löchrigen und dürren Baumriesen, die wie eine Gesellschaft „trutziger Gesellen" um die Moortümpel stehen, begünstigen die Höhlenbrüter Meise und Eule. Auch der Specht kommt hier nicht zu kurz. Auf den gut durchsonnten Lichtungen gedeiht eine Pflanzenwelt, die in weniger abwechslungsreichen Waldflächen fehlt.

Ein kleines Waldmuseum informiert über die geologische Entstehung des Gebietes und die eindrucksvolle Vielfalt seiner Pflanzen- und Tierwelt.

Start: Gasthof Tauernhaus in Kolm-Saigurn (1628 m)
Route: Auf dem Wirtschaftsweg in Richtung Durchgangalm erreichen wir in einer Viertelstunde die Abzweigung zum Lehrweg „Rauriser Urwald", der etwa 45 Minuten Gehzeit in Anspruch nimmt. Auf dem Rundweg erläutern 13 Tafeln die naturkundlichen Schätze des Rauriser Urwaldes und im Waldmuseum kann man dieses Wissen weiter vertiefen. Bei der Kracklalm, der ersten Durchgangsalm, betreten wir wieder den Fahrweg, der in 20 Minuten zum Hohen Tauernhof hinabführt.
Hinweis: Für diese leichte Bergwaldwanderung genügt eine einfache Wanderausrüstung, doch sollte man keineswegs auf einen Gelsenschutz vergessen. Ein Naturführer „Rauriser Urwald" liegt im Fremdenverkehrsverein Rauris auf.
Einkehr: Gasthof Tauernhof, Kolm-Saigurn
Info: Fremdenverkehrsverband A-5661 Rauris, Tel. 06544-6237

Themenweg 36 – Uttendorf-Weißsee
SONDERSCHUTZGEBIET WIEGENWALD

Der Wiegenwald nordwestlich des Enzingerbodens in der Dorferöd des Stubachtals, auf einer Höhe von 1400 bis 1800 Metern gelegen, ist der wohl schönste und urigste Zirbenwald der Ostalpen und damit den Zirbenbeständen des Schweizer Engadins an die Seite zu stellen. Der urtümliche Wald ist ein hochempfindlicher Lebensraum und daher ein Sonderschutzgebiet des Nationalparks Hohe Tauern, der nur mit Führung zu besuchen ist.

Der Wiegenwald erstreckt sich über eine mächtige eiszeitliche Moräne, die von einer plateauartigen, stark muldigen Hochfläche begrenzt wird und nimmt eine Fläche von neun Quadratkilometern ein. In den Felswannen des Geländes haben sich Moore und Tümpel mit einem ringförmigen Aufbau gebildet. In der Mitte liegt eine offene Wasserfläche, die von Schwingrasen mit Schlammseggen, Blumenbinsen und Torfmoosen umzogen wird. An diesen Gürtel schließt eine Zone

Wiegenwald.

aus Schnabelsegge, Scheidigem Wollgras und dem Torfmoos *Sphagnum fallax* an. Der äußerste Ring zeigt einen hochmoortypischen Bestand aus Latschen, Rauschbeeren, Preiselbeeren, Heidelbeeren, Scheidigem Wollgras und Torfmoosen.

Der urwaldartige Baumbestand, der bereits im 16. Jahrhundert von forstlicher Nutzung ausgenommen wurde, setzt sich aus Fichten, die mit zunehmender Höhe ausdünnen, Lärchen und Zirben zusammen. Auf der Hochfläche schließt die Zirbe zu einem Wald von einzigartiger Pracht auf.

Start: Enzingerboden (1483 m) im Stubachtal. Anfahrt von Uttendorf aus mit Pkw oder ÖBB-Bus (17 km). Parkplatz.

Route: 3–4 Stunden nimmt diese herrliche Wanderung in Anspruch, die eine Höhendifferenz von ca. 300 m aufweist und nur mit Führung möglich ist. Alpine Wanderausrüstung ist erforderlich. Anmeldung im Verkehrsverein Uttendorf.

Info: Fremdenverkehrsverband A-5723 Uttendorf/Weißsee, Tel. 06563-8279

Themenweg 37 – St. Gilgen
URWALD AM LICHTENEGGER STEIG

Ein sogenannter „Hörndlanstieg", wie die Einheimischen die Bergpfade auf das Zwölferhorn nennen, schlängelt sich von der Höhe der Stubneralm (1205 m) in Serpentinen über satte Almwiesen zum Waldsaum und dann durch einen märchenhaften Urwald mit einer einzigartigen Flora aus Hochstaudenfluren und Bürstlingrasen hinauf zur Arnikahütte (1435 m), zehn Gehminuten von der Bergstation der Zwölferhorn-Seilbahn entfernt.

Im Bereich dieses Urwaldes stehen Baumriesen mit einem Stammumfang von bis zu 1,60 Meter, die bei den St. Gilgenern liebevoll „Almsauen" genannt werden. Mit keiner bäuerlichen Handsäge war diesen verwitterten Ungetümen beizukommen, deren vielfach „nachsonniger" Wuchs wie bei einem Einhorn gedreht ist. Die weitreichenden Äste strecken sich wie Greifarme aus. Der schwer zugängliche Flecken Bergwald blieb von menschlicher Nutzung ausgenommen. Abgestorbene, von der Natur gefällte Baumstämme, die als Totholz eine wichtige Rolle im Ökosystem spielen, säumen diesen „Steig der Almsauen".

Lichtenegger Steig.

Unter dem Schirm der gewaltigen Bäume, die den Steig an heißen Sommertagen erfreulich kühl halten, aber auch auf den Almweiden ringsum, ist durch diese günstigen Bedingungen eine einzigartige Pflanzengesellschaft heimisch geworden. Entlang des Lichtenegger Steiges finden sich Alpenmilchlattich, Grauer Alpendost, Wolfs-Eisenhut, Soldanelle, Waldhyazinthe, Pannonischer Enzian, Waldmeister, Baldrian, Türkenbund, Schneerose, Veilchen, Seidelbast und weitere, großteils selten gewordene Gewächse.

Start: Bergstation der Zwölferhorn-Seilbahn
Route: Auf dem Panorama-Rundweg wandern wir in 10 Minuten zur Arnikahütte (1435 m), wo ein Schild zum Abstieg nach St. Gilgen über den Lichtenegger Steig verweist. In mehreren Kehren wandern wir durch den urigen Bergwald talwärts, queren eine Almwiese und stoßen dann auf den Güterweg zur Stubneralm, von dem, durch eine Markierung ausgewiesen, der Abstieg nach St. Gilgen-Ortszentrum abzweigt. Gehzeit: 1,5 Stunden.
Wer den herrlichen Aussichtsberg Zwölferhorn ausgiebiger genießen will, wird mit diesem Zusatzprogramm seine Freude haben: Bevor

Zwölferhorn-Seilbahn.

man über den Lichtenegger Steig und seinen Urwald nach St. Gilgen absteigt, erwandert man den Panorama-Rundweg: Von der Bergstation zur Arnikahütte und weiter rund um die Pillsteinhöhe (1478 m). Dieser kinderfreundliche, mühelos zu bewältigende Wanderweg nimmt eine Gehzeit von 1–1,5 Stunden in Anspruch.

Variante: Von Tiefbrunnau folgen wir der Schotterstraße bis zur Sausteigalm, die für Pkw fahrbar ist. Von hier wandern wir auf dem Güterweg in Richtung Stubneralm und zweigen nach links zum beschilderten Lichtenegger Steig ab, der uns hinauf zur Arnikahütte führt. Gehzeit: 1,5 Stunden

Info: Fremdenverkehrsverband A-5340 St. Gilgen, Tel. 06227-2348-12

Einkehr: Arnikahütte, nur bei Schönwetter; Berghof

Themenweg 38 – Muhr
PETER-RABA-LEHRWEG ZUM NATURDENKMAL „PETER-RABA-LÄRCHE"

Der wohl mächtigste Lärchenbaum des Lungaus, der nicht eben arm an diesen knorrigen Individualisten der Baumgesellschaft ist, ist die Peter-Raba-Lärche in Muhr mit einem geschätzten Alter von über 500 Jahren.

Wie kein zweiter Baum wandelt die Lärche ihr Erscheinungsbild mit den Jahreszeiten. Sie wurde daher zu einem Sinnbild für die menschlichen Lebensabschnitte. Im Winter sieht man sie, ihres Nadelschmucks entblößt, ernst und würdig am Berghang stehen. Im Frühling beginnen ihre Zweige und Äste infolge des aufsteigenden Saftes prall zu glänzen und im April/Mai brechen an ihren Kurztrieben, die zuvor wie abgestorben wirkten, die ersten Knospen auf. Zarte, hellgrüne Spitzen schieben sich aus dem dunklen Holz und geben der Lärche ihr weiches, hellgrünes Sommerkleid zurück. Während des Sommers vollzieht sich im Stamminnern die Holzbildung. Zuerst wächst das helle, lockere Frühholz, dann kommen die dunklen, starken Spätholzringe. Im Herbst bricht für die Lärche ihre eigentliche „Blütezeit" an. Gegen Ende Oktober geht ihr saftiges Grün in ein gelb-orange loderndes Leuchten über. Mit den ersten härteren Frösten stieben ihre feinen Nadeln durch die Lüfte davon. Diese Wandlungsfähigkeit hat den Menschen seit jeher fasziniert.

Bewunderer findet dieser Baum auch für seinen pionierhaften Behauptungswillen. Die Lärche lässt sich selbst von schwierigsten Bedingungen nicht unterkriegen. An günstigen Standorten und unbehelligt vom menschlichen Gefallen an edlem Lärchenholz kann sie ein Alter von zwei Jahrtausenden erreichen.

Die Peter-Raba-Lärche in Muhr steht in einem Bergfichtenwald auf der rechten Tal-

Die Peter-Raba-Lärche.

seite in 1325 Meter Seehöhe. Über neun Meter misst der Stammumfang dieses 45 Meter hohen Baumriesen, der 1991 zum Naturdenkmal erklärt wurde. In etwa sechs Meter Höhe gabelt sich der Stamm in zwei mächtige Äste.

Lärchenholz ist und war ein geschätztes Bau- und Möbelholz, das heute infolge Übernutzung eine Seltenheit geworden ist. Wegen seiner Dauer- und Wasserfestigkeit wurde es für

Quellfassungen, Brunnen und Leitungen benutzt. Aber auch Schindeln, Fenster, Balkone, Türen, Vertäfelungen und Möbel wurden aus Lärchenholz hergestellt, das schwer, außerordentlich dauerhaft und schön ist. Dank seines hohen Harzgehaltes ist es wetterfest, Schädlinge abwehrend und unter Wasser wird es schließlich steinhart.

Der Lehrweg zur Peter-Raba-Lärche wurde von den Kindern der Volksschule Muhr eingerichtet und spricht mit seiner Gestaltung vor allem auch Kinder an.

Start (= Ziel): Sportplatz am Ortseingang. Parkplatz

Route: Auf einem schmalen Waldsteig (festes Schuhwerk!) geht es stetig bergauf. An 26 Haltepunkten wird umfassend über das Thema Wald informiert. Da die Tafeln als Naturquiz gestaltet sind, empfiehlt sich diese Wanderung für Gruppen von Kindern und Jugendlichen unter Begleitung eines sachverständigen Erwachsenen. Gehzeit: ca. 2 Stunden

Hinweis: Die Info-Stelle bietet für Interessierte auch den Besuch einer Videoinstallation über die Tiere unserer Wälder an.

Info: Infobüro A-5583 Muhr, Tel. 06479-434

Baumporträts von A(horn) bis Z(irbe)

In den Wäldern sind Dinge, über die nachzudenken man jahrelang im Moos liegen könnte.

Franz Kafka

Ahorn, Bergahorn *(Acer pseudoplatanus)*

Der Bergahorn wächst von der unteren Bergstufe bis in subalpine Lagen und dringt in Höhen um die 1600 Meter vor. Feuchte, aber nicht nasse, tiefgründige, nährstoff- und kalkreiche Böden sind für ihn optimale Standorte. Er ist daher häufig in Schluchten und auf Geröllhalden, im Gebirge, aber auch am Waldrand zu finden, wo er sich zu prachtvoller Größe entwickeln kann. Je höher er steigt, desto mehr Sonnenlicht braucht und verträgt er. Auch das zunehmende Alter steigert seine Lichtansprüche. Bestandbildend ist der Ahorn aber meist nur in Schluchtwäldern. Freistehende Bergahorne erreichen ein Alter von bis zu 500 Jahren und entwickeln dabei einen mächtigen, knorrigen Stamm, der bis zu 30 Meter hoch sein kann. Im Alter wird der Bergahornstamm gewöhnlich hochschaftig und zeigt dann eine reiche Borkenbildung, die in Schuppen abblättert. Einen prachtvollen Ahornbestand zeigt die Postwiese in Untertauern, die nächste Umgebung von Schloss Kaprun und das Naturwald-Reservat Mitterkaser in Weißbach. An die 30 Bergahorne, davon einige „alte Riesen" mit einem Stammumfang von bis zu drei Meter, stehen bei der Thumersbacher Kapelle gegenüber Zell am See. Im unteren Fuscher, Kapruner, Stubach- und Saalachtal finden sich charakteristische Mischwälder mit schönen Ahornbeständen neben Rotbuche, Linde, Esche und Hasel. Besonders wohl fühlt sich der Bergahorn auch im Lungau, der im Übrigen eher arm an Laubhölzern ist. Prachtexemplare stehen in St. Michael bei der Kaltenbachkapelle und beim Wirt in Pichl/Mariapfarr.

Der Bergahorn gedeiht auch gut in Gesellschaft von Buchen und Eschen, Linden und Eichen, in höheren Lagen zusammen mit Lärchen und Fichten. Er ist winterhart und schneefest. Sein leicht abbaubares Laub wirkt bodenverbessernd.

Die großen, langgestielten Blätter sind fünflappig mit spitzen Einschnitten, fünfnervig und gegenständig angesetzt. Die Blüten (Mai, nach Laubausbruch) sind einhäusig, eingeschlechtig, teilweise scheinzwitterig, gelbgrün und gestielt. Sie stehen in endständigen, hängen-

209

den, zusammengesetzten Trauben und bilden fünf Kelch- und fünf Kronenblätter. Die kugeligen Nussfrüchte sind zu zweit verwachsen und haben große, propellerartige Flügel. Der Bergahorn legt je nach Höhenlage alle ein bis drei Jahre ein geradezu verschwenderisches Samenjahr ein. Die Samen bleiben bis zu eineinhalb Jahre keimfähig. Die Blätter zeigen oft auffallende Teerflecken, die von einem Schlauchpilz stammen. Der Bergahorn ist eine sehr gute Bienenweide. Das gelblichweiße Holz ist von gleichmäßiger Struktur, fein, zäh, fest, hart, gut biegsam und mittelschwer. Trotz seiner Härte ist es gut zu verarbeiten und daher in der Möbeltischlerei, als Drechsler- und Schnitzerholz sowie in der Spielwarenfabrikation sehr gefragt. Es bleibt auch bei regelmäßiger Wäsche weiß, weshalb es besonders in der Küche und für Wirtshaustische Verwendung findet. Der Brennwert ist ähnlich dem von Buchenholz.

Der Bergahorn ist im mitteleuropäischen Gebirge, auf der Krim und im Kaukasus verbreitet.

Der **Spitzahorn** *(Acer platanoides)* ist im Unterschied zum Bergahorn auf Lagen in der Hügel- und unteren Bergstufe beschränkt, er steigt nicht höher als 1000 Meter, ist aber standorttoleranter als der Bergahorn, denn er verträgt trockenen und nassen Boden. Er ist ein mittelgroßer Baum mit geradem Stamm, der an die 150 Jahre alt werden kann und gern in Laubmischwäldern gedeiht. Die Borke ist längsrissig, blättert aber nicht ab. Die Blätter zeigen fünf bis sieben fein und lang zugespitzte Lappen mit stumpfen Einschnitten, die beiderseits glänzend und an der Oberseite lebhaft grün sind. Im Herbst verfärben sich die Blätter rötlich bis leuchtend gelb. Die Blüten (April – Mai, vor Laubausbruch) entwickeln sich in grüngelben Doldentrauben. Die Nüsschen sind flachgedrückt und zu je zweien verwachsen. Der Spitzahorn ist in der Jugend anpassungsfähiger und raschwüchsiger als der Bergahorn.

Sein Holz ist oft leicht rötlich, elastisch, druckfest und mittelschwer. Als Möbelholz erreicht es nicht die Bedeutung des Bergahorns.

Der **Feldahorn** *(Acer campestre)* ist ein kleiner, langsamwüchsiger Baum, dessen Verbreitungsgebiet sich weitgehend mit dem des Bergahorns deckt. Er ist anspruchslos, aber wärmebedürftig und meidet nasse Standorte. Er wird nicht viel höher als zehn Meter, ausnahmsweise auch 20 Meter, aber immerhin an die 100 Jahre alt und kommt auch strauchförmig vor. Er entwickelt tiefgehende Wurzeln mit Stockausschlag und Wurzelbrut. Die Borke reißt netzartig in rechteckigen

Feldern auf. Die eher kleinen Blätter zeigen drei bis fünf grobgekerbte Lappen, die in der oberen Hälfte meist in drei stumpfe Zipfel geteilt sind. Die hellere Unterseite ist weichhaarig. Die Blüten (Mai, mit Laubausbruch) entwickeln sich ganz ähnlich wie beim Spitzahorn. Der Feldahorn gedeiht in Hecken, Feldgehölzen, an Waldrändern und in Laubmischwäldern. Das feine, harte und ziemlich schwere Holz ist zäh, schwindet und arbeitet wenig und wird hauptsächlich für Drechslerarbeiten, Holzwaren, Intarsien, Musikinstrumente, Pfeifenköpfe und sonst in der Kunsttischlerei verwendet.
Der Feldahorn ist in Europa und Kleinasien verbreitet.

Birke, Hängebirke, Weißbirke, Sand- oder Warzenbirke (*Betula pendula*)

Die Birke mit ihren hängenden Ästen ist ein lichtbedürftiger, aber sonst anspruchsloser Baum. Sie hat nach der Eiszeit, noch vor der Kiefer, die europäischen Rohböden besiedelt. Dieser Pioniercharakter zeichnet sie noch heute aus, indem sie auf ärmsten und trockensten Standorten, oft auf Sandböden und auf Kahlschlägen, zusammen mit der Salweide siedelt. Sie kommt von den Meeresküsten des Nordens bis in die Alpentäler vor und steigt dabei auf Höhen um die 2000 Meter. Sie braucht nichts als Luft und Licht, am besten gedeiht sie aber auf frischer, tiefgründiger Braunerde. Die Weißbirke wird bis zu 28 Meter groß und höchstens 120 Jahre alt, da sie im Alter von 90 Jahren häufig vom Birkenschwamm befallen wird. Waldbaulich wird die Hängebirke als Vorwald über spätfrostempfindlichen Baumarten eingesetzt. Sie treibt früh aus, ist selbst frosthart und beschattet wenig. Auch als Lichtschirm in Forstgärten ist sie gut geeignet. In Mischbaumgesellschaft ist sie nur bedingt ein Gewinn, da ihre dünnen Langtriebe bei Wind die Kronen der Nachbarbäume stark peitschen. Vor allem die Fichte ist gegen diese Rutenschläge der Birke empfindlich. Die wilde Kirsche und Schwarzerlen kommen mit dieser Eigenheit besser zurecht. Etliche Südhänge im Oberpinzgau weisen Weißbirkenhaine mit Eichen, Rotbuchen, Zitterpappeln und Fichten auf.
Die zarten Keimlinge der Birke können sich nur auf nahezu vegetationsfreien Flächen entwickeln, und wo nach Waldbrand, auf Windwurfflächen oder Kahlschlägen ein Birkenvorwald entsteht, wird er bald von wettbewerbsfähigeren Baumarten unterwandert und später überwachsen. Arme Böden bleiben ihr als dauerhafte Standorte. Damit erleidet die Birke ein typisches Pionierschicksal.

211

Die Birke, die in ihrer Jugend sehr schnellwüchsig ist, bildet anfangs eine Pfahlwurzel und später einen knolligen Wurzelstock mit flach verlaufenden Seitenwurzeln. Die Rinde ist in der Jugend glänzend gelbbraun und später weiß. Die Blätter sind wechselständig, dreieckig oder eirautenförmig und grob doppeltgesägt. Die männlichen Kätzchen sind ungestielt bräunlich und hängend. Sie entwickeln sich schon im Herbst des Vorjahres. Die weiblichen Kätzchen sind grün, treiben an der Spitze diesjähriger beblätterter Kurztriebe aufrecht aus und sind später hängend. Die Zäpfchenfrüchte sind dickwalzig und hellbraun.

In Gegenden mit hohem Birkenanteil ist der Pollen zur Versorgung der Bienenvölker von Bedeutung. Aus Birkenrinde können Birkenöl und Birkenteer und aus dem Blutungssaft Birkenwasser als Haarwuchsmittel gewonnen werden.

Birkenholz ist gelblich bis rötlich weiß und ohne Farbkern, mittelschwer, sehr fein, leicht zu bearbeiten, zu beizen und zu färben, jedoch wenig tragfähig. Birkenholz findet im Möbelbau Verwendung, ergibt schöne Furniere und Holzwaren aller Art. Als Brennholz genießt es insbesondere für offene Kaminfeuer große Wertschätzung, da es mit langer, heller und ruhiger Flamme brennt und nicht spritzt.

Birken sind in Europa und Kleinasien verbreitet.

Die **Moorbirke** *(Betula pubescens)* siedelt in Moor- und Bruchwäldern, auf feuchten Torfböden und erträgt raueres Klima. Sie wächst in Höhen bis zu 1600 Metern. Sie ist von Mitteleuropa bis nach Sibirien verbreitet. Die **Zwergbirke** *(Betula nana)*, ebenfalls eine nordische Reliktpflanze, hat in Hochmooren überlebt und steht unter Naturschutz. Sie wird höchstens einen Meter hoch und ist extrem langsamwüchsig. Die Blätter sind klein, kreisrund oder etwas breiter als lang. Die **Strauchbirke** *(Betula humilis)* kann bis zu drei Meter hoch werden, aber kaum älter als 20 Jahre. In Salzburg ist sie nahezu verschwunden.

Buche, Rotbuche *(Fagus sylvatica)*

Die Buche ist eine anspruchsvolle Schattenbaumart, die auf Spätfrost empfindlich reagiert und ein feucht mildes Klima verlangt, aber sonst keine besonderen Standortansprüche stellt. Von der Hügel- bis zur Bergstufe tritt sie in Mischgesellschaft auf und kann auch allein waldbildend sein. Sie ist erst nach der Eiche im feuchteren Klima des Atlantikums vor etwa 4000 Jahren bei uns eingewandert. Weil sich ihr

Herbstlicher Buchenwald.

Laub leicht zersetzt, nennen sie Forstexperten gern die „Mutter des Waldes". Ihre Bewurzelung erschließt den Boden auch in tieferen Lagen und kann so zur Bodenverbesserung beitragen. Als Mischbaumart steigert sie auf diese Weise die Sturmfestigkeit von Fichten und Tannenbeständen.

Freigestellte, glattrindige Buchen können leicht einen Sonnenbrand erleiden und werden in der Folge von holzzerstörenden Pilzen befallen.

Die Buche kann ein Alter von 300 Jahren und eine maximale Höhe von 45 Metern erreichen. Unter nicht ganz so idealen Bedingungen wird sie immerhin bis zu 30 Meter groß und kann durch Stockausschläge auch Sträucher bilden. Der Stamm ist gerade, mit grauer bis weißgrauer Rinde, die nur selten eine Borke bildet. Die Buchenblätter sind wechselständig, spitzeiförmig mit schwach gewelltem Rand. Im Herbst nehmen sie eine rote bis gelbrote Färbung an, die für die Rotbuche namengebend geworden ist. Die weiblichen Blüten stehen zu zweit in aufrechten gestielten Köpfchen mit rötlichen Narben. Die männlichen Blüten entwickeln sich an langen Stielen als rötlich-gelbe Kätzchen. Die Bucheckern sind scharf dreikantig, derbwandig und rotbraun. In den zwei bis drei Spalten des holzigen, stachelbesetzten Fruchtbechers sitzt jeweils ein Same, der bis zum nächsten Frühjahr keimfähig bleibt. Bucheckern wurden so wie die Früchte der Eiche einst zur Schweinemast eingesetzt und aus ihrem Samen Öl gewonnen.

In Salzburg wurde der Buchenbestand in der Vergangenheit zurückgedrängt und nur in der Nähe von Bergwerken geduldet, da die Buche verkohlt werden kann. Aus Hoch- und Schwarzwäldern in weiterer Entfernung wurde sie herausgeschlagen, da sie für die Holztrift weniger gut geeignet ist. Den größten Bekanntheitsgrad als Naturdenkmal genießt die Kaiserbuche auf der aussichtsreichen Höhe des Haunsberges. Die am schönsten ausgeprägten Buchenwälder im Nationalpark Hohe Tauern finden sich im Tal der Fuscher Ache, wo die Buche fast bis in den Talschluss des Käfertals vordringt und stellenweise sogar bestandsbildend ist. In einer Höhenlage von 1100 bis 1300 Metern bildet hier die vom Aussterben bedrohte Tanne zusammen mit Buchen und Fichten eine charakteristische Waldgesellschaft in natürlicher Formation: den Buchen-Tannen-Wald.

Buchenholz ist rötlichweiß mit sehr breiten Holzstrahlen, schwer, hart, druckfest, zäh und leicht spaltbar. Es ist von gleichmäßiger Struktur, jedoch nur im Trockenen oder unter Wasser dauerhaft und zeigt eine Neigung zu reißen oder sich zu werfen. Buchenscheiter sind ein ideales Brennholz, sogenannter Buchenteer war einst für die Erzeugung von Holzkohle und Glas sowie bei Verhüttungsprozessen im Bergbau ein wichtiger Energieträger. Heute ist die Buche in der Möbelindustrie und zur Erzeugung von Spanholz und Parkett gefragt. Unser Wort „Buchstabe" kommt übrigens von den „Stäben der Buche", mit denen die germanischen Völker ihre Schriftzeichen zusammensetzten. Das „Buch" macht auch die Rolle des Holzes für die Erzeugung von Zellulose und Papier bewusst.

Buchen sind in Mitteleuropa und im Kaukasus verbreitet.

Eibe *(Taxus baccata)*

Die zarte, immergrüne, langsamwüchsige Eibe, die für ihr extrem hartes Holz berühmt ist, wächst entweder strauchförmig oder als kegelförmiger Baum mit unregelmäßiger Krone. Sie wird bis zu 15 Meter hoch und kann mehr als 1000 Jahre alt werden. Früher stark verbreitet, zählt sie heute zu den gefährdeten Baumarten, da sie durch Übernutzung dezimiert wurde. Sie wurde aber auch ausgerottet, weil ihre Nadeln und Samen das für Menschen und Pferde giftige Alkaloid Taxin enthalten, das Atem- und Herzlähmung verursacht.

Die Eibe schätzt schattige, vom Westwind überstrichene Hänge mit ozeanischem Klimaeinfluss, mit Überschirmung durch Laubbäume, hauptsächlich Buchen und Bergahorne. Sie ist empfindlich gegen Frost, gedeiht auch auf unzugänglichen Felswänden und in Höhen bis 1400 Meter. Sie bevorzugt schwach saure bis schwach basische Böden und wird auch für Schnitthecken und in Parkanlagen eingesetzt.

Die Rinde ist zuerst rotbraun und schält sich hautartig. Die Borke wird später graubraun und blättert ab. Die weichen, flachen Eibennadeln sind glänzend dunkelgrün und zeigen eine deutliche Mittelrippe. Die männlichen Blüten sind kugelig und von braungelben Schuppen umhüllt. Die weiblichen Blüten weisen nur eine Samenanlage auf.

Die Eibe von Fotingall in Schottland mit 16 Meter Umfang und einem angeblichen Alter von 3000 Jahren gilt als der älteste Baum dieser Art. Bei den Römern und Kelten war die Eibe den Todesgöttern geweiht. Ihre Verwendung als Waffenholz mag dies neben ihrer Giftigkeit verursacht haben. Der Mann vom Hauslabjoch („Ötzi") trug vor über 5000 Jahren ein Beil mit sich, dessen Schaft aus Eibenholz geschnitzt war und einen Bogen gleicher Machart. Auch in den steinzeitlichen

Pfahlbauten Österreichs und der Schweiz wurden Werkzeuge aus Eibenholz gefunden. Im Mittelalter spielte Eibenholz zur Armbruster-zeugung eine wichtige Rolle.

Eibenholz, in dem Harzkanäle fehlen, zeigt einen schmalen, gelblich-weißen Splint und gelbbraunes Kernholz. Die Jahresringe verlaufen betont eng. Das Holz ist sehr hart, hochelastisch, zäh, gleichmäßig und überaus dauerhaft, was es als Schnitzholz hervorragend geeignet macht. Durch Übernutzung ist die Eibe heute ein seltener und daher geschützter Baum geworden. Einst wurden aus Eibenholz Knöpfe, Weberschiffchen, Löffel, Gabeln, Gefäße und Schmuckgegenstände geschnitzt.

Die Eibe ist in Europa, Nordafrika, Kleinasien und im Kaukasus ver-breitet.

Eiche, Stieleiche *(Quercus robur)*

Die knorrige Eiche, ein Sinnbild für Kraft und Stärke, die ein beliebtes Motiv vor allem der romantischen Kunst war, ist in der warmen Trockenperiode um etwa 5500 v. Chr. in Europa heimisch geworden, wo sie riesige Wälder ausgebildet hat. Das goldene Zeitalter der Mythologie könnte auf diesen Zeitabschnitt anspielen, als Europa von lichten Eichenwäldern bedeckt war und auch klimatisch dem Men-schen sehr behagliche Verhältnisse bot. Bis heute steckt die Eiche in vielen Orts- und Flurnamen, was ihren besonderen Stellenwert inner-halb der Baumgesellschaften zum Ausdruck bringt.

Die sturmfeste und lichtliebende Eiche, die botanisch zu den Buchen-gewächsen zählt und zahlreiche Lokalrassen ausgebildet hat, ist in Laubmischwäldern des Hügellandes bestandbildend, gedeiht in Auwäldern und an sonnigen Standorten bis in Höhen von 1000 Metern. Sie braucht vier bis fünf Monate warme Vegetationszeit, erträgt Temperaturschwankungen relativ gut, wie ihre Frostrisse am Stamm in späteren Jahren häufig zeigen und bevorzugt mineralstoff-reiche, frische, tiefgründige Böden. An trockenen warmen Standorten im Haunsberggebiet, Salzburger Becken wie auch auf den Salzburger Stadtbergen und an den klimabegünstigten Hängen der Osterhorn-gruppe ist die Laubmischwaldstufe (bis 550 m) mit ihren Beständen an Stieleiche, Linde, Weißbuche, Spitzahorn, Bergahorn und Hasel sehr gut ausgeprägt.

Die Eiche hat gewöhnlich ein mächtiges, breitkroniges Erscheinungs-bild, erreicht eine Höhe von 30 bis 50 Metern und ein Alter von 500 bis 800 Jahren. Der Stamm ist walzenförmig mit silbergrau glänzender Rinde, die im Alter aufreißt und eine tieflängsrissige graubraune Borke entwickelt. Die Eiche hat eine starke Pfahlwurzel, die in späteren Jahren Herzwurzeln entwickelt, stockausschlagsfähig ist und fast jedes Jahr „Johannistriebe" ausbildet. Die etwas derben Eichenblätter sind wechselständig, kurzgestielt und wachsen in Büscheln. Die Blattform ist lappenförmig angelegt, mit einer etwas helleren bläulich-grünen Unterseite. Die männlichen Kätzchen sind grünlich, hängen am Grund neuer Triebe und bilden an dünner Achse zahlreiche Blütenknäuel. Die weiblichen Blüten sind knöpfchenförmig und rot, sie sitzen zu zweien bis zu fünfen auf gemeinsamen langen Stielen und entwickeln drei Narben. Die Eichenfrüchte (Eicheln) sind langgestielt, walzenförmig und sitzen in schuppigen Napfbechern, jeweils zu zwei bis drei Stück gebündelt. Sie liefern eine gute Wildnahrung für Schalenwild und Vögel und wurden einst für die Schweinemast eingesetzt. Die Eiche wird ab etwa 50 Jahren fortpflanzungsfähig oder „mannbar" und legt alle zwei bis sieben Jahre ein Samenjahr ein. Die Samen, die unterirdisch keimen, bleiben etwa sechs Monate lebensfähig. Die Eiche mag zwar ein Urbild strotzender Kraft und Gesundheit sein, in Wirklichkeit ist sie infolge der Umweltbelastung und der menschlichen Überbeanspruchung der Naturressourcen eine Baumart auf dem Rückzug.

Eichenholz zeigt einen schmalen, gelblichweißen Splint mit gelbbraunem bis schwärzlichbraunem Kern. An Festigkeit und Dauerhaftigkeit übertrifft es alle anderen heimischen Holzarten. Es ist hart, zäh und zeigt besonders unter Wasser eine unverwüstliche Haltbarkeit. Nicht umsonst wurde Venedig auf Eichenpfählen errichtet. Eichenholz ist ein kostbares Möbel- und Bauholz und hat infolge des umweltbedingten Eichensterbens noch an Wertsteigerung gewonnen. Eichenrinde wurde wegen ihres hohen Gerbstoffgehalts in der Gerberei verwendet und für medizinische Zwecke zu Absuden verkocht. Eicheln dienten in Notzeiten als Kaffeeersatz.

1000-jährige Eichen sind besonders geschützt. Ein solches Prachtexemplar im Rang eines Naturdenkmals beschirmt das Pesedengut in Außerfelden bei Bischofshofen. Diese Stieleiche in 1000 Meter Seehöhe ist mindestens 500 Jahre alt und misst einen Stammumfang von sechs Metern. Zum Andenken an die hingerichteten „Rebellen" des Bauernkrieges von 1525/26 wurde die Eiche beim Woferlgut in Bruck gepflanzt. Starke vier Meter misst ihr Stamm im Durchmesser.

Die **Traubeneiche (Wintereiche, Steineiche)** ist ein waldbildender Baum des Hügellandes, wo sie gemeinsam mit der Kiefer oder der Edelkastanie vorzugsweise auf Lehmböden siedelt. Sie ist aber auch noch in den unteren Berglagen zu finden, denn sie steigt 100 bis 200 Meter höher als die Stieleiche und scheut das Grundwasser noch mehr als diese, der sie in ihren Merkmalen stark gleicht. Sie ist schlanker als die Stieleiche, erreicht eine Höhe von bis zu 40 Metern und ein Alter von 500 bis 800 Jahren. Ein wichtiges Unterscheidungsmerkmal: Sie ist zarter im Erscheinungsbild als die Stieleiche und ihre Eicheln sind kürzer, gedrungener und fast ungestielt. Meist sitzen sie zu dritt an einem Zweig.

Eichen sind besonders in Europa, Nordafrika und Kleinasien verbreitet.

Erle, Grauerle, Weißerle *(Alnus incana)*

Die lichtliebende Grauerle bildet Auwälder an Gebirgsbächen, gedeiht auf sickerfeuchten Hängen und durchlässigen Schutt- und Kiesböden, besonders im Überschwemmungsbereich der Alpenflüsse. Auch auf aufgelassenen Almweiden ist sie zu finden und dringt dabei in Höhen bis zu 1700 Meter vor. Die Grauerle zählt botanisch zu den Birkengewächsen und ist ein anspruchsloser Pionierbaum, der sich gut für die Aufforstung in extremen Lagen eignet. Durch ihre reichliche Bildung von Wurzelbrut stabilisiert sie rutschige und vernässte Hänge und sichert überschwemmungsgefährdete Ufer.

Die Grauerle ist frosthart und unempfindlich gegen Trockenheit, sie wird bis zu 25 Meter hoch, kaum über 50 Jahre alt und bildet auch strauchförmige Bestände. Die Rinde ist glatt, silbergrau und ohne Borkenbildung. Die Erlenblätter sind wechselständig, eiförmig, zugespitzt und doppelt gesägt. Die weiblichen Kätzchen sind klein, mit roten Narben, zapfenförmig und sehr kurz gestielt. Die männlichen Kätzchen sind flaumig und wachsen gebündelt, mit violett-braunen Deckschuppen. Die Fruchtzäpfchen sind kleiner als bei der Schwarzerle, rundlich bis fünfeckig, mit dunklen Flügelrändern, die schwimmfähig sind.

Ihr leuchtend gelbes Holz ist etwas leichter als Schwarzerlenholz, weniger fest und schwindet stärker. Es liefert in der Hauptsache geringwertiges Brennholz.

Die Grauerle ist in Europa und im Kaukasus verbreitet.

Die **Grünerle** *(Alnus viridis)* ist, abgesehen von den Zwergweiden, der höchststeigende Strauch der Ostalpen, und siedelt in Lagen bis über 2000 Meter. Ihr kommt daher eine wichtige Schutzfunktion gegen Lawinen und Steinschlag zu. Die Grauerle zählt zu den eiszeitlichen Pioniergewächsen und gedeiht auf feuchten, eher kalkarmen Schattenhängen, wo sie ein undurchdringliches Buschwerk ausbilden kann. Auch Schneerunsen und Lawinengänge zählen zu ihren Standorten, während die Latsche in eher trockenen Lagen eine ähnliche Aufgabe erfüllt.

Die Grünerle wächst meist strauchartig, kann aber bis zu drei Meter hohe Stämme bilden. Die Rinde ist glatt, dunkelaschgrau mit bräunlichen Wülsten. Die Blätter sind wechselständig und nur halb so groß wie bei der Grauerle, grob bis doppelt gesägt. Die weiblichen Kätzchen sind zu zweien bis dreien gebündelt, ungestielt, dick, treten schon im Sommer des Vorjahres auf und bilden klebrige Deckschuppen. Die männlichen Kätzchen sind klein, langgestielt und klebrig. Die Nüsschen sind flach und breitflügelig wie die Birkenfrüchtchen.

Die Grünerle ist im europäischen Gebirge verbreitet.

Die **Schwarzerle** *(Alnus glutinosa)* ist der heimische Grundwasseranzeiger schlechthin, da sie am meisten Bodennässe verträgt und daher für den Lebendverbau von Bach- und Flussufern gut geeignet ist. Neben Bodenfeuchtigkeit liebt sie Luftigkeit, Licht und Sommerwärme, weshalb sie in Auen, an Bachufern, in Bruchwäldern und an staunassen Örtlichkeiten, ja sogar in Flachmooren heimisch ist. Sie verträgt zwar Frost und Kälte, steigt aber nur in Höhen bis zu 900 Meter. Sie wird selten über 30 Meter hoch, ist in ihrer Jugend schnellwüchsig und erreicht ein Alter von bis zu 120 Jahren. Sie kann sich strauchförmig entwickeln und ist auch auf schweren Böden ein Tief- und Intensivwurzler. Ihr Laub ist leicht abbaubar und förderlich für die biologische Bodentätigkeit. Die Blätter sind verkehrt eiförmig, mit keilförmigem Grund und grob doppeltgezähnt. Blüten und Zäpfchen entwickeln sich ähnlich wie bei der Grauerle. Die Nüsschen sind glänzend braun, flach und rundlich bis fünfeckig, mit sehr schmalen Flügelrändern.

Erlen liefern den Bienen im Frühjahr das gelbliche Kittharz und natürlich Blütenpollen.

Das rötliche oder gelbliche, kernfreie Holz ist weich, leicht und leicht zu bearbeiten. Es wird für Holzwaren aller Art, für Spanplatten, Furniere und im Möbelbau verwendet. Es lässt sich gut beizen und polieren und eignet sich für Imitationen aller Art.

Die Schwarzerle ist von Europa bis zum Kaukasus und nach Sibirien, aber auch in Nordafrika, verbreitet.

Esche, Gewöhnliche Esche *(Fraxinus excelsior)*

Die bis zu 30 Meter hohe Esche, die an die 250 Jahre alt werden kann, gehört zu den Ölbaumgewächsen und ist ein anspruchsvoller Pionierbaum. Sie braucht einen frisch-feuchten, tiefgründigen und nährstoffreichen Boden und ist in Au- und Schluchtwäldern sogar Bestand bildend. Sie gedeiht im bodenfeuchten Eichen-Buchen-Wald, im wasserzügigen Bacheschenwald und im Bergahorn-Eschen-Wald in luftfeuchten Lagen der Hügel- und unteren Bergstufe und findet sich vereinzelt in Höhen bis zu 1400 Metern.

Der Stamm ist walzenförmig, ausschlagfähig und neigt zur Zwieselbildung. Die Krone ist eikegelförmig und wird im Alter gewölbt. Die Esche entwickelt tiefe Pfahl- und weithinstreichende Seitenwurzeln und eignet sich daher gut für Bachufergehölze, da sie die Böschungen sichert. Die Rinde ist hell und grünlichgrau und glatt, entwickelt eine rissig-raue, schwarzbraune Borke. Die Blätter sind kreuzweise gegenständig, groß, langgestielt und teilen sich in Fiedern auf, die eilänglich, zugespitzt und ungleich gesägt sind. Die Blüten (April bis Mai) erscheinen vor Laubausbruch, sind meist zwittrig, stehen in dunkelpurpurnen oder violetten, unscheinbaren Büscheln, sind ohne Kelch und Blumenkrone.

An Früchten entwickelt die Esche längliche, gelbbraune, flache, kahle, gewöhnlich einsamige Nüsschen mit zungenförmigem Flügel, die in büscheligen Rispen herabhängen. Die Esche ist ab dem 20. bis 30. Lebensjahr fortpflanzungsfähig und legt dann alle zwei bis drei Jahre ein Samenjahr ein. Die Samen bleiben zwei Jahre keimfähig, denn sie keimen, im Frühjahr gesät, erst im Folgejahr.

Die Esche ist der Weltenbaum Yggdrasil in der nordischen Mythologie, deren weitreichende, alles umfassende Zweige das Weltall überschatten. Sie wird als der Gerichtsort der Götter genannt und unter ihren Wurzeln ist die Wohnstatt der Schicksal lenkenden Parzen. Nach dem germanischen Schöpfungsmythos soll das erste Menschenpaar aus einer Esche und einer Ulme geschaffen worden sein.

Viele Siedlungsnamen verweisen auf die Bedeutung der Esche, die auch als Schneitelbaum in Verwendung stand und daher im näheren Umkreis von Gehöften und Dörfern angepflanzt wurde. Alle zwei Jahre wurden die Äste gescheitert (geschneitelt) und das Laubwerk an das Vieh verfüttert oder als Einstreu verwendet.

Das Eschenholz zeigt einen breiten, gelblichweißen Splint mit hellbraunem Kern. Von feuchten Standorten ist es schwer, sehr zäh, bieg-

sam, elastisch und fest. Man fertigt daraus Werkzeugstiele, Sportarti-
kel, Turngeräte usw., aber auch Parkette, Furniere und Möbel. Das
Holz von trockenen Standorten ist weniger biegsam.
Die Esche ist in Europa und Nordasien verbreitet.

Fichte, Rottanne *(Picea abies)*

Sie ist der häufigste Baum im Alpenraum und gedeiht von Natur aus
in Höhen von 700 bis 2000 Metern. In natürlicher Siedlung kommt
sie in Tannen-Buchenwaldgesellschaften vor, wo sie meist der überle-
genen Konkurrenzkraft der Buche weicht, in höheren Lagen zusammen mit Föhren, Lärchen und Zirben. Wirtschaftlich zählt sie wegen
der Massenaufforstung, ihrer standortlichen Toleranz und der vielsei-
tigen Verwertbarkeit des Holzes zu unseren wichtigsten Baumarten.
Dabei hat der Reinbestand große Nachteile: Insektenschäden, Pilz-
krankheiten, Sturmschäden, Verarmung des Ökosystems und mono-
tones Landschaftsbild.

Um Bergbau und Salinenwesen zu versorgen, wurde sie in Salzburg in
allen Höhenstufen als „Brotbaum" aufgeforstet, der Laubwald
zugunsten der Fichtenbestände verdrängt.

Die Fichte erreicht eine Höhe von bis zu 60 Metern und kann einige
hundert Jahre alt werden. Die Bezeichnung Rottanne bezieht sich auf
ihre rötliche Borke. Auf ungünstigem Boden wird sie zum Flachwurzler und ist dann besonders sturmgefährdet. Gebirgsfichten verlangen
volles Licht, während in montanen Tannen-Buchenwald-Standorten
Halbschatten genügt. Sie ist gegen Winterkälte unempfindlich und
stellt geringe Ansprüche an die Sommerwärme, liebt hohe Luftfeuch-
tigkeit und kommt mit unterschiedlichen Bodentypen gut zurecht.

„Jede Ficht' hat ein and'res G'sicht", sagt ein altes Sprichwort, das
den Abwechslungsreichtum in der Kronenform der Fichten anspricht.
Tatsächlich gibt es für aufmerksame Beobachter erstaunliche Ent-
deckungen im scheinbar ewig gleichen Erscheinungsbild des Fichtenwaldes zu machen. Da gibt es **Kammfichten** mit waagrecht abstehen-
den Bürstenzweigen und schräg aufwärts gerichteten Ästen. Da ist
weiters die **Schnee- oder Spitzfichte** mit ihrem betont schlanken
Wuchs zu erwähnen, die in extremer Ausformung auch als Schlan-
genfichte bezeichnet wird und schließlich die **Kandelaberfichte** mit
leuchterförmig aufgestellten Ästen. Dieser Gestaltwandel tritt
gewöhnlich in Anpassung an extreme Standorte und widrige Witterung ein.

Schneefichten.

Unter diesen Individualisten gibt es sogar einige regional „bekannte Persönlichkeiten": die „Wunderfichte" im Bereich der Trockenen Klammen in Elsbethen, eine mächtig entwickelte Kandelaberfichte mit senkrecht aufragenden Ästen, die Schneefichte auf der Schlickenalm in Richtung zum Granitzl in Mariapfarr im Lungau mit ihren dicht an den Stamm gelegten Ästen, die ihr das Erscheinungsbild einer Zypresse geben. Sie ist eine von fünf erhaltenen Lungauer Schneefichten. Dann sind noch die Kandelaberfichten auf der Mösernalm in Unken und im Gantal auf dem Katschberg zu erwähnen.

Haselfichten zeichnen sich durch einen besonderen Holzaufbau aus, sodass sie zu Resonanzböden für Klanghölzer verarbeitet werden. Im Geigenwald bei Ramingstein im Lungau ist diese begehrte Fichtenspezies so zahlreich vertreten, dass sie für den Wald namengebend geworden ist. Von **Wetterfichten** spricht der Fachmann, wenn Bäume infolge besonders harter Witterungsbedingungen nur einseitig beastet sind. *Kollerbüsche* heißen kugelige, durch Wildverbiss entstandene Kronenformen.

Die Nadelstreu, die früher zum Einstreuen gesammelt wurde, ist schwer zersetzbar und bildet einen sauren Humus. Die Fichte liefert ein weißliches Reifholz ohne Farbkern, das vorwiegend als Bau- und Möbelholz Verwendung findet.

Föhre, Rotföhre, Kiefer *(Pinus sylvestris)*

Die Föhre ist in ganz Europa und in Höhen bis zu 2100 Metern, von der Dünenlandschaft an Meeresküsten bis in die Felsenregion der Hochgebirge anzutreffen und hat zahlreiche Lokalrassen hervorgebracht. Die regionalen Ausprägungen unterscheiden sich in der Stammbildung, Kronenform und durch ihre Nadeln. Die Föhre ist anspruchslos und anpassungsfähig, aber ausgesprochen lichthungrig, gegen Frost und Dürre unempfindlich und beinah so sturmfest wie Lärche und Zirbe. Doch ist sie anfällig für Krankheiten und Schädlingsbefall. Am besten behagt es ihr in laubholzfeindlichen Extremlagen auf Felshängen, in Trockentälern und auf Schotterflächen sowie auf Sand- und Torfböden. An besseren Standorten mischt sie sich unter Eichen und Fichten. Eng verwandt sind die **Bergföhre**, die **Sumpf- oder Moorföhre** und die **Legföhre**, die von den Hochmooren der Tieflagen bis zum Krummholzgürtel zu finden ist.

Die Föhre kann eine Größe von bis zu 50 Metern und ein Alter von etwa 500 Jahren erreichen. Ihr kegelförmiges Erscheinungsbild entwickelt in späteren Lebensjahren eine schirmförmige, oftmals bizarr unregelmäßige Krone. Die Rinde ist graugelb, die Borke schuppig und am oberen Stamm rötlich. Die tiefgehende Pfahlwurzel entwickelt unterirdisch weite Verzweigungen.

Die Kurztriebe der Föhre umfassen zwei bis drei Nadeln. Die Föhrennadel weist auf kleinstem Querschnitt die größte Gewebevielfalt auf. Die männlichen Blüten zeigen sich als gelbe, eiförmige Kätzchen, die weiblichen Zapfen sind rötlich, gestielt und entwickeln sich meist paarweise an der Spitze diesjähriger Langtriebe. Die Föhre legt alle zwei bis sechs Jahre ein Samenjahr ein. Die Samen bleiben bis zu fünf Jahre keimfähig.

Die Föhre hat nach der Eiszeit zusammen mit der Haselnuss die Rohböden besiedelt und zählt auch heute noch zu den Pionierarten für die Aufforstung von Extremlagen.

Föhrenholz zeigt einen breiten, rötlich- oder gelblichweißen Splint und einen kräftig rotbraunen Kern. Es ist ein wichtiges Nutzholz mit einem ähnlichen Anwendungsbereich wie Fichten- und Tannenholz, ist aber dauerhafter und neigt weniger zu Rissen. Geschätzt wird es im Möbelbau, für Fensterrahmen und -bretter sowie im Schiffsbau. Bei guter Qualität ergibt es ein kostbares Furnierholz. Über Jahrtausende sorgten Kienspäne aus Föhrenholz, das von Harzkanälen durchzogen wird, für Beleuchtung.

Die Föhre ist in ganz Europa, in Sibirien bis zum Amur, auf den Gebirgen der Krim und in Teilen Kaukasiens verbreitet.

Hainbuche, Weißbuche, Hagebuche *(Carpinus betulus)*

Die Hainbuche aus der botanischen Familie der Haselnussgewächse ist in Eichenmischwäldern und in Höhen bis zu 1100 Metern zu finden. Ihre Verbreitung deckt sich in weiten Teilen mit dem der Buche. Sie zählt zu den Halbschattenbaumarten, liebt Sommerwärme, mineralreiche, frische Böden mit reichlich Tongehalt, ist frosthart und zeigt eine gute Ausschlagfähigkeit. Sie ist eine der wertvollsten Nebenbaumarten, ihr Laub aktiviert die biologische Bodentätigkeit auch auf schweren Tonböden.

Die Hainbuche erreicht eine Höhe von bis zu 25 Metern und ein Alter von maximal 150 Jahren. Sie kann aber auch nur strauchartig entwickelt sein. Je nach Standort ist sie ein Flach- bis Tiefwurzler, die Rinde ist glatt und silbergrau und meist ohne Borkenbildung. Die eilänglich zugespitzten, scharf doppeltgesägten Blätter sind wechselständig angelegt und regelmäßig zweizeilig angeordnet. Im Herbst färben sie sich goldgelb. Die weiblichen Blütenkätzchen sind locker und endständig hängend, mit roten, fadenförmigen Narben. Die männlichen Kätzchen sind walzenförmig, bleichgrün bis rötlich und hängend. Im Mai entwickelt die Hainbuche zahlreiche dreilappige Flügelfrüchte, in denen harte, gerippte Nüsschen sitzen, die später braun werden. Die Samen sind allenfalls ein Jahr keimfähig.

Die Hainbuche liefert ein hervorragendes Brennholz, weshalb sie auch oft in Niederwaldbeständen aufgeforstet wurde. Das Holz ist hellgelblichweiß und ohne Kern, zäh und ein ausgesprochen hartes und schweres Holz. Bei Drechslern und Wagnern war es daher besonders gefragt.

Die Hainbuche ist von Europa bis nach Persien verbreitet.

Hasel, Haselstrauch *(Corylus avellana)*

Die Hasel ist vor etwa 8000 bis 9000 Jahren in unsere Breiten eingewandert, siedelte in lichten Birken-Kiefern-Wäldern, wie sie in der nacheiszeitlichen Landschaft charakteristisch waren und hat in der folgenden, nach ihr benannten Haselzeit die Vorherrschaft angetreten. Die Hasel entwickelt nur selten Baumgestalt, sondern gedeiht gern als buschiger Strauch, der bis zu fünf Meter hoch wird und oft heckenförmige Bestände bildet. Sie wird allenfalls 60 bis 70 Jahre alt und steigt in Höhen bis zu 1300 Metern. Die Hasel bevorzugt nährstoffreiche, frische Böden, siedelt oft an besonnten Waldrändern und ist genauso im Unterwuchs von Laubwäldern zu finden.

Die graubraune Rinde zeigt waagrechte weißliche Rindenporen und keine Borke. Die flachstreichenden Wurzeln dieser Pionierpflanze haben ein starkes Ausschlagvermögen. Die rundlichen, doppeltgesägten Blätter mit kurzer Spitze und herzförmigem Grund sitzen wechselständig an kräftigen Sprossen. Die männlichen Kätzchen entwickeln sich hängend, zu zweien bis vieren an Kurztrieben, erscheinen schon im Sommer des Vorjahres und blühen dann noch vor Laubausbruch zeitig im Frühjahr. Sie zählen zu den wichtigsten Pollenspendern für die Bienen. Die weiblichen Blüten stecken zu zweien bis fünfen in knospenartigen Hüllen und entwickeln leuchtend rote Fruchtknoten aus fadenförmigen Narben. Die Haselnüsse sitzen, zu zweien bis dreien gebündelt, in einer becherförmigen Hülle und bleiben bis zum Frühjahr keimfähig.

Die alte Kultur der Hasel ist bereits durch Funde der Pfahlbaukultur zu belegen. Ihr besonderer Stellenwert in Märchen und Sagen geht wohl auf die frühe Wertschätzung dieses durch sein Holz und seine Früchte dem Menschen nützlichen Strauchbaumes zurück. Haselgerten wurden zu Reifen für Kufen und Fässer verwendet, die dann mit Weidenbast festgebunden wurden. Sie zählte daher zum geschätzten „Reif- und Bandgehölz".

Die Hasel ist von Europa bis in den Himalaya verbreitet.

Holunder, Schwarzer Holunder *(Sambucus nigra)*

Der Holunder oder Holler ist ein raschwüchsiger Strauch oder kleiner Baum, der im Salzburger Gebirgsland gern im Schutz von Stallmauern und Holzstadeln gedeiht und als stiller kleiner Schutzpatron der Bauernkultur bis heute fast nirgendwo im Hofensemble fehlt. Denn die Volksmedizin schrieb ihm wahre Wunderwirkungen zu und nicht ganz vergessen ist der Ausspruch: *„Vor dem schwarzen Holunder möge ein jeder seinen Hut ziehen."*

Er gehört zu den Geißblattgewächsen und gilt als Stickstoffanzeiger, weshalb er die Nähe von Mistplätzen und Ställen durchaus zu schätzen weiß. Daneben ist er eine Pionierpflanze auf Waldschlägen, in Hecken und auf Schuttplätzen, vom Hügelland bis in Höhen von 1200 Metern heimisch. Der Holunder ist ein Flachwurzler und entwickelt eine hellgraue, tiefrissige Borke. Die Blätter sind gegenständig, meist mit fünf festsitzenden Fiederblättchen, elliptisch geformt, zugespitzt und gesägt. Die Blüten stehen in großen, fünfstrahligen, vielblütigen, endständigen Ebensträußen und liefern köstlichen Saft. Sogenannte „Hollerstrauben" sind eine in Teig getauchte und in heißem Fett herausgebackene Mehlspeise. Die Beeren, die reichlich Vitamin C enthalten, sind nicht nur eine gute Vogelnahrung, sie finden auch in Küche und Medizin Verwendung. Die Palette reicht von der Saft-, Gelee- und Wein- bis zur Schnapsbereitung.

Das Holz ist gelblichweiß und fest mit einem weißen Markkörper.

Der Schwarze Holunder ist in Europa, im Kaukasus, in Kleinasien und Armenien verbreitet, der Rote Holunder ist in Europa und Kleinasien bis nach Nordchina heimisch.

Der **Rote Holunder** *(Sambucus racemosa)* ist meist etwas kleiner und auch seine Blätter sind zarter und schmäler als beim Schwarzen Holunder. Sie sind kurz gestielt und eilanzettlich, länglich zugespitzt und grob gesägt. Die kleinen grüngelben Blüten stehen in dichten,

Latschen und Zirben.

aufrechten eiförmigen Rispen. Die Steinbeeren sind leuchtend korallenrot und im Herbst ein prachtvoller Landschaftsschmuck. Der Rote
Holunder gedeiht gern auf Waldlichtungen, an Wegrändern besonders in der Buchenstufe und ist bis in Höhen von 1800 Metern anzutreffen. Als Stickstoffanzeiger liebt er nährstoffreiche Böden und
gedeiht bestens auf kalkarmen Lehmböden.

Latsche, Legföhre, Bergföhre, Krummholz *(Pinus mugo)*
Die Latsche überzieht entlang der alpinen Waldgrenze trockene
Böden auf Kalk und Dolomit und erfüllt damit eine wichtige Boden-
schutzfunktion. An feuchteren Standorten übernimmt diese Rolle die
Grünerle. Die Latsche gedeiht in Höhen bis zu 2300 Metern, kommt
aber auch auf sauren Hochmooren in Tallagen vor. Häufig entwickelt
sie nur Strauchform, unter günstigen Bedingungen wächst sie zu
einem bis zehn Meter hohen Baum heran und wird an die 300 Jahre
alt. Ihr Wurzelsystem ist flach und weitreichend. In Beschaffenheit
und Vermehrung zeigt sich die enge Verwandtschaft zur Zirbe.
Latschenholz hat einen weißgelben Splint und einen rötlichgelben bis
rotbraunen Kern. Aus jungen Nadeln und Zweigen wird das Lat-
schenöl gewonnen.
Die Latsche ist in den mitteleuropäischen Gebirgen, auf dem Balkan,
im Nord- und Zentralapennin verbreitet.

Herbstlicher Lärchenwald.

Lärche *(Larix europaea)*

Sommergrüner, bis über 50 Meter hoher Baum mit dicker, braunroter Borke, der ein Alter von über 500 Jahren erreichen kann und botanisch zu den Föhrengewächsen zählt. Die Lärche ist nach Abklingen der letzten Eiszeit in unsere Breiten zurückgekehrt. Ihre Verbreitung über unterschiedliche Höhenstufen, Böden und Klimaverhältnisse hat die Ausbildung von Lokalrassen begünstigt. Typisch für Lärchenareale ist eine warme, nebelfreie Vegetationszeit mit guter Sonneneinstrahlung. Alle Lärchen brauchen Licht und Windbewegung, denn sie bilden nur Lichtnadeln, niemals Schattennadeln. Bei Lichtmangel degenerieren sie zu „Kümmernadeln".

Die Lärche hat tiefgehende, stark verzweigte Wurzeln, horizontale Hauptäste und hängende Nebenäste, ihre Krone ist meist schlank und kegelförmig. Die hellgrünen, weichen Nadeln verfärben sich im Herbst goldgelb. Die weiblichen Blüten entwickeln sich als erdbeerförmige rote, später gelbe Kätzchen an vorjährigen Trieben. Die männlichen Blüten sind purpurrot, engständig und aufrecht. Die Samen bleiben bis zu sechs Jahre keimfähig. Je nach Höhenlage legt die Lärche alle drei bis zehn Jahre ein Samenjahr ein.

Ihr bestes Wachstum erreicht die Lärche, die auch Pionierbaum und Lichtholzart ist, zwischen 1400 und 1500 Metern. Doch dringt sie als Pionierbaum bis an die Waldgrenze, in Höhen bis zu 2000 Metern vor. Durch die einstige Waldweide sind in vielen Alpengebieten parkähnliche Lärchenbestände mit Wiesen entstanden, die heute als Erholungsräume besondere Wertschätzung genießen.

Als „Baumindividualist" neigt die Lärche zu urtümlich wirkenden Sonderformen wie dem der **Kugellärche**. Diese teilt sich in mehrere Hauptstämme und bildet dabei eine kugelförmige Krone aus, die zum Tummelplatz für die unterschiedlichsten Vogelarten wird. Einige imposante Vertreter dieser Form finden sich in dem für seinen Lärchenreichtum bekannten Lungau. Dazu gehört die Kugellärche auf der Hutweide bei Pichlern/St. Margarethen, unterhalb der Straße Richtung Thomatal, und ein noch prächtiger entwickeltes Exemplar steht nicht weit davon entfernt links vor der Ortschaft Thomatal, kurz nach der Abzweigung der Straße nach Bundschuh und Schönfeld. Eine Lärchenallee von insgesamt fast 40 Bäumen, um 1850 angelegt, steht auf dem Weg zur Mitterbergalpe in der Gemeinde Mühlbach a. H. in 1380 Meter Höhe an der sogenannten Mandlwandstraße.

Lärchenholz zeigt einen schmalen, gelblichen Splint und einen rötlich-braunen bis braunroten Kern. Besonders bei Bäumen aus Gebirgslagen ist das Holz leicht und zart. Es ist harzreich, dauerhaft und zäh und lieferte einst ein kostbares Möbelholz. Mittlerweile sind die Bestände klein geworden. Das breitringige, schwerere Lärchenholz aus tieferen Lagen wurde vielfach für Erd-, Wasser-, Brücken- und Bootsbauten eingesetzt. Wegen seiner Wetterfestigkeit, Dauerhaftigkeit und Schönheit wurde Lärchenholz für alle möglichen Zwecke verwendet, für Türen und Fenster, für Brücken und Brunnen sowie im Bergbau. Das Spektrum seiner Verarbeitungen reicht vom einfachen Zaunstecken bis zur gediegenen Arbeit des Kunsttischlers. Das Baumharz der Lärche wurde zur Erzeugung von „Venezianischem Terpentin" und für Heilzwecke gewonnen.

Die Lärche gedeiht in den Alpen und Karpaten.

Linde, Sommerlinde, Großblättrige Linde *(Tilia platyphyllos)*

Die Sommerlinde, die in der Winterlinde eine enge und daher leicht verwechselbare Verwandte besitzt, genießt als Kulturbaum, der bis zu 1000 Jahre alt werden kann, seit jeher die besondere Wertschätzung des Menschen. Ihr Standort ist oftmals bei Kirchen, Bildstöcken sowie am Dorf- und Marktplatz, denn die Linde ist ein Baum des „heiteren, geselligen Mittelpunkts". Viele Ortsnamen stehen mit ihr in Verbindung.

Die Sommerlinde dominiert in Baumgesellschaften mit reichem Boden, bevorzugt eher luftfeuchte Lagen und tiefgründige kalkhaltige Böden mit gutem Luft- und Wasserhaushalt. Sie hat höhere Standortansprüche als die Winterlinde, ihre Verbreitungsgebiete sind ähnlich.

Frei stehend entwickelt die Sommerlinde eine mächtige Krone und wird bis zu 30 Meter hoch; Linden gedeihen wild in Schluchtwäldern und Buchen-Linden-Bergwäldern bis in Höhen von 1000 Metern. Als Hausbaum spendet sie eine vorzügliche Bienenweide. Ausnehmend prächtig entwickelt ist die 400-jährige Sommerlinde auf der Hochwandalpe in St. Gilgen (950 m), von wo man einen herrlichen Blick auf den Wolfgangsee genießt. Ein bedeutendes Naturdenkmal ist auch die Dorflinde von Faistenau, mit einem Alter von 1000 Jahren, und im bekanntlich kühlen Lungau stehen in St. Augustin, Gemeinde St. Margarethen, vier herrliche Sommerlinden. Erwähnenswert ist auch noch die Sommerlinde beim Haidachgut in St. Veit im Pongau.

Lindenblätter zeigen rundliche bis schiefe Herzform – die Linde ist auch der Baum der Liebenden – sind scharf gesägt und beiderseits behaart, mit einer helleren Unterseite. Die Nervenwinkel sind weiß gebärtet. Die eher großen Blätter sind wechselständig und zweizeilig gestellt, die Blattstiele sind behaart. Die Blüten (Mai bis Juni) sind zwittrig, gelb und wohlriechend, die Trugdolde ist meist dreiblütig. Der Doldenstiel besitzt ein Flügelblatt. Die graufilzigen Nüsschen entwickeln eine robuste Kapselschale. Das Holz der Sommerlinde ist etwas weicher und weniger fest als das der Winterlinde, dient aber den gleichen Verwendungszwecken. Die Sommerlinde steht auf der Liste der gefährdeten Baumarten und ist in Mittel- und Südeuropa verbreitet.

Die **Winterlinde, herzblättrige oder kleinblättrige Linde** (*Tilia cordata*) ist die etwas weniger mächtig entwickelte Schwester der Sommerlinde. Sie kann „nur" ein Alter von mehreren hundert Jahren erreichen. Aber sie ist widerstandsfähiger, daher in unseren Breiten mehr verbreitet und steigt in Höhen bis zu 1400 Metern, wo sie auf wärmeren Buchenwaldstandorten und in Eichenmischwäldern zusammen mit Edelkastanien und Hainbuchen gedeiht. Sie liebt feucht-trockenwarme Lagen, gut durchlüftete und tiefgründige Böden. Der Lichtbedarf ist in der Jugend gering.

Als Kulturbaum ist die Winterlinde auf Dorf- und Marktplätzen, bei Kirchen und Bildstöcken sowie in Alleen und Parks zu finden. Ein eindrucksvolles Exemplar ist die 1507 bei der Kirche von Dienten gepflanzte Winterlinde. Die vielbesungene und im Volksbrauch verehrte Linde ist wahrscheinlich die Winterlinde. Wild siedelt sie in zerstreuten Beständen in Eichen-Hainbuchen-Wäldern und in Ahorn-Hangwäldern, wo ihr Laub bodenverbessernd wirkt.

Ihre Rinde ist grauviolett bis braun, glatt und entwickelt später eine längsrissige, netzförmige Borke ähnlich jener der Eiche. Die großen, herzförmigen, zugespitzten Blätter sind wechselständig und zweizeilig angeordnet. Sie sind fein und scharf gesägt, sattgrün an der Oberseite und blaugrün an der Unterseite, rotbraun in den Aderwinkeln. Die Blüten (Juni bis Juli) sitzen gebündelt zu fünf bis elf Stück an hängenden Trugdolden, sind zwittrig, weingelb und verbreiten einen intensiven Wohlgeruch. Auch die Winterlinde ist eine wichtige Bienenweide. Am Doldenstiel sitzt ein Flügelblatt. Die Nüsschenfrüchte sind birnenförmig, weich und filzig. Die Winterlinde wird mit 20, 30 Jahren fortpflanzungsfähig und bildet dann jährlich Samen, die zwei Jahre keimfähig bleiben.

Die getrockneten Lindenblüten liefern einen gut wirksamen, schweißtreibenden Grippetee. In den Sommermonaten tropft von der Winterlinde oft ein zuckerhältiger Saft. Das Holz der Winterlinde ist ganz ähnlich wie das der Sommerlinde, rötlich bis gelblichweiß, ohne Kern, von ebenmäßiger Zeichnung und weich. Obwohl es ziemlich stark schwindet, ist es für die Holzbildhauerei, die Erzeugung von Holzwaren, Spielsachen, Reißbretter, Bilderrahmen, Modellbauten und für Spanwaren (Streichholzschachteln) wie auch als Papierholz bestens geeignet. Gefragt ist Lindenholz auch für Furniere und als Drechslerholz. Auch der Lindenbast wurde einst gewerblich genutzt.

Die Winterlinde ist in weiten Teilen Europas verbreitet.

Tanne, Weißtanne *(Abies alba)*

„Du grünst nicht nur zur Weihnachtszeit", heißt es in dem bekannten Lied. Dabei ist die anspruchsvolle und empfindliche Tanne aus der Familie der Föhrengewächse, die Rauchgase nur schlecht verträgt, in unseren Wäldern recht selten geworden. In den letzten 200 Jahren wurde sie zudem von der Forstwirtschaft zugunsten der robusteren Fichte zurückgedrängt.

Die Tanne braucht feuchte und saubere Luft, feuchten Boden und eine nicht zu strenge Witterung. Wohl fühlt sie sich am Alpenrand, in Mischbeständen, insbesondere mit Buche und Fichte, aber auch zusammen mit Ahorn und Esche. Sie bevorzugt silikat- und kalkreiche Lagen und ist in Höhen bis zu 1600 Metern anzutreffen. So empfindlich sie auf Trockenheit und Rauchgase reagiert, sie erträgt wie kein zweiter Nadelbaum jahrzehntelange Beschattung und kann sich im Schutz des Altholzes verjüngen.

Die Tanne wird 30 bis 35 Meter hoch und entwickelt einen geraden, walzenförmigen Stamm. Unter günstigen Umständen kann sie ein Alter von mehreren hundert Jahren erreichen. Die Rinde ist glatt und weißgrau. Ein wichtiger Unterschied zur Fichte ist die kräftige Pfahlwurzel der Tanne. Ihre Krone wird im Alter und bei starker Rauchgasbelastung abgeplattet und storchennestartig. Ihre lederigen, immergrünen Nadeln sind schraubig angeordnet, an der Blattunterseite zeigen sie die für die Tanne charakteristischen, weißlichen zwei Wachsstreifen mit gekerbter Spitze.

Die weiblichen Tannenzapfen sind hellgrün und stehen aufrecht, was die Tanne besonders auffallend von der Fichte unterscheidet. Die männlichen Blüten sind gelbe Kätzchen. Alle zwei bis sechs Jahre legt die Tanne ein Samenjahr ein, die großen, dreikantigen, geflügelten Samen bleiben bis zu sechs Monate keimfähig.

Die Tanne überdauerte die letzte Eiszeit im Süden der Balkanhalbinsel und in Süditalien und wanderte danach wieder langsam nach Norden. Tannenholz zeigt einen gleichmäßigen Aufbau und regelmäßige Jahresringe ohne Harzkanäle. Es ähnelt dem Fichtenholz, ist aber etwas gröber und wird nur im Wasser- und Erdbau diesem vorgezogen. Als Holz für Kufen und Fässer war es einst sehr geschätzt, weniger als Möbelholz, da es häufig einen krankhaften Nasskern zeigt. Infolge der geringen Bestände spielt die Tanne heute kaum noch eine Rolle als Nutzholz.

Das Verbreitungsgebiet der Weißtanne liegt in Mittel- und Südeuropa.

Traubenkirsche *(Prunus padus)*

Dieser unscheinbare kleine Baum, der oft nur strauchförmig wächst und bis zu 15 Meter hoch werden kann, ist nur zur Blütezeit auffallend. Dann entwickeln seine weißblütigen, fliederähnlichen Trauben einen durchdringend süßen Geruch. Die Traubenkirsche zählt zu den Rosengewächsen und siedelt häufig im Unterwuchs von Auwäldern, wo sie ein Grundwasseranzeiger ist und in Mischgesellschaft mit Eschen und Erlen in Höhen bis zu 1500 Metern gedeihen kann. Sie entwickelt aber auch nutzholztaugliche Größe, zählt zu den stockausschlagfähigen Halbschattenbaumarten und sucht nährstoffreiche, sickernasse Lehm- und Tonböden auf. In manchen Jahren wird die Traubenkirsche stark von der Gespinstmotte befallen, die ihre Blätter kahl frisst.

Der Traubenkirschenbaum entwickelt einen schlanken, geraden Stamm mit tief angesetzter, länglicher und dichtbelaubter Krone. Die Rinde ist schwarzgrau mit dünner, längsrissiger Borke. Die Zweige sind oft rutenförmig und überhängend. Die Blätter sind wechselständig und elliptisch mit abgerundetem Grund, scharf gesägt und Seitenrippen aufweisend. Im Herbst verfärben sie sich gelbrot. Das Laub der Traubenkirsche wird leicht abgebaut und wirkt bodenverbessernd. Die großen weißen Blütentrauben (Mai bis Juni) sind überhängend, immer am Ende beblätterter Kurztriebe und entfalten einen starken, eigentümlich süßen Geruch. Die Steinfrüchte sind erbsengroß, kugelig und im Reifezustand glänzend schwarz. Sie enthalten

233

einen zugespitzten Fruchtkern und schmecken bittersüß. Die Blätter der Traubenkirsche sind giftig.

Das feine orangefarbene Holz ist so schön wie Kirschbaumholz und eignet sich daher gut für den Möbelbau und Holzwaren aller Art. Es ist schwach glänzend und entfaltet im frischen Zustand einen unangenehmen Geruch.

Die Traubenkirsche ist in Europa und Nordasien, bis Korea und Japan verbreitet.

Ulme, Bergulme, Bergrüster *(Ulmus glabra)*

Die Ulme, die häufig als Alleebaum und Hausbaum gepflanzt wird, aber durch das Ulmensterben arg gelitten hat, wird bis zu 30 Meter hoch und kann ein Alter von 400 Jahren erreichen. Sie gedeiht in Schlucht- und Hangwäldern auf nährstoffreichen Böden und steigt in Höhen bis zu 1400 Meter. Sie braucht mehr Licht, aber nicht mehr Wärme als die Buche. Optimale Standorte sind für sie nährstoffreiche, tonhaltige, frische Böden in luftfeuchten Hang- und Berglagen. Eine Attraktion im Salzburger Waldbestand sind die Bergulmen im Stubachtal. Ein ausnehmend schönes, freistehendes Exemplar, das auf 150 Jahre geschätzt wird, steht neben der Werkstraße zum Kraftwerk Schneiderau. Auch die Talhänge von Ramingstein haben prachtvolle Bergulmen aufzuweisen.

Für die Bergulme charakteristisch ist die Behaarung der jungen Zweige und Knospen. Die Bergulme ist ein Tiefwurzler. Die Borke ist längsgefurcht, die großen, kurzgestielten und breiteiförmigen Blätter sind beiderseits rau, scharf doppeltgesägt, zugespitzt und wechselständig sowie zweizeilig angeordnet. Die Blütenstände sind knäuelförmig, sehr kurz gestielt und rötlich-violett. Sie treiben noch vor Blattausbruch von Februar bis April aus. Die Früchte sind nüsschenförmig und kurzgestielt, sie sitzen in der Mitte eines Flügels.

Das Holz der Bergulme zählt zu den schönsten und wertvollsten einheimischen Holzarten. Es zeigt einen gelblichweißen Splint und blassbraunen Kern, ist hart, schwer und spaltbar. Es ist für den Möbelbau, Vertäfelungen und Furniere sehr gut geeignet. Doch das seit 1920 auftretende Ulmensterben hat die Bestände auch in Salzburg gefährdet und dezimiert.

Die Bergulme ist in Nord- und Mitteleuropa sowie in Kleinasien verbreitet.

Vogelbeere, Eberesche *(Sorbus aucuparia)*

Der Vogelbeerbaum, wie die Eberesche in Salzburg gewöhnlich heißt, zählt zu den Rosengewächsen, ist ein mittelgroßer schlanker Baum, der über 15 Meter hoch und an die 120 Jahre alt werden kann. Er ist von der Ebene bis zur klimatischen Baumgrenze verbreitet und zeigt eine große Standorttoleranz, fehlt aber in Sumpfgebieten und auf Rohböden. Ihr Vorkommen ist weitgehend konkurrenzbedingt. Obwohl sie in der Jugend und in Buschform viel Schatten verträgt, benötigt sie zur Entwicklung als Baum und für die Reifung der Beeren viel Licht. Sie ist frost- und winterhart und besitzt Vermehrungsmöglichkeiten durch Wurzelbrut, Ableger und Stockausschläge. Als Pionierbaum siedelt die Eberesche auf Kahlschlägen, in lichten Laub- und Nadelwäldern bis hinauf an die Waldgrenze in etwa 1600 Meter. Sie kommt auch auf trockenen, mageren Standorten gut zurecht und ist infolge ihrer Belastbarkeit durch Rauchgase ein idealer Straßenbaum. Viele Alleen, die erst in den letzten Jahrzehnten angelegt wurden, bestehen aus Vogelbeerbäumen und entfalten im Herbst ein wahres Farbenfeuer. Denn charakteristisch für die Eberesche sind die im Herbst leuchtend roten Beeren, die im kargeren Gebirge brennrote Tupfer in die Landschaft setzen.

Die Rinde ist glatt, gelblichbraun, etwas glänzend und entwickelt eine schwärzlichgraue, längsrissige Borke. Die Eberesche entwickelt tiefe und weithin streichende Wurzeln. Die Blätter sind wechselständig, meist mit neun bis neunzehn sitzenden, behaarten Fiedern von länglich-lanzettlicher, kurz zugespitzter und scharf gesägter Form. Während der Herbstfärbung geht ihr Grün in Dunkelrot über. Die Blüten (Mai bis Juni) sind gelblichweiß und sitzen in aufrechten, großen, gewölbten Trugdolden, die gewöhnlich dreigriffelig sind und etwas unangenehm riechen. Die bitter schmeckenden Vogelbeeren, die jeweils drei Samen enthalten, sind erbsengroß, am Scheitel durch eingeschlagene Kelchzipfel genagelt und färben sich mit der Reife korallenrot. Ungekochte Beeren können durch ihren Gehalt an Parasorbinsäure Übelkeit hervorrufen. Aus den reifen Beeren wird ein hervorragender Schnaps destilliert.

Die Vogelbeere ist eine eher kurzlebige Baumart, die bis 20 Jahre stark wächst und dann stagniert. Sie wird selten älter als 80 bis 100 Jahre. Waldbaulich spielt sie als Schutzholz eine Rolle und hat sich darin vor allem bei Eichenkulturen gut bewährt. In Verbindung mit dem Lawi-

Vogelbeerbaum im Winter.

nenverbau wird sie wegen ihres aufrechten Wuchses der Alpenerle vorgezogen.

Das Ebereschenholz zeigt einen rötlichweißen breiten Splint und hellbraunen Kern, das dem Birnenholz ähnlich ist. Es ist hart, zäh, mittelschwer und biegsam. Dünne Stämmchen sind zur Herstellung von Spazierstöcken und Werkzeugstielen in Verwendung, stärkere Stämme dienen als Wagner-, Drechsler-, Schnitzer- und Tischlerholz.

Der Vogelbeerbaum ist von Europa bis nach Kleinasien und Sibirien verbreitet.

Wacholder, auch mundartl. Kranewitter *(Juniperus communis)*
Gewöhnlich kommt der Wacholder, der zur Familie der Zypressengewächse gehört, in Strauchform, seltener als Baum vor. Im Zwergwacholder und im Sebenstrauch hat er zwei Verwandte, die in Salzburg gleichfalls heimisch sind.

Der anspruchslose, lichtliebende Wacholder kann bis zu 12 Meter groß werden, er gedeiht auf Magerweiden und im Unterwuchs von lichten Nadelwäldern bis in Höhen von 1600 Meter. Er entwickelt eine tiefangesetzte, kegelförmige Krone, die Rinde ist braun, später längsrissig und schwarzgrau. Der Wacholder ist ein Flachwurzler. Seine Nadeln sind steif stachelspitzig und zu dritt quirlförmig angeordnet. Die männlichen Blüten entwickeln sich als kleine, kugelige gelbe Kätzchen, die weiblichen als hellgrüne Zäpfchen, die aus drei Fruchtschuppen bestehen. Die dunkelbraun-violetten, blaubereiften Wacholderbeeren sind unreif grün und werden erst im zweiten Herbst reif. Sie sind ein hochgeschätztes Mittel der Volksmedizin, schon in den Pesthäusern des Mittelalters wurde mit Wacholderbeeren geräuchert. In den bäuerlichen Selchkammern werden Wacholderzweige mitverbrannt, Wacholderbeeren sind eine beliebte Würze für Fleisch, Suppen und Sauerkraut. Bestens geeignet sind sie auch zur Schnapsgewinnung.

Der Wacholder ist in Europa, von Nordasien bis Nordchina, in Nordafrika und Nordamerika beheimatet.

Nur bis zu einer Strauchgröße von 50 Zentimetern entwickelt sich der **Zwergwacholder**, der in den Alpen in Höhen zwischen 1400 und 2500 Meter gedeiht. In der Schweiz wurde der Zwergwacholder als höchststeigendes Holzgewächs noch in einer Höhe von 3750 Metern gefunden und im Himalayagebiet dringt er gleichfalls in so extreme Hochlagen vor. Der **Stinkwacholder oder Sebenbaum** wird bis zu zwei

Meter hoch und gedeiht auf mineralarmen, felsig-steinigen, warmen Standorten in Höhen bis zu 3000 Meter. Über Felswände kann er sich teppichartig ausbreiten. In der Tier- und Volksmedizin fand er Verwendung als Abtreibungsmittel, alle seine Pflanzenteile sind stark giftig. Das Holz zeigt einen roten Kern, ist dauerhaft und wird für Drechslerarbeiten verwendet.

Weide *(Salix-Arten)*

Allein in Österreich gibt es an die 40 Weidenarten, von denen hier nur die wichtigsten beschrieben werden sollen. Die bei uns heimischen Weiden wachsen bis über 20 Meter hoch und erreichen vereinzelt ein Alter von bis zu 120 Jahren. Die Weidenkrone ist häufig besenförmig, die Zweige rutenartig. Die Rinde ist anfangs glatt und wird im Alter längsrissig. Weiden sind gewöhnlich weitausstreichende Flachwurzler und entwickeln einen reichlichen Stock- und Stammausschlag.

Weiden sind von der Ebene bis in die hochalpine Stufe vertreten, wo die Krautweide (Salix herbacea), von Linné als kleinster Baum bezeichnet, bis in Höhen von 2400 Meter vordringt. Weiden sind anspruchslose und genügsame Hölzer, die als Pionierpflanzen den Bewuchs von Kahlschlägen oder Schotterböden einleiten. Sie siedeln vielfach in Auen und an Flussufern, da sie einen feucht-nassen Standort brauchen. Sie eignen sich weiters zur Begrünung von Böschungen, Halden und Hanganrissen. Nach altem Imkerbrauch wird neben jeden Bienenstock wenigstens eine Weide gepflanzt, da diese im zeitigen Frühjahr eine wichtige Pollen- und Nektartracht bieten.

Die Blätter sind kurz gestielt, meist elliptisch und ungeteilt. Die männlichen Kätzchen zeigen bis zu fünf Staubgefäße mit Honigdrüsen. Die Blütezeit setzt teils vor, teils nach Laubausbruch ein. Die Frucht entwickelt sich als zweiklappig aufspringende Kapsel mit kleinen Samen, die im Juni und Juli reifen und durch den Wind verbreitet werden.

Weidenzweige standen besonders für Flechtarbeiten in Verwendung. Die durch das regelmäßige Schneiden entstandenen Kopfweiden, die manche Tallandschaften prägten, wurden häufig zum Gegenstand sagenhafter Erzählungen.

Die Weidenblätter sind salizylhaltig und werden daher für Teeaufgüsse verwendet.

Weidenholz zeigt einen rötlichen Splint mit hellrotem Kern, es ist sehr weich und wird schon nach wenigen Jahren kernfaul.

Unter den vielen Weidenarten sind die **Bruchweide** an Bachufern und in Gräben, die **Großblättrige Weide** in Lawinenstrichen und an Bergbächen bis in 2400 Meter Höhe, die **Lorbeerweide** auf Kies- und Torfböden der Alpentäler, die **Salweide** an Waldrändern und auf Rohböden, die **Schwarzweide** an sumpfigen, quelligen Standorten und auf Kiesbänken im Grauerlenwald und die **Silberweide** an feuchten Standorten häufig anzutreffen.

Zirbe, Zirbelkiefer, Arve *(Pinus cembra)*

Die Zirbe ist ein trutzig-zäher, wetterfester Hochgebirgsbaum, der bis zu 1000 Jahre alt wird und zusammen mit Lärche und Bergföhre ins Hochgebirge vordringt. In den Kalk- und Zentralalpen steigt die Zirbe bis in Höhen von 2400 Meter. Sie liebt kontinentales Höhenklima und ist absolut winterhart. Die untere Grenze ihres Vorkommens liegt bei 1400 bis 1500 Meter im Bereich von Fichtenwäldern. Bestandsbildend wird sie in einer Höhe von 1800 bis 1950 Meter. Im Hochgebirge bildet sie einen wichtigen Lawinenschutz. Die Zirbe liebt Standorte auf Urgestein und ist extrem lichtbedürftig. Als Hochgebirgsbaum zählt sie zu den Spätentwicklern, erst mit zunehmendem Alter, kampferprobt gegen Wind und Wetter, zeigt sie ihre ganze knorrige Urwüchsigkeit und hat dann meist mehrere Wipfel und ein weitreichendes, kräftiges Wurzelwerk entwickelt. Die junge Zirbenkrone ist dagegen regelmäßig kegelförmig mit tief herabhängender Beastung. Die Rinde ist anfangs silbergrau und neigt zu starker Borkenbildung, die grau- bis schwarzbraun, längsrissig und schuppig ist. Als einziger heimischer Nadelbaum weist die Zirbe fünfnadelige Kurztriebe auf. Die Nadeln sind stumpfig-spitz und steif. Infolge ihrer Anpassung an extreme, Schnee und Sturm ausgesetzte Höhenlagen erreicht sie eine Größe von höchstens 20 Metern.

Im natürlichen Bestand wird die Zirbe erst mit 70, 80 Jahren geschlechtsreif und fähig zur Fortpflanzung, dann legt sie alle acht bis zehn Jahre ein Samenjahr ein. Die Samen bleiben zwei bis drei Jahre keimfähig. Die männlichen Blüten entwickeln sich als gelbe oder rote Kätzchen, aus den weiblichen Blüten werden blau-violette, stumpf kegelförmige Zapfen. Zirbelnüsse, also die Samen, sind essbar und werden vom Tannenhäher verbreitet.

An der Baumgrenze finden sich oft imposante Wetterzirben mit einseitig ausgebildeten Ästen sowie **Kandelaberzirben**, die ihr Astwerk senkrecht in die Höhe richten. Von uriger Schönheit sind die Zirbenbestände auf dem Saukar in Großarl an den schroff-steilen Nordhängen des Saukarkopfes. Darunter befindet sich auch eine auffallende Zwieselzirbe. Einen ganzen Zirbenwald umfasst das Sonderschutzgebiet des moos- und moorreichen Wiegenwaldes in der Dorferöd/Stubachtal. Eine imposante freistehende Zirbe beschirmt die Kapelle unterhalb vom Embachhof in Fusch. Zirben sind in höheren Gebirgslagen häufig als Kultbäume eingesetzt, sind Schutzbäume für Kapellen, Marterln und Wetterkreuze und übernehmen damit eine Aufgabe, die in niedrigeren Lagen vor allem Linden und Eichen, aber auch Lärchen und Ahornen zukommt.

Zirbenholz hat einen schmalen, gelblichen Splint und einen gelblich-rötlichen Kern und zeigt eng verlaufende Jahresringe. Es ist leicht, harzreich, wohlduftend, sehr dauerhaft und war daher immer ein gesuchtes Material für Vertäfelungen, Bauernmöbel, Schnitzhandwerk und Resonanzböden für Musikinstrumente. Durch die eingewachsenen Äste bekommt Zirbenholz seine betont lebhafte Zeichnung. Durch Übernutzung über Jahrhunderte und die Zurückdrängung der Bestände zugunsten von Almweideflächen sind die Zirbenholzbestände in den Alpenregionen erheblich verringert worden.

Ihr Verbreitungsgebiet hat die Zirbe in den Alpen, Karpaten und in Sibirien.

Themenweg 39 – Großgmain
WALDQUIZWEG IM NATURPARK UNTERSBERG

Seit 1972 besteht der Naturpark Untersberg, der neben diversen Wanderwegen mit Ruhe- und Kneipp-Plätzen auch einen Waldquizweg mit 18 Stationen bietet, wo über eine Weglänge von 1,6 Kilometern an Schautafeln Wissenswertes über das Ökosystem Wald, seine Bäume, Pflanzen und Tiere zu erfahren ist.

Start: Parkplatz Latschenwirt. Zufahrt von Großgmain oder Fürstenbrunn. Eine Übersichtstafel stellt die Weganlage vor.

Hinweis: Der Waldquizweg verläuft durch Hochwald ohne nennenswerte Steigung, doch ist festes Schuhwerk zu empfehlen.

Einkehr: Gasthof Latschenwirt, Jausenstation Wolfschwang

Hinweis: Inmitten des Naturparks Untersberg im Gemeindegebiet von Großgmain liegt auch das Salzburger Freilichtmuseum. Auf einer Fläche von 50 Hektar stehen an die 50 Originalbauten des ländlichen Wohn- und Wirtschaftslebens vom 16. bis zum 20. Jahrhundert: Bauernhäuser, Stallscheunen, Getreidekästen, Almhütten, Mühlen, Hauskapellen, ein Sägewerk, Bauerngärten, Zäune und weitere Anlagen. Öffnungszeiten: Tägl. außer Montag, 9.00–18.00 Uhr. November bis April geschlossen. Tel. 0662-850011

Info: Tourismusverband A-5084 Großgmain, Tel. 06247-8278

Themenweg 40 – Annaberg – Lungötz
DIE HEILENDE KRAFT HEIMISCHER BÄUME

Annaberg (777 m) im Lammertal mit seinem interessanten geologischen Aufbau aus Werfnerschichten und älteren, härteren Elementen aus der Hallstätterdecke, Ramsaudolomit und Guttersteinerkalk, bietet durch seine Höhenstufung wie durch die Vielfalt seines geologischen Untergrundes vielen Baumarten und unterschiedlichen Baumgesellschaften begünstigte Standorte. Hier gedeihen die heimischen Laubhölzer Bergahorn, Esche, Ulme und Vogelbeere neben der dominierenden Fichte, dazu kommen die eiszeitlichen Rohbödenbesiedler Birke, Erle und Weiden. Nur die Lärche ist ein eher seltener Baum der Gegend.

Auf diesen naturgegebenen Baumvorkommen baut ein neu errichteter Themenweg auf, der den Mythen und Heilkräften der heimischen Bäume gewidmet ist. Damit soll die Bedeutung, die Bäume einst im Volksglauben, in der Medizin und in der Kosmetik hatten, wieder lebendig gemacht werden. Denn die Kräfte der Bäume, so die Botschaft dieses Themenweges, sind jenen der Kräuter durchaus ebenbürtig, entsprechende Kenntnisse vorausgesetzt.

Der Baumlehrpfad Annaberg – Lungötz auf dem Höhenweg 322, der durch Waldgelände mit herrlichen Aussichtsfenstern Richtung Gosaukamm führt, vermittelt an ausgesuchten Haltepunkten Wissenswertes über die therapeutischen Anwendungsgebiete von Eiche (stärkend), Ahorn (reinigend), Birke (anregend), Espe (entspannend), Fichte (nervenstärkend) und anderen Baumarten. Die Gehzeit für diesen Spaziergang ohne Schwierigkeitsgrad beträgt etwa eine Stunde.

Start: Sporthaus Rußegger am Ortsende von Annaberg (Richtung Lungötz)

Route: Einige Schritte nach dem Sporthaus Rußegger zweigt rechter Hand der Krailweg ab, der in leichter Steigung hangaufwärts zum Einstieg in den Baumlehrpfad führt. Eine Reihe von stilgerechten Holztafeln entlang des Weges machen mit vergessenen Heiltraditionen heimischer Baumarten bekannt. Der Themenweg mündet wieder in das Ortsgebiet ein. Empfehlenswert ist hier ein Besuch im Heimatmuseum Gererhof.

Hinweis: Heimatmuseum Denkmalhof Gererhof, A-5524 Annaberg, Zimmerauweg. Der Schwerpunkt der Sammlung liegt auf bäuerlichen, landwirtschaftlichen Exponaten und Handwerksgeräten sowie der Flachsverarbeitung zu Leinen.

Öffnungszeiten: Mitte Mai bis Ende September mittwochs, 15.00–17.00 Uhr und jeden 1. Sonntag im Monat, ebenfalls 15.00–17.00 Uhr. Zum Baumlehrpfad liegt ein Folder auf.

Info: Ferienregion Lammertal-Dachstein West, A-5441 Abtenau, Tel. 06243-4040-0; Gemeindeamt A-5524 Annaberg, Tel. 06463-8158-0

Themenweg 41 – Scheffau am Tennengebirge
WALDLEHRPFAD

Scheffau (488 m), für dessen spätgotische Pfarrkirche aus unverputzten Nagelfluhquadern sich der Besucher etwas Zeit nehmen sollte, liegt in herrlicher Berglandschaft am Eingang ins Lammertal in waldreicher Umgebung. Die Karstquellen des Winnerfalls und Schwarzenbachfalls, die dem Wanderer ein imposantes Naturschauspiel bieten sowie alte Mühlen, machen diesen Waldlehrpfad, der streckenweise identisch mit dem Mühlenpfad verläuft (siehe Kapitel „Vom Wasser haben wir's gelernt"), besonders attraktiv und erlebnisreich.

Die auf Infotafeln vorgestellten Baumarten sind: Lärche, Kirsche, Esche, Erle, Ahorn, Birne, Birke, Linde, Eiche, Föhre, Pappel, Ulme, Eibe, Buche, Fichte, Tanne, Walnuss.

Start (= Ziel): Gasthof Engelhartwirt in Oberscheffau
Route: Die Stationen dieses abwechslungsreichen Rundwegs mit mäßiger Steigung sind die Alte Mühle am Schwarzenbach, Winnerfall, Moahof, Pechlbauer und Lammer.
Hinweis: Die Broschüre zum Waldlehrpfad ist im Fremdenverkehrsverband erhältlich.

Empfehlenswert ist die Verknüpfung des Waldlehrpfades mit dem Scheffauer Mühlenrundweg, auf dem auch eine nach historischen Plänen neu errichtete Kugelmühle zu besichtigen ist. Eine weitere Sehenswürdigkeit in nächster Umgebung ist die von Oberscheffau aus in 10 Gehminuten erreichbare wildromantische Lammerklamm (Lammeröfen). Gesicherte Steige führen durch steil aufragende Felswände in die mystische, von Wassern tosende „Dunkle Klamm".

Info: Fremdenverkehrsverband A-5440-Scheffau, Tel. 06244-8573

Themenweg 42 – Saalbach-Hinterglemm
BOTANISCHER WANDERLEHRPFAD

Am landschaftlich herrlich gelegenen Talschluss des Glemmertals wurde 1980 dieser 1,5 Kilometer lange Wanderlehrpfad angelegt, der an 23 Stationen auf Hinweistafeln mit der heimischen Pflanzenwelt bekannt macht. Dabei wird auch ausführlich über Baumarten informiert. Der Lehrpfad verläuft bei schwacher Steigung in einer Höhe von 1330 bis 1450 Meter und ist gleichermaßen für Kinder wie Erwachsene gedacht. Dieser Höhenspaziergang ist leicht zu bewältigen, doch ist festes Schuhwerk wichtig.

Start: 5 Gehminuten von der Jausenstation Saalalm
Info: Tourismusverband A-5753 Saalbach, Tel. 06541-680068

Der Wald als Ökosystem

Unsere Luftgüte, die Bodenbeschaffenheit und der Wasserhaushalt werden durch den Wald reguliert, gereinigt und geschützt. Er nimmt damit eine wichtige Schutzfunktion für die Erhaltung einer gesunden Umwelt ein.

Jene fruchtbare Erdschicht, die mit der Erosion fortgeschwemmt oder vom Wind fortgetragen werden kann, hat nur eine geringe Dichte von durchschnittlich etwa 30 Zentimeter. Allein zwei bis drei Zentimeter Humusdecke brauchen nach Schätzung von Fachleuten an die 100 Jahre zu ihrer Entstehung. Alle Organismen, von den Bakterien über die Pflanzen bis zum Menschen, sind von dieser fruchtbaren Schicht abhängig, sie ist der Boden unserer Existenz und unserer Kulturlandschaft. Unter dieser Humusdecke atmet nichts und lebt nichts Organisches.

Der Wald ist der wichtigste Bewahrer dieser Lebensgrundlage, indem er Erdreich aufbaut, anreichert, sichert und festhält. Vor allem im Gebirge können Wälder die Gefahr von Lawinen, Hochwasser, Muren, Steinschlag und Bodenerosion senken.

Vielleicht besitzt der Mensch ein vorwissenschaftliches Wissen um diese lebenerhaltende Macht der Bäume und Holzarten. Alle Kulturen kennen den Mythos vom „Lebensbaum", weit verbreitet waren in antiker Zeit heilige Haine. Märchen und Legenden haben den Baum als Sinnbild für den lebendigen Kreislauf zwischen Geburt und Sterben auserwählt.

Ein Zentner Holz enthält 25 bis 30 Liter Wasser. Während dieselbe Menge Holz heranwächst, verbraucht sie etwa 1000-mal soviel Wasser. Durch diese Aufnahmefähigkeit reguliert der Wald den Grundwasserhaushalt, den Wasserstand von Bächen und Flüssen und die Niederschlagsmengen durch Regen und Schnee sowie den Abfluss von Schmelzwasser. Das Wurzelwerk der Bäume macht das Erdreich biologisch lebendig und trägt zu seinem Aufbau und seiner Verbesserung bei.

Eine wichtige Rolle spielt auch die ungeheure Laub- und Nadelmasse der Wälder. Wie alle Grünpflanzen sind die Bäume für den Menschen lebenserhaltend, weil sie Kohlendioxyd binden und Sauerstoff freisetzen. Der Gasaustausch findet an der Blatt-(Nadel-)unterseite statt, wo sogenannte Spaltöffnungen liegen. Von dort wird zudem Feuchtigkeit an die Luft abgegeben, was jenes feuchtfrische, temperaturausgeglichene Eigenklima des Waldes erzeugt, dessen wohltuende Wirkung wir auf Wanderungen und Spazierwegen durch den Wald genießen.

Themenweg 43 – Hof/Fuschlsee
ÖKO-WANDERWEG

Für einen wunderbaren Tagesausflug eignet sich dieser Rundweg über 18 Kilometer Länge, der von Hof an das Ostufer des Fuschlsees und von dort unter dem Hirschbergkopf entlang zurück in den Ort führt. Er ist auch gut in Kurzvarianten begehbar.

Am Westufer des Fuschlsees.

Die Ökologie des Waldes bildet dabei einen Schwerpunkt innerhalb eines größer gewählten Themenkreises, der die Lebenswelt an Bach und See, in Wald, Moor und auf der Wiese behandelt. Dazu gibt es eine Fülle von Beispielen aus der nächsten Umgebung.

An 20 Stationen vermitteln Lehrtafeln, die von Schülerinnen und Schülern der Hauptschule Hof erarbeitet wurden, Wissenswertes zu Schäden am Wald, Zeigerpflanzen, Stockwerkbau des Mischwaldes, zur Entstehung von Mooren, zu Photosynthese, Naturhecken und zum Pflanzengürtel des Fuschlsees.

Etwas Ausdauer und sportliche Verfassung ist für diesen Ökologie-Marathon natürlich notwendig. Aber der Weg bietet Abkürzungen und Rastplätze laden zu kurzweiligen Pausen ein.

Start: Bushaltestelle im Ortskern von Hof.

Hinweis: Eine Broschüre mit Erläuterungen zum Lehrpfad liegt im Tourismusverband Hof auf.

Route: Unser Weg führt Richtung Sportplatz und dann den Leppachbach entlang Richtung Lidaun und Hirschbergkopf. Wir erreichen den Weiler Mitterau und überqueren dort die Straße nach Faistenau-Hintersee und setzen unsere Wanderung in Richtung auf den Fuschlsee fort. Wir zweigen auf den Seeweg nach links ab und folgen diesem in Richtung Fischerei und Schloss Fuschl, immer am See entlang. Beim Naturbadestrand verlässt unsere Route das Seeufer und der schmale Steig verläuft nun in malerischen Schlingen durch das ökologisch

unendlich reiche und landschaftlich wunderbare Moorgebiet in See-
nähe bis zur Waldachmühle. Von dort führt der weitere Weg entlang
der Fuschler Ache nach Denggensag und zur Schwarzmühle. Eine
Abzweigung bietet von hier aus die Rückkehr nach Hof an oder man
setzt den Öko-Rundweg entlang der Fuschler Ache fort. Dieser zieht
nun eine ausgedehnte Schleife zwischen Fuschler Ache und Leppachbach und führt über das Sportzentrum zurück in den Ortskern von Hof.
Info: Tourismusverband A-5322 Hof, Tel. 06229-2249

Der Wald als Arbeitgeber
Der Rohstoff Holz ist seit Jahrtausenden ein bedeutendes
Wirtschaftsgut, das den allergrößten Teil der erforderlichen
Gebrauchsgüter im Alltag der Vergangenheit bereitstellte und
ermöglichte.
Als im hohen Mittelalter und der frühen Neuzeit die Salzgewinnung mit dem Salinenwesen und der Salzburger Bergbau
industrielle Dimensionen annahmen, wurde eine planmäßige
Forstwirtschaft zur Sicherung des Montanwesens unerlässlich.
Die Holzbestände in der näheren Umgebung der Bergbaue
und Sudpfannen waren bald nicht mehr ausreichend, daher
wurden die Bäche und Flüsse zum maßgeblichen „Güterweg"
für den Holztransport. Diese Holztrift auf dem Wasserweg
war vermutlich schon den Kelten bekannt, aber nun entwickelte sie sich nach Umfang und Bedeutung zu einem
erstrangigen Wirtschaftsfaktor, von dem Wohl und Wehe des
Salzburger Montanwesens abhingen.
Hallein war seit 1350 auf Holz aus dem Oberpinzgau angewiesen. Die Holztrift und damit verbundene Klaustechnik
erstreckte sich salzachabwärts von Krimml bis zum Halleiner
Holzrechen. Dieser wird 1276 erstmals erwähnt und war einst
die größte derartige Anlage Europas. Eine Aufstellung aus den
Jahren von 1557 bis 1780 zeigt, dass im ganzen Einzugsbe-
reich der Salzach die Hoch- und Schwarzwälder als landes-
fürstlich dem Salzwesen und Bergbau vorbehalten waren und
darin sogenanntes „Hallholz" gefällt wurde.

Herausziehen der „Drahlinge" (Rundhölzer) aus dem Rechenkanal in Hallein und Stapelung des Holzes im Gries. Aus dem Gemäldezyklus im Fürstenzimmer des Keltenmuseums.

Für die Holztrift wurden entastete Tannen- und Fichtenstämme in „Drehlinge" geschnitten und zu wasserführenden Gräben gezogen. Diese Bäche wurden über eine Klause aufgestaut und dann durch spezielle Vorrichtungen schlagartig geöffnet. Der Wasserschwall riss das Holz mit sich fort.

In Hallein wurden die Stämme an Land gezogen und zu Scheitern zerkloben. Nach dem Trocknen wurde das Holz mit Fuhrwerken zu den Sudhäusern gebracht. Es wurde aber nicht nur zur Unterhaltung der Sudpfannen gebraucht, sondern auch zum Abfüllen des Salzes in Kufen genannte Fässer. Diese Kufen sind von Darstellungen des Salzburger Landespatrons, des heiligen Rupert, bekannt. Bei einer Höhe von etwa 60 Zentimeter wogen sie in gefülltem Zustand an die 73 Kilogramm. Damit war das Halleiner Salz in seiner hölzernen Einwegverpackung, für deren Herstellung die Handwerkszweige der Kleitzler und Kufer sorgten, exportfertig.

Als im 16. Jahrhundert der Tauerngoldbergbau gleichfalls riesige Mengen Holz beanspruchte, das im Triftweg nach Lend gelangte, entstand für das Halleiner Sudwesen eine eklatante „Energiekrise", die erst mit dem Niedergang des Tauerngold-bergbaus ab 1600 „entschärft" wurde. Hallein war dabei nicht der einzige, wohl aber der mit Abstand größte Holzverbraucher des Fürsterzbistums.

Eine Sonderstellung nimmt die Geschichte der Holztrift auf der Saalach ein, die nach uraltem Recht zur Versorgung der Salzpfannen von Reichenhall bestimmt war. Als 1228 der Salzburger Erzbischof mit dem bislang bayerischen Pinzgau belehnt wurde, blieb die Zugehörigkeit der Salinenwaldungen zur Saline Reichenhall aufrecht. 1529, als die Sudrechte nicht mehr in Kirchenbesitz, sondern an die bayerischen Herzöge gefallen waren, wurde festgeschrieben, dass die Fürsten von Bayern *„wie von altem herkommen"* entlang der Saalach Riesen und Klausen bauen und auf allen triftbaren Gewässern Holz nach Reichenhall zu den dortigen Salzpfannen triften dürfen. Etwa zur selben Zeit entwickelte die Reichenhaller Salinen-Forstwirtschaft, ganz ähnlich wie die Salzburger Nachbarn, die Vorstellung von der nachhaltigen Nutzung des Waldes, also vom „ewigen Wald", der den Nachfahren die gleichen Lebensmöglichkeiten sichern sollte.

Das Triftsystem der Saalach mit allen ihren Seitenbächen war rund 200 Kilometer lang. Gewöhnlich waren die Klausen aus Holz errichtet. Von den bayerischen Steinklausen auf österreichischem Boden sind noch drei erhalten, die 1742 erbaute Muckklause im Zusammenfluss des oberen Unkenbaches und des Klausbaches, die Fischbachklause und die 1836 errichtete Schoberweißbachklause.

Beim Triftwesen kam den „Freibächen oder Selbstwässern", die soviel Wasser führten, dass der Holztransport ohne die Errichtung von Klausen erfolgen konnte, besondere Bedeutung zu.

Um Uferschäden zu vermeiden, wurden drei Schuh lange Drehlinge getriftet, auf dem Unkenbach und auf der Saalach neun Fuß lange Sagbloche. Arbeiter überwachten die Ufer, um „anländendes" Holz, das sich leicht „verklausen" konnte, mit dem Griesbeil, dem charakteristischen Triftwerkzeug, wieder ins Wasser zurückzustoßen.

Mit Einführung der Kohlefeuerung wurde das Triftholz entbehrlich. Für Hallein brachte die Eröffnung der Giselabahn 1871 die Möglichkeit, auf Kohlefeuerung umzustellen. Die Holzeinländungsanlage bestand bis zum Hochwasser von 1918. Im Forstamt Leogang wurde die Holztrift 1898 und in Unken und St. Martin 1911 eingestellt. An den Besitzrechten hat dies nichts geändert. Der Freistaat Bayern hat im Saalachtal bis heute 18.400 Hektar Wald in seinem Eigentum, mit der Bayerischen Saalforstverwaltung als Arbeitgeber für die Region.

Themenweg 44 – Vigaun – Bad St. Barbara
HISTORISCHER LEHRPFAD TAUGLBACHWEG – RÖMERBRÜCKE

Die Taugl war einst ein wichtiger Zubringerbach von Sudholz nach Hallein. Ein Holzrechen überspannte den bei Schmelzwasserführung oft reißenden Bach, um das Triftholz aus den Bergen abzufangen. 1920 wurde er durch ein Hochwasser zerstört und nicht wieder aufgebaut. Das Triftwesen hatte sich durch die Einführung der Kohlefeuerung überholt.

Ein Haltepunkt des Historischen Lehrpfades Tauglbachweg erinnert an die einstige wirtschaftliche Bedeutung der Holztrift für die damals entlegene Gegend, wo die Holzarbeit die Lebensgrundlage der Bevölkerung sicherte. Heute genießt der Wanderer auf diesem Schluchtwaldweg mit seinem vielfältigen Baumbestand eine wildromantische, im besten Sinn „hinterwäldlerische" Romantik – und das vor der Haustür des Kurbadeortes Vigaun.

Start (= Ziel): Dorfplatz Vigaun – Bad St. Barbara
Route: Wir folgen der Dorfstraße bis zur Autobahnunterführung, vor der wir nach links abbiegen. Weiter geht es auf dem Fitness-Parcours, dann führt uns der Weg weiter nach rechts zum Tauglbach und zur Römerbrücke.
An 7 Haltepunkten gibt es Info-Tafeln zur Ortsgeschichte und Naturkunde. Besonders spannende Themen sind die Spuren eines Bergrut-

Am Tauglbach.

sches, ein unterirdischer See in 60 m Tiefe, der heute die Ortswasserleitung von Vigaun speist, die Ausgrabung einer „Römischen Basilika" (Heimatmuseum Vigaun), die Furt- und Richtstätte, wo zur Römerzeit das Tauglbachbett an einer Furt überquert wurde und schließlich der Holzrechen zum Auffangen des Triftholzes. Zuletzt lädt als siebente Station ein Waldmeisterbrunnen zum Rasten und Kneippen ein.

Über die Langgasse führt unsere Route, die bequem erwanderbar ist und etwa 2 Gehstunden erfordert, zurück in den Ort.

Hinweis: Im Naturschutzgebiet „Tauglgries", einem Teil dieses Themenweges, haben seltene Vogelarten wie der Flussregenpfeifer und die Wasseramsel ihre Brutplätze. In der Zeit von April bis Ende Juli dürfen daher die dortigen Schotterbänke nicht betreten werden. Über weitere geschützte, heimische Tierarten informieren Schautafeln. Dazu zählen verschiedene Käferarten u. a. Insekten.

Info: Tourismusverband A-5400 Vigaun, Tel. 06245-84116

251

Themenweg 45 – Lofer
TRIFTSTEIG

Die Saalach war ein sogenanntes „Selbstwasser", das auch ohne Aufstau durch Klausen ausreichend Wasser für die Holztrift führte. Jährlich wurden hier 30.000 bis 40.000 Klafter Sudholz nach Reichenhall getriftet, für die 600 bis 1000 Holzarbeiter im Einsatz standen. Zur Erleichterung dieser Arbeit wurden entlang der Ufer sogenannte Triftsteige angelegt. – Von dieser Arbeitseinrichtung profitieren die Erholung suchenden Wanderer und Radler von heute.

Start (= Ziel): Ortszentrum Lofer/Saalachbrücke
Route: Ein Steig führt etwa 50 Meter zur sogenannten Teufelsbrücke hinunter, wo Hinweisschilder mehrere Wanderrouten im Saalachuferbereich nach Scheffsnoth, Au und Kematstein anbieten. Einen reizvoll romantischen Rundgang (1,5 Stunden Gehzeit) im nahezu ebenen Au- und Ufergelände bietet der saalachabwärts verlaufende Weg in den Weiler Au, vorbei an dem Rochus-Marterl aus der Pestzeit, bis zur alten Saalachbrücke. Wir wechseln auf die andere Uferseite und haben dort Anschluss an den als Themenweg gestalteten Triftsteig, auf dem wir zurück ins Ortszentrum nach Lofer wandern. Fünf Stationen mit informativen Schautafeln machen mit der Geschichte des Holzflößens bekannt, das auf der Saalach bis 1911 betrieben wurde.
Info: Infobüro A-5090 Lofer, Tel. 06588-83210

Themenweg 46 – Lofer
WANDERUNG ZUR SCHOBERWEISSBACHKLAUSE

Vom Ortsteil Au (zwischen Unken und Lofer) erreichen wir den Parkplatz Obermayrberg (850 m), den Ausgangspunkt dieser gemütlichen Kurzwanderung. Auf dem Fuß- und Radweg kommen wir nach etwa 30 Minuten zur Jagdhütte Daxstein, überqueren dort den Schoberweißbach und wandern weiter bis zum Holztrift-Denkmal „Schoberweißbach-Klause", mit 973 Meter der höchste Punkt dieser Route. Von hier aus empfiehlt sich der Anschluss an den steigungsfreien

Höhenweg über die Auerwiesen bis zum Gasthaus Knappenstadel, von wo man die herrliche Aussicht über das Tal genießt. Nach einer Rast geht es über dieselbe Strecke retour. An Gehzeit für die einfache Strecke sind gut 1,5 Stunden einzuplanen.

Variante: Eine ausgiebige Höhenwanderung mit 5 Stunden Gehzeit, die gleichfalls zur Schoberweißbachklause führt und ohne größere Anstrengung zu bewältigen ist, bietet die sogenannte Mayrbergrunde: Man startet vom Ortsteil Au und wandert über den markierten Weg 64 über die Mayrbergklamm, vorbei am Auerkirchlein nach Obermayrberg und dann auf der oben beschriebenen Strecke zum Gasthaus Knappenstadel. Hier schlägt man den Weg 60 Richtung Scheffsnoth ein und gelangt auf dem Wahpointweg zurück nach Au. Dieser 13 Kilometer lange Höhenwanderweg ist ohne nennenswerte Steigungen Herrliche Aussichtspunkte machen diese längere Tour überaus lohnenswert.

Info: Tourismusverband Salzburger Saalachtal, A-5090 Lofer, Tel. 06588-83210

Hinweis: Eine kostenlose Broschüre „Mühlen und Klausen" liegt im Tourismusverband auf.

Themenweg 47 – Unken
HEUTALWANDERUNG ZUR MUCK- UND FISCHBACHKLAUSE

Die zur Holztrift geeigneten Bäche im Einzugsgebiet der Saalach wurden einst für die Holzbringung nach Reichenhall und Traunstein genutzt. Als Stauvorrichtung mussten vielfach Klausen errichtet werden, da der natürliche Wasserstand der Bäche dafür nicht ausreichend war. Die 1792 erbaute Muckklause (auch Muthklause) und die Fischbachklause wurden als Steinbauwerke errichtet und blieben daher im Unterschied zu den einfachen Holzklausen als Industriedenkmäler erhalten. In den letzten Jahren gründlich renoviert, erinnern sie an die Sonderstellung dieser Region infolge der bis heute bestehenden Saalforste. Der bayerische Besitz an 18.400 Hektar Wald auf österreichischem Boden, der in der Salinenkonvention von

Muckklause.

1829 festgeschrieben wurde, war u. a. als Abgeltung für den Vortrieb auf bayerisches Territorium im Salzbergwerk Dürrnberg gedacht.

Start (= Ziel): Parkplatz bei der Jausenstation Moarlack, mit herrlicher Aussicht nach Süden auf die Reiteralm, Leoganger und Loferer Steinberge.

Route: Auf der für Fahrzeuge gesperrten Forststraße wandern wir etwa 2 km in westlicher Richtung zur Möserer Stube und treffen dabei auf die Fischbachklause. Die gemauerte Fischbachklause weist drei Steinbögen auf und diente zur Holztrift zu der um 1600 erbauten und 1912 stillgelegten Saline in Traunstein. (In diesem Jahr wurde die Soleleitung nach Rosenheim verlegt.) Acht Stunden war das Holz dorthin unterwegs. Zum Betrieb der Klause musste an der Wasserseite eine dichte Holzwand aus Bohlen errichtet werden.

Nach der Möserer Stube stoßen wir auf eine Weggabelung und folgen der Abzweigung zur Muckklause am Zusammenfluss von Unkenbach und Mösererbach. Die gemauerte und mit einem Holzaufbau versehene Muckklause diente zur Trift von drei Schuh langen Holzscheitern, die bereits im Herbst in den Bach geworfen wurden. Zur Schneeschmelze im Frühjahr wurde das Wasser gestaut und schließlich die Schleuse geöffnet.

Vorbei an Rudersbachstube und Fußstube wandern wir zurück. Kurz nach der Brücke über die Schwarzbergklamm bei dem Holzhauermarterl zweigen wir vom Fahrweg ab und gelangen auf einem Fußsteig ins G'föll und dann hinauf auf die Moarlack zum Parkplatz. An Gehzeit sind für diese Rundwanderung 2 Stunden einzuplanen.

Hinweis: An den beiden Klausen sind Tafeln angebracht, die auf Erbauung und Renovierung der Anlage hinweisen.

Info: Tourismusverband Salzburger Saalachtal, A-5090 Lofer, Tel. 06588-83210

Themenweg 48 – Bürmoos
NATUR- UND KULTURPFAD IM MOORWALD

In den Bürmooser Moorwald mit seinen alten Torfstichen, Tümpeln und Seen, die von Föhren, Latschen und Weißbirken umsäumt sind, führt dieser einzigartige Themenweg, der eine nacheiszeitlich geprägte Naturwelt und die Industriegeschichte des ausgehenden 19. und frühen 20. Jahrhunderts verbindet. Die „Grundlose Straße" hieß der älteste Weg durch die 1852 entwässerte und für die Torf- und Lehmerzeugung (Ziegelei) nutzbar gemachte Moorlandschaft, die sich ab dem letzten Drittel des 19. Jahrhunderts zur Industrieregion des Flachgaus entwickelte.

Bürmoos, früher „*Biermoos*" und „*Birmoß*" geschrieben, verdankt seinen Namen wahrscheinlich dem einstigen Beerenreichtum und bildete zusammen mit dem anschließenden Waidmoos und dem Ibmer Moor eins der größten Moorgebiete Österreichs. Infolge seiner Unwegsamkeit sahen die Anwohner darin einen etwas unheimlichen Rückzugswinkel für Deserteure, Militärdienstverweigerer und Flüchtlinge in Pestzeiten. Dabei muss das Moor schon den bronzezeitlichen Urbewohnern der Gegend Respekt eingejagt haben, denn beim „Grundlosen", einem Torfstich mit umgebendem Schaukelmoor bei Zehmemoos, kam eine Reihe von bronzenen Schmucknadeln zutage, die einst als Opfergabe im Moor versenkt worden waren.

Die Industrialisierung brach um die Mitte des 19. Jahrhunderts schlagartig in die zuvor unberührte Wildnis ein. 1852 wurde der nördliche Teil des Bürmooses entwässert und in Zehmemoos eine Ziegelei errichtet. 1862 wurde eine Torfmoorverwertungsgesellschaft ins Leben gerufen, 1872 eine Glashütte errichtet, die den Brennwert des Torfes nutzte. Um 1870 waren die ersten Häuser entstanden. Die Lehmentnahme für die Ziegelerzeugung riss eine weite flache Grube ins Moorland, die später vom Bürmooser See ausgefüllt wurde.

Die Teerfabrik und Ziegelei des protestantischen Salzburger Bürgermeisters Heinrich van Mertens sowie die Glasfabrikation des bekannten Nationalökonomen Lorenz von Stein gingen bald wieder zugrunde. Erst die gewerbliche Torfnutzung durch den jüdischen Prager Kaufmann Ignaz Glaser, der aus einer Familie von Glasherstellern stammte, war erfolgreich. Er ersteigerte 1881 die Bürmooser Konkursmasse und errichtete zwei Glashütten, die mit Torf beheizt wurden. Glasers Unternehmen entwickelte sich bald zu einer der größten Tafelglasfabriken der Monarchie und Bürmoos stieg zur Flachgauer Industriezone auf.

In den Sommermonaten wurden einige hundert Torfstecher, großteils Italiener und Kroaten, aber auch die Mühlviertler „Schwarzenberger" eingestellt. Im Unterschied zu den gut gestellten Glasbläsern lebten sie in äußerst entbehrungsreichen Verhältnissen, in Baracken am Rande des Moors. Tagsüber schufteten sie auf den Torffeldern. Nach dem Bau der Lokalbahn Salzburg – Lamprechtshausen (1896) wurde sogar das Moor ans Eisenbahnzeitalter angeschlossen. Eine

Bürmooser Glashütte mit Kaminen und Arbeitshäusern, um 1920.

„Bockerlbahn" verkehrte als Torfexpress zwischen den Torfstichen und Trockenlagern.

1926 ging Hermann Glaser, der Sohn des Gründers Ignaz Glaser, in Konkurs und 1929 wurde der Industriestandort Bürmoos-Hackenbuch endgültig zum Notstandsgebiet. Die meisten Arbeiter, die mangels besserer Aussichten im Ort ausharrten, waren beschäftigungslos. In den fünfziger Jahren bescherte die Nachfrage nach Torf als Blumenerde den verbliebenen Bürmooser Torfabbauflächen eine letzte Wirtschaftsblüte. Damals wurden die letzten größeren Ressourcen leergeplündert.

Mitte der achtziger Jahre, mit dem Erwachen der Grünbewegung und der verstärkten Besinnung auf die eigene geschichtliche Identität und ihre lokalen Wurzeln, begann die großangelegte Renaturierung des Moores, seine Wiederbewässerung und artgerechte Bepflanzung.

Ältere Bürmooser konnten noch davon erzählen, wie einst bei Meliorationsarbeiten die auslaufenden Sümpfe mit einem glucksenden, unheimlichen Gurgeln geächzt hatten. „Die Mooskuh brummt!", meinten dazu die Arbeiter. Durch den Torferneuerungsverein wurde nun die „Mooskuh" mit soviel Wasser gelabt und erfrischt, dass nach und nach alle Pflanzen und Tiere, die unter ihrem Baumschutz aus Birke, Föhre und Latsche gedeihen, wieder heimisch wurden. Bewässerungskanäle, Tümpel und Teiche wurden angelegt, Weißkiefern und Birken ausgesetzt. Bald wanderten die angestammten Moorbewohner wieder ein, voran das Heidekraut, der „Sendl", wie ihn die Bürmooser nennen, Farne und Seegras, aus dem einst Matratzenfüllungen hergestellt wurden, Rohrkolben und Knabenkräuter, Schwertlilien, Drachenwurz und andere Moorsiedler.

Start (= Ziel): Ortszentrum (Kindergarten) Bürmoos.
Route: Der 1996 eingerichtete Themenweg in den örtlichen Moorwald mit seinen alten Torfstichen ist etwa 2 km lang und führt zu 16 Schautafeln, die der wechselreichen Geschichte zwischen der Naturwelt des Moores und seiner wirtschaftlichen Bedeutung gewidmet sind. Der leicht begehbare, ebene Weg ist gut beschildert und führt

zuerst zum See, dann in den Moorwald mit seinen alten Torfstichen und Hochmoorresten hinaus in das ehemalige, heute wieder renaturierte Torfabbaugebiet. Rastbänke sind vorhanden.

Rückkehr über denselben Weg oder über die Grundlose Straße (asphaltiert) zur Lokalbahnstation Zehmemoos oder Bahnhof Lamprechtshausen.

Hinweis: Bürmoos ist mit der Salzburger Lokalbahn erreichbar, die Wanderung daher eine besondere Empfehlung für einen autofreien Ausflug.

Führungen für größere Gruppen durch den Torferneuerungsverein nach Voranmeldung.

Info: Gemeindeamt in A-5111 Bürmoos, Tel. 06274-4205-0; Reinhard Kaiser, Obmann des Torferneuerungsvereins, Tel. 06274-4718

Themenweg 49 – Abtenau
LEBENSPFAD EGLSEE

Inmitten einer sanft welligen Landschaft, die von den schroffen Kalkstöcken des Tennengebirges umrahmt wird, liegt der Egelsee, der über den neugeschaffenen „Lebenspfad" von Abtenau aus in einer gemütlichen Wanderstunde zu erreichen ist. Der moorig dunkle, geheimnisvolle See, der in einen Schilfgürtel und Wiesenland eingebettet liegt, ist ein Naturkleinod der Lammertaler Landschaft und dazu Lebensraum für eine vielfältige Tier- und Pflanzenwelt, über die an zwei Haltepunkten in Ufernähe des Eglsees Wissenswertes zu erfahren ist. Ein eigener kleiner Schwerpunkt dieser Wanderung, die auch durch ein Stück Wald führt, ist der Forstwirtschaft gewidmet, die im Lammertal mit seinen vielen Holz verarbeitenden Gewerben durch Jahrhunderte ein maßgeblicher Wirtschaftsfaktor und Arbeitgeber war.

Die Lebenspfad-Wanderung zum stillen Eglsee ist als Rundweg (5 km) angelegt. Man sollte eine Gehzeit von gemütlichen zwei Stunden einplanen.

Start (= Ziel): Abtenau-Mitte. Bei der Kirche steht die erste Informationstafel mit Routenübersicht.

Route: Der Weg führt aus dem Marktgebiet heraus Richtung Döllerhof und dann in die unberührte Naturlandschaft rund um den Eglsee mit ihren Streuobstwiesen, Weideflächen und Wäldern an der Sonnseite des Lammertals. Der „Lebenspfad" verläuft über wenig befahrene Straßen und ruhige Wanderwege entlang von 6 Haltepunkten mit Informationstafeln.

Hinweis: Ein Folder zum „Lebenspfad Eglsee" liegt auf.

Info: Infobüro A-5441 Abtenau, Tel. 06243-4040-0

Wegverlauf/Stationen/Informationstafeln

1 Ausgangspunkt   **4** Fichten-Forst

2 Gräben und Bäche   **5** Eglsee-Tiere

3 Wirtschaftsgrünland   **6** Eglsee-Pflanzen

P Parkplatz West   **7** Streuobstwiese

Holzknechtleben

„Ich war 14 Jahre Holzknecht, Gott segnete mich so mit Kräften und Gesundheit, daß ich täglich arbeiten und mir des Tages wohl über einen Thaler und manchmal auch 2 Fl. verdienen konnte, weil wir nach der bearbeiteten Klafter bezahlt wurden, und auf diese Art ersparte ich mir soviel, daß ich die Hälfte des Kaufschillings für mein Gut bar bezahlen konnte."

Der Salzburger Domherr Graf Spaur brachte 1805 eine erste, von Respekt geprägte Darstellung des Holzknechtlebens, in der auch ein Betroffener zu Wort kommt. Wie anstrengend und gefährlich die Holzarbeit tatsächlich war, das bezeugen die zahlreichen Marterln, die an meist tödliche Unfälle erinnern. Aber die Holzknechte standen auch im Ansehen, Gefahrenlagen mit Geistesgegenwart und tollkühner Geschicklichkeit zu meistern. Sie galten als furchtloser und kerniger Menschenschlag, der sich durch beachtliche Körperkräfte, Mut und Zähigkeit auszeichnete. Auch die Abgeschiedenheit und betont spartanische Lebensweise, die mit ihrem Waldleben verbunden war, setzte sie in ein besonderes Licht. Und dazu verdienten sie hart erarbeitetes, aber gutes Geld.

Während des Sommers bewohnten die Holzknechte, die zu einer „Pass" (Partie) zusammengeschlossen waren, einen Rindenkobel, „Sölden" genannt. Das waren mit Holzrinde gedeckte, zelt- oder hüttenförmige Unterstände, die eine Feuerstelle aufwiesen. Darauf wurden die Mahlzeiten, meist „Muas oder Knödel", zubereitet. Als Geschmacksverbesserer wanderten verschiedene Waldbeeren in die Muspfanne.

Holzknechte arbeiteten nach einem Akkordsystem unter sogenannten Holzmeistern. Denn seit 1610 durften ausschließlich Holzmeister, die sich ihre Mannschaft nach Bedarf zusammenstellten, mit der Durchführung von Schlägerungen beauftragt werden. Die Werkzeuge der Holzknechte, deren Wartung in ihrer persönlichen Obhut stand, umfassten Maishacke, Asthacke, Sappel (Sapine), Fußeisen und Schneeschaufel. Zunächst wurde im Wald keine Säge eingesetzt, obwohl diese für Zimmermannsarbeiten längst im Gebrauch stand. Die Fällung und das Einkürzen auf Brennholzlänge erfolgten ausschließlich mit der Axt, die auch einfach instandzuhalten war. 1775 wurde die Verwendung der Langsäge angeordnet. Diese konnte tiefer am Stamm angesetzt werden, verursachte aber Rückenbeschwerden und war überdies reparaturanfällig. Aus Protest kam es beinahe zu Aufständen.

Einen weit tiefgreifenderen Wandel des Arbeitsprozesses brachte die Elektrisierung und Maschinisierung des 20. Jahrhunderts. Seilwinde und Dieselmotor, Motorsäge und Schlittenaufzug stellten die Holzknechtarbeit auf völlig neue, eben technische Grundlagen. Mit dem Holzknechtleben alten Schlags verschwanden viele Bräuche und altüberliefertes Wissen um Besonderheiten bei der Schlägerung und Holzverarbeitung. Auch kleine Eigenheiten wie der Vinzenzitag (22. Jänner), der Feiertag der Holzknechte, der mitten in die anstrengende Zeit des Holzziehens fiel, wurden damit bedeutungslos und gerieten in Vergessenheit.

Themenweg 50 – St. Michael im Lungau
WALDLEHRPFAD

Über einen alten Holzziehweg bergauf durch einen Hochwald führt dieser Themenweg über ca. drei Kilometer Länge, der auf 15 Schautafeln Wissenswertes über Wald- und Holzarbeit, Wildbestand und den Naturraum Wald vermittelt. Der Routenverlauf ist durch Hinweistafeln „Waldlehrpfad" gekennzeichnet.

Start (= Ziel): Prodingermühle im Ortsteil Stranach von St. Michael i. Lg.

Route: Wir folgen der Beschilderung bergauf durch den Hangwald, der uns etwas Kondition für seine Steigungen abverlangt. Auf einem urigen Wildwechsel, der als Steig ausgebaut wurde, vermittelt eine Schautafel Elementarwissen über Schlagflächen, Hochwald und Urwald. Den „Gipfel" dieser Waldwanderung erreichen wir auf einem Aussichtspunkt in 1240 m Höhe, wo uns eine Holzknechthütte mit Geschichten und Informationen rund um die gefahrenreiche Holzarbeit erwartet. Sie erinnern an Zeiten, als noch ausschließlich Zugsäge, Hacke, Sappel, Fällkeil und Rindeneisen in Verwendung standen.

Unser Weg führt nun weiter zu einem Hochstand, wo noch einiges über die Jagd zu erfahren ist, weiter zu einer Lichtung und schließlich zu einem Fütterungsstand für Wildtiere. Beim „S'Brückerl" ist der Zielpunkt dieses Waldlehrpfades erreicht. Letzte Auskünfte zum Thema gibt es am Gschwandgraben, wo über die historischen wie aktuellen Gefahren der Wildbäche aufgeklärt wird.

Hinweis: Ein Folder zum Waldlehrpfad liegt in der *Ferienregion Lungau* auf. In den Monaten Juli und August besteht die Möglichkeit zu einer geführten Wanderung mit dem örtlichen Revierförster. Routenverlauf und Gelände weisen keine besonderen Schwierigkeitsgrade auf, aber man braucht festes Schuhwerk und etwas Ausdauer.

Info: Infobüro A-5582 St. Michael, Tel. 06477 8913

Themenweg 51 – Saalbach-Hinterglemm
ERLEBNISWALD MIT MÄRCHENPARK

Die wahren Märchen leben im Wald. Es lässt sich kaum eins erzählen, ohne die weite Schattenwelt seiner Bäume, ohne seine Zauberquellen und Höhlen. Im tiefen Wald, da haust die Hexe und wohnt der Riese, dort pflückt Rotkäppchen seinen Blumenstrauß, sitzt Rapunzel im Turm eingeschlossen und besteht das tapfere Schneiderlein seine Mutproben. Aber auch in den heimischen Alpensagen raunt geheimnisvolles Waldleben, huschen Zwerg und Kobold durch baumbärtiges Astwerk, über Moos und Stein.

Im Erlebniswald von Saalbach-Hinterglemm ist der Märchenwald Wirklichkeit geworden. Dazu laden ein Quellschutzgebiet und ein Naturlehrpfad mit Info-Tafeln zu einem Waldspaziergang ein, der neben wunderbarer Märchenatmosphäre auch handfeste Informationen liefert.

Start: Westliches Ortsende von Hinterglemm (Richtung Talschluss). Zugang beschildert. Oder: nach dem Tennisplatz, beim Aufgang zum Spielplatz.

Route: Dieser Themenweg über 1 km Länge führt durch Waldgelände mit teilweise ausgeprägter Hanglage (festes Schuhwerk!) und umfasst einen Märchenpark mit Figurinen, einen Jungbrunnen mit Quellschutzgebiet sowie einen naturkundlichen Lehrpfad. Spielplätze und Raststellen, eine urige Hütte und ein Wasserrad machen diesen Zauberwald zu einem echten Ausflugserlebnis für Familien mit Kindern.

Info: Tourismusverband A-5753 Saalbach, Tel. 06541-680068

Bachmäander im Vordermoos des Hollersbachtals.

Ist stets auf Wanderschaft bedacht, das Wasser ...

LEHRWEGE ENTLANG VON GEWÄSSERN, MÜHLEN UND KRAFTWERKEN

Entsumpft und renaturiert – Salzburger Wasserläufe
Salzburg blickt auf eine erstaunlich reiche und in vieler Hinsicht pionierhafte Geschichte in der Nutzung seiner Wasserkräfte zurück. Sie reicht von der Schifffahrt, die insbesondere für den Transport von Salz und Marmor eine Rolle spielte, bis zur Stromgewinnung aus Wasserkraftwerken im 20. Jahrhundert, die heute ein Wirtschaftsfaktor von überregionaler Bedeutung ist.

Die Salzach, die von Hallein abwärts schiffbar war und damit eine Anbindung ans europäische Wasserverkehrsnetz (Inn – Donau) ermöglichte, war in ihrem Oberlauf, von Krimml bis zum Halleiner Holzrechen, ein bedeutendes Triftwasser zur Holzversorgung des Bergbaus (Lend) und der Saline Hallein. Etwa zwei Drittel der Halleiner Salzproduktion (1498 wurden dort 25.760 Tonnen Salz erzeugt) übernahmen „Fertiger" direkt vor Ort und verschifften die Ware auf der Salzach. Bis zum Ende des 14. Jahrhunderts hatten die Laufener Schiffsherren ein Monopol auf diesen Handelsweg. Danach fiel dieses durch Rückkauf an den Salzburger Erzbischof. Laufen blieb trotzdem die Schifferstadt, während sich Salzburg als Stadt des Schiffbaues durchsetzen konnte. Die Zunft der Schiffbauer hatte hier ihren Sitz. Noch um 1790 wurden in Salzburg an die 7000 Schiffe hergestellt.

Für eine Rückschau in die Vergangenheit der Gewässernutzung muss man sich jedoch vor Augen halten, dass die damaligen Wasserläufe noch weitgehend unberührt waren von der späteren technischen Bändigung ihres Laufes, Regulierung,

Uferschutzbauten und Melioration der umgebenden Landschaft. Das Flussbett verzweigte sich in weitläufige Alt- und
Nebenarme mit sumpfigen Auen, wo nicht Felsenengen eine
solche Ausbreitung verhinderten. Weite Uferbereiche waren
daher periodisch überschwemmt.

Besonders die Oberpinzgauer Salzachtallandschaft zwischen
Bramberg und Bruck wurde Jahrhunderte lang von verheeren-
den Katastrophen heimgesucht. Zerstörungen größten Aus-
maßes verzeichnet die Chronik für das Hochwasser von 1798.
Mittersill, das periodisch überflutet wurde, hatte sich den Titel
eines „Pinzgauer Venedig" eingehandelt, man musste sich
dort immer wieder mit Steganlagen und Bootsverkehr aus der
Misere helfen.

Die Ursache dieser Überflutungen ist darin zu sehen, dass die
zahlreichen Bäche aus den Hohen Tauern neben den Schmelz-
wassern auch gewaltige Mengen an Schotter und Geschiebe-
materialien der Salzach zuführten, sodass sich das Flussbett
ausdehnte und einstiges Wiesen- und Ackerland in Sumpf und
Augebiete verwandelte. Der florierende Bergbau bedingte
zudem Kahlschläge an den Talhängen und erhöhte so die
naturgegebene Hochwassergefahr. Die ersten Wasserbauten
an der Pinzgauer Salzach wurden schon in der ersten Hälfte
des 16. Jahrhunderts, mit dem Aufstieg des Montanwesens in
den Hohen Tauern, vorgenommen, aber sie erwiesen sich als
wenig wirksam. Unter Erzbischof Ernst von Bayern wurde
1548 ein neues Salzachbett von Kaprun bis Bruck gegraben.
Aber die Niederungen des Salzachtalbodens blieben ein
gefürchteter Ort, wo das Wechselfieber und der Typhus lauer-
ten.

Der Laibacher Mediziner und Pionier der Ostalpenforschung,
Belsazar Hacquet (1739–1815), der in den achtziger Jahren
des 18. Jahrhunderts die Hohen Tauern und ihre Bergwerke
bereiste, machte in seinen Aufzeichnungen Gefühlen des Mit-
leids und der Empörung Luft, die der Anblick arbeitender Bau-
ernmägde in den Salzachsümpfen in ihm geweckt hatte:
„Wenn die Aerndte ihres Streugrases in den Pfützen der

Salzach einfällt, so müssen sie oft den ganzen Tag bis an den halben Leib in den Sümpfen stecken, welches dann diesen armen Leuten oft alle Gesundheit benimmt. "

Einige Jahrzehnte später richtete der Botaniker von Braune, ganz kontrovers zu naturschützerischen Gepflogenheiten von heute, sogar ein Spottgedicht im schweren Hexametermaß an die Sümpfe entlang des Salzachlaufs: *„Sieh dort, Wandrer, das Reich der Luft verpestenden Sümpfe, / Welchem im Dunkel der Nacht das gefürchtete Heer / Flammensprühender Meteore ringsum entsteiget, / Wo den bisoncischen Gau störrig die Salza durchwogt / Und nur Binsen und Schilf in der trauernden Gegend, der Heimat quakender Frösche / Sprossen statt Saaten, die einst schmückten das herrliche Tal. / Wurzelnd in faulender Schlammflut sterben die Saaten, / Rosiger Blütenhauch wird zum mephitischen Dunst. "*

Erst im 19. Jahrhundert konnte mit der nachhaltigen Melioration des von Bruck bis Bramberg versumpften Salzachtalbodens begonnen werden. Die einst für den Getreideanbau nutzbaren Flächen waren so stark geschrumpft, dass man von Jahr zu Jahr mehr Getreide zukaufen musste, um die Bevölkerung zu ernähren. Der von Armut bedrohte Bezirk schickte regelmäßig Appelle an die Obrigkeit. Gefruchtet haben diese offensichtlich wenig, doch brachte das Jahr 1832 einen Wendepunkt zum Besseren. Kaiser Franz I. und seine Gemahlin Karoline Auguste statteten damals dem Pinzgau einen Besuch ab. Sie fuhren von Tirol über den Pass Thurn nach Stuhlfelden und mussten so einen ausgiebigen Blick auf die „pontinischen Sümpfe" im Salzachtal werfen.

„Der Kaiser steigt aus, wird vom Dechant und von der Lehrerloisi begrüßt und sieht da die ausgedehnten Wasserlachen, Sümpfe und Seen der Stuhlfeldener Lacke aufs beste. Dem Kaiser entringt sich unwillkürlich ein Seufzer des Bedauerns und er spricht die bedeutungsvollen Worte: ‚Meine Kinder, da muss euch geholfen werden!'" (Josef Lahnsteiner)

Es sollte freilich noch Jahrzehnte dauern, bis Riedgräser und Schilf wieder Wiesen und Ackerflächen Platz machten. Dazu waren – aus heutiger Sicht – brutale Eingriffe in die Natur erforderlich. Das Flussbett wurde zuerst mithilfe von Sprengungen ausgetieft, um so die Fließgeschwindigkeit zu erhöhen. Daneben wurden Entwässerungskanäle angelegt. Zuletzt nahm man, bereits an der Wende zum 20. Jahrhundert, eine Ausbaggerung des Flussbettes in Angriff, der Aushub wurde zur Aufschüttung von Dämmen eingesetzt. Diese „Kanalisierung", die einen schnurgeraden und von Uferböschungen gesicherten Flusslauf anstrebte, blieb selbstverständlich nicht auf den Oberlauf der Salzach beschränkt. Der Siegeszug der modernen Flussverbauung zähmte schließlich auch die Zerstörungskraft kleinerer Wildbäche und weite Augebiete im Alpenvorland. Tümpel, Altarme und Moraste, wo das Wasser umschweifig durch die Wildnis vagabundiert war und zeitweise ausgedehnte Überschwemmungsgebiete bildete, wurden trockengelegt, den Flüssen und Bächen aber schnelle Beine und ein Panzer aus festem Böschungswerk gemacht. Hurtig und flott wie der Fortschritt selbst sollten sie das Land durcheilen und für Kraftwerke nutzbar sein. Dabei verarmte freilich die Tier- und Pflanzenwelt entlang der Ufer, für die ein träges und in seiner Fließbewegung ewig unschlüssiges Wasser eine bedeutend besser sorgende Mutter abgibt.

Heute hat der Naturschutz die Aufgabe übernommen, die artenreiche Vielfalt der Fauna durch Schutzgebiete und gezielte Renaturierung zu erhalten und partiell sogar zurück zu erobern.

Das etappenreiche Unterfangen, zwischen Naturwelt und Landschaftskultivierung ein menschenmögliches Gleichgewicht zu finden, zeigt in seiner Fortentwicklung zwischen Naturbezähmung und immer neu gesuchter Naturnähe nicht nur das Diktat der Geschichte, sondern auch Züge eines „natürlich" mäandrierenden Geschehens.

Themenweg 52 – Stuhlfelden
NATURLEHRWEG PIRTENDORFER TALBODEN

Die ausgedehnten Wasserlachen und Sümpfe der Stuhlfeldener Lacke, wo sich einst die Salzach mit verzweigten Nebenarmen, Morastflächen und Tümpeln breitgemacht hatte, gaben infolge des Kaiserbesuches von 1832 einen wichtigen Anstoß zu der lang projektierten und stationenreichen Flussregulierung und Melioration des Talbodens. Zuletzt erwies sich dieses Unterfangen als eine Spur zu gut gelungen.

Ein einziger Altarm mit dem Ökosystem einer Feuchtfläche blieb von diesem Trockenlegungsprogramm verschont und wurde 1990 zum geschützten Landschaftsteil erklärt. Schotterbänke, Auwaldbestände, Mäander und Schilfwiesen bieten hier ein eng begrenztes, aber äußerst lebendiges Refugium für schützenswerte Pflanzen und bedrohte Vogelarten und Amphibien. Der neuangelegte „Naturlehrweg Pirtendorfer Talboden", der auch Radfahrern offensteht und als Rundweg angelegt ist, vermittelt an fünf Haltepunkten mit Schautafeln Geschichtliches zur Salzachregulierung sowie naturkundliche Erläuterungen zu diesem bedeutendsten Feuchtgebietskomplex im Oberpinzgau.

In dieser geschützten Landschaft wachsen Teichbinsen und Rohrkolben, Sumpf-Helmkraut, Lorbeer-Weide, Schwimmendes Laichkraut, Fieberklee, Knabenkraut und Wasserschierling. Von den bedrohten Vogelarten sind Baumpieper, Wacholderdrossel, Neuntöter, Karmingimpel, Wespenbussard und die Stockente zu erwähnen. Dazu kommen aus der Welt der Amphibien Grasfrosch, Erdkröte, Wasserfrosch, Bergmolch, Teichmolch, Laubfrosch, Zauneidechse und die Ringelnatter.

Start: Stuhlfelden, Ortsmitte
Route: Wir folgen dem Radweg Richtung Pirtendorf, überqueren die Bundesstraße und treffen beim Café/Pizzeria Hörfarther auf den ersten Haltepunkt, der zugleich Einstieg in den beschilderten Naturlehrweg entlang der Salzach ist. Ein Übersichtsplan zeigt den genau-

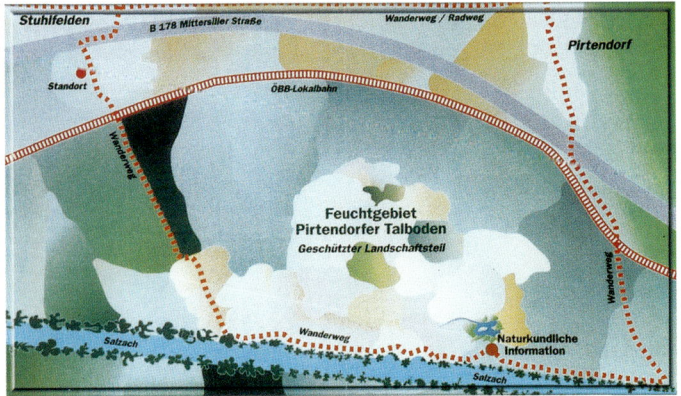

en Wegverlauf. Am Salzachdamm endet der beschilderte Lehrweg, wir zweigen nach links auf einen Güterweg ab, der durch eine Bundesstraßen-Unterführung zurück nach Stuhlfelden führt. Weglänge des Naturlehrpfades: 4 km

Hinweis: Ein Folder zum Naturlehrweg Pirtendorfer Talboden liegt im Fremdenverkehrsverband Stuhlfelden auf.

Info: Fremdenverkehrsverband A-5724 Stuhlfelden, Tel. 06562-4365

Themenweg 53 – St. Georgen
VOGELLEHRPFAD NATURA 2000

Naturnahe Auen im Unterlaufbereich von Flüssen zeichnen sich meist durch eine vielfältige Vogelwelt aus und sind zugleich wichtige Rückzugsgebiete für vom Aussterben bedrohte Tierarten. Im Bundesland Salzburg sind die Salzachauen bei Oberndorf ein solches Vogelparadies und 1999 wurde hier ein Natura-2000-Vogelschutzgebiet eingerichtet.

Der Unterlaufbereich der Salzach hat für den Naturschutz auch deshalb Priorität, weil es sich dabei um den letzten, ungestaut fließenden und daher nicht energiewirtschaftlich genutzten Alpenvorlandfluss handelt.

Bis 1820 zeigte die Salzach noch einen stark vergabelten Lauf mit zahlreichen Nebengerinnen, Schotterbänken, Verlandungszonen und dem, was man heute etwas leichtfertig als „natürliche Hochwasserdynamik" bezeichnet. Von 1860 bis 1909 wurde die Salzach in diesem Abschnitt begradigt, die Ufer fest verbaut, die Flussbreite erheblich eingeschränkt und damit die Fließgeschwindigkeit erheblich erhöht. Empfindlich getroffen und eingeschränkt wurde dabei das Ökosystem Auwald, aber auch hier gilt – neue Zeiten, andere Sorgen.

Heute ist dieses Laubwaldgebiet entlang der Salzach, mit seinen Beständen an Ulmen, Eschen, Linden und Stieleichen, wo sich einige kleine Relikte der älteren Aulandschaft mit ihrem Reichtum an Weidenarten erhalten haben, ein wichtiger Naherholungsraum, den vor allem Radler gern aufsuchen. Noch zu wenig bekannt ist die einzigartige Vielfalt an Vogelarten, die dieses Gebiet auszeichnet. 135 Vogelarten wurden hier nachgewiesen, davon sind 64 als Brutvögel heimisch und 41 stehen auf der „Roten Liste" der vom Aussterben bedrohten Vogelarten. Einige dieser Vögel wie der Mittelspecht, Schlagschwirl und die Hohltaube kommen in ganz Salzburg nur in diesem Gebiet vor. Da die Salzach im Winter nicht zufriert, wurde ihre unberührte Uferlandschaft ein wichtiges Überwinterungsquartier für Wasservögel.

Der Vogellehrpfad Natura 2000 ist zehn Kilometer lang und erläutert an 18 Schautafeln die Vogelarten dieses Gebietes. Jede Schautafel zeigt zwei Vogelarten und bringt eine Kurzbeschreibung von „Kennzeichen", „Stimme", „Vorkommen", „Nistplatz" und „Bestand".

Start: Volksschule St. Georgen/Obereching
Route: Der gut beschilderte, ebene Weg verläuft durch die Salzachauen nach Untereching und dann entlang der Salzach bis zum Rendlhaus in St. Georgen, einem alten Brechelbad, das der Dichter Georg Rendl 1938–1972 bewohnt hat. Vom Rendlhaus ist eine Fortsetzung des Ausflugs auf der „Kulturmeile" mit weiteren 5 Haltepunkten möglich: Alter Grenzstein zu Oberösterreich, Rendlgrab neben dem Kirchturm der Dekanatspfarrkirche St. Georgen, das Kaiserdenkmal von 1908 und der Denkmalhof Siglhaus, der als Heimatmuseum geführt wird.

Natura 2000-Vogelschutz-
gebiet Salzachauen

Vogellehrpfad

in Planung

Standorte der Tafeln

Datenquelle: SAGIS

© BEV – 1998, Vervielfältigung mit Genehmi-
gung des BEV – Bundesamt für Eich- und
Vermessungswesen in Wien, Zl. 70 367/98

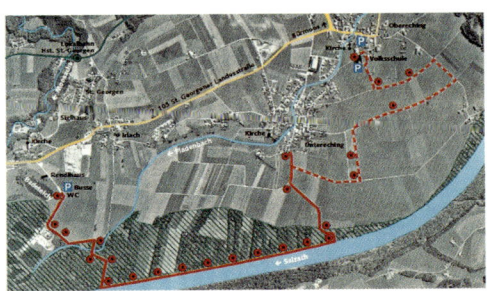

Hinweis: Der Naturlehrpfad ist vor allem als Radausflug empfehlenswert.
Dem Salzburger Dichter Georg Rendl (1903–1972), der durch seine
Romantrilogie über die Geschichte der Bürmooser Ziegeleiarbeiter
und Glasbläser einem größeren Salzburger Leserkreis bekannt ist, ist
in seinem Wohn- und Sterbehaus in St. Georgen eine Gedenkstätte
eingerichtet.
Info: Fremdenverkehrsverband A-5110 St. Georgen, Tel. 06272-8148

Themenweg 54 – Michaelbeuern
NATUR- UND WASSERLEHRWEG OICHTENTAL

Der Natur- und Wasserlehrweg Oichtental ist Teil des Dorfer-
neuerungslehrweges der Gemeinde Dorfbeuern, die mit dem
1. Europäischen Dorferneuerungspreis ausgezeichnet wurde.
Schautafeln in Michaelbeuern und Dorfbeuern (Familienpark),
verteilt über das gesamte Gemeindegebiet, informieren über
unterschiedliche Projekte, die diesen Erfolg ermöglicht haben.
Im letzten Wegabschnitt nahe dem Naturschutzgebiet Oich-
tenriede kommt der Bach selbst zu Wort und er hat vor allem
Kindern viel zu erzählen: *„Man nennt mich die Oichten. Ich
entspringe an der oberösterreichisch-salzburgischen Grenze –
30 km nördlich der Stadt Salzburg – in ca. 500 m Seehöhe. Ich
durchfließe ausgedehnte Sumpfwiesen, Flach- und Hoch-
moore bis etwa zur Ortschaft Nußdorf und münde bei Weit-
wörth in die Salzach.*

Zu Beginn dieses Jahrhunderts war das gesamte Gebiet durch meine vielen Mäander geprägt.

Das Gebiet, das ich durchfließe, besteht größtenteils aus landwirtschaftlich genutzten Flächen, vor allem Grünland, aber auch tannenreiche Fichtenforste und Laubwald sind vertreten. In meiner Umgebung liegen viele schöne bäuerliche Anwesen. In der Zeit von 1916–1922 wurde ich in ein viel zu enges Korsett gepresst. Dadurch wurde angeblich meine Umgebung entwässert. Viele mir lieb gewordene Lebewesen, Tiere und Pflanzen, verschwanden. Doch wie sich 1990 zeigte, hat man mich nicht vergessen. In den Gemeindegebieten von Nußdorf und Dorfbeuern befreite man mich aus meinem Korsett."

Die Oichten, mit ihren eigenwilligen Mäandern durch die weite Talmulde unter dem ehrwürdigen Benediktinerstift Michaelbeuern, ist Ausgangspunkt und Modellfall einer anregenden Wanderung durch die „Geheimnisvolle Wasserwelt". Schautafeln und interaktive Einrichtungen informieren über Lebensräume für Pflanzen und Tiere in stehenden und fließenden Gewässern, über Landschaftsentwicklung, Heilkräuter und die Vielfalt der Vogelwelt informieren kann.

Neben diesen Info-Haltepunkten laden noch weitere kleine Attraktionen zum Verweilen ein. Da gibt es Hängebrücken und schmale Stege zu entdecken und eine Reihe von Nistkästen, in denen Holzvögel versteckt sind. Sie geben auf unterhaltsame Weise Unterricht in Vogelkunde. Der Natur- und Wasserlehrweg Oichtental verläuft über einen Kilometer Länge durch ebenes Gelände.

Start: Stift Michaelbeuern
Route: Über Dorfbeuern und Reitsberg wandern wir Richtung Oichten.
Hinweis: Ein eigener Dorfexpress bringt die Besucher auf Wunsch (rechtzeitige Anmeldung!) zu folgenden Einrichtungen: Stiftsführung, Dorferneuerungslehrweg, Dorferneuerungsausstellung, Oichtenwanderung, Oldtimer-Traktoren-Ausstellung, Schnapserzeugung, Imkerei, Käserei, Goldhauben-Ausstellung u. v. a. Im Programm angeboten werden auch geführte Exkursionen und Ortsbegehungen.

Sehenswert: Für Besucher offen ist auch das kunstgeschichtlich bedeutende, auf das 8. Jahrhundert zurückgehende Benediktinerstift Michaelbeuern, aus dessen Schreibschule anerkannte Werke der mittelalterlichen Buchmalerei hervorgegangen sind.

Info: Infostelle Telehaus Michaelbeuern, Dorfbeuern 37, A-5152 Michaelbeuern, Tel. 06274-8585 oder SBW-Schule der Dorf- und Stadterneuerung, Dorfbeuern 37, A-5152 Michaelbeuern, Tel. 06274-8580

Themenweg 55 – Hollersbach
BACHLEHRWEG

Das Hollersbachtal liegt am Rand der Venedigergruppe, der am stärksten vergletscherten Gipfelregion der Hohen Tauern. Das Tal ist daher reich an fließenden wie auch stehenden Gewässern und überrascht den Wanderer mit einer Fülle von Wasserfällen. Es ist rund 18 Kilometer lang und seiner Form nach breiter und offener als seine Nachbartäler. Nur am Taleingang verengt es sich zu einer eher schmalen Pforte.

Der Bachlehrweg Hollersbach, der über seine ganze Strecke vom Rauschen des lebhaften Gebirgswassers begleitet wird, führt vom Taleingang bis zur Wirtsalm und nimmt tour-retour an die zwei Gehstunden in Anspruch. Zehn Pultschautafeln entlang des Weges im orographisch rechten Uferbereich informieren über die besondere Lebenswelt eines Gebirgsbaches und nehmen dabei engen Bezug zur nächsten Umgebung. Diese Themenvorgaben umfassen die Grauerlenau, Vögel am Bach, die Kraft des Wassers, heimische Fische, Säugetiere am Bergbach, Schluchtwaldpflanzen, den biologischen Abbau der Baumstämme, die Gesteine des Hollersbachtales, Kleinlebewesen und die Nahrungskette im Gebirgsbach.

Start (= Ziel): Knapp innerhalb des Taleingangs in 880 m Höhe (Sauanger), etwa 100 m taleinwärts nach dem Parkplatz, durch eine Orientierungstafel markiert.

Route: Der Weg führt zunächst durch Grauerlenbestände mit Moosen, Farnen und Pestwurz durch Fichtenwald auf eine lichte Kuppe, die mit einem Teppich aus Heidelbeersträuchern überzogen ist und wo vereinzelt Tannen stehen. Von hier bietet sich eine herrliche Sicht hinunter zum Hollersbach. Über Serpentinen steigen wir dann hangabwärts auf eine Waldlichtung. An den von der Gischt besprühten Felsen im Uferbereich leuchten schon von weitem die schwefelgelben Flecken der gelben Leuchtflechte. Auf den tiefgründigeren Böden nahe dem Bachbett gedeihen Waldgeißbart und Österreichische Gemswurz. Alte Steinmauern, sogenannte Steinhage, säumen das letzte Wegstück durch die Almregion in Richtung Wirtsalm. In den Ritzen der aufgeschlichteten, flechtenüberzogenen Steine wachsen der Grüne Streifenfarn, Engelsüß und Blasenfarn. Am Wegschluss informiert eine Orientierungstafel über den weiteren Verlauf des Hollersbachtals. Rückweg über dieselbe Route oder entlang des Fahrwegs durch Fichtenwald und Almflächen.

Hinweis: Naturführer Hollersbachtal. Aus der Schriftenreihe des Nationalparks Hohe Tauern

Einkehr: Gasthof Seestube am Taleingang. Vom Ende des Bachlehrweges gelangt man taleinwärts in 20 Minuten zur Jausenstation Senningbräualm und in 30 Minuten zur Edelweißhütte.

Sehenswert: Das Klausnerhaus in Hollersbach, ein typischer Pinzgauer Bauernhof, der seit 1350 urkundlich belegt ist, enthält eine Nationalpark-Informationsstelle sowie den Tourismusverband. Rund 600 Heil-, Gewürz- und Gartenkräuter gibt es im Yves-Rocher-Kräutergarten zu besichtigen.

Info: Fremdenverkehrsverband A-5731 Hollersbach, Tel. 06562-81050

Themenweg 56 – Hüttschlag
BIOTOP-LEHRWEG

Weder Bach noch Fluss, sondern ein verschwundener See steht im Mittelpunkt dieser Themenweg-Anlage, die in knapp halbstündiger Wanderung zu einem einzigartigen Feuchtbiotop in herrlich unberührter Naturlandschaft führt.
Der Großteil der Salzburger Seen hat seinen Ursprung in der Eiszeit. Nur eine kleine Anzahl verdankt ihre Entstehung jüngeren Bergstürzen. Sie wurden teilweise, wie etwa der einstige Schwarzensee im Amertal, künstlich abgelassen oder zugeschüttet. Auch den weiten Talboden um den Bergbauernhof Haussteingut, einem der ältesten, noch in der Bausubstanz von 1650 erhaltenen Bauernhäuser im Großarltal, füllte einst ein See aus, der lange schon verlandet ist. Nur die herrlichen Schilfbestände mit den seltenen, feuchtigkeitsliebenden Pflanzen, die diese Talmulde in ein Paradies für seltene Gewächse, Schmetterlinge und andere bedrohte Tierarten verwandelt haben, erinnern an diesen verschollenen See. Hier gedeihen Fieberklee, Sonnentau und Knabenkräuter. Die naturkundlichen Erläuterungen sind auf Schautafeln an inselförmigen Haltepunkten nachzulesen.

Start: Hüttschlager Talmuseum, am Ende der Großarler Landesstraße
Route: Auf einem ebenen, behindertengerecht gebauten Weg wandern wir entlang der Großarler Ache ca. 600 m Richtung Norden zum Feuchtbiotop beim Haussteingut, wo Schautafeln die einzigartige Naturwelt dieses Gebiets erläutern.
Hinweis: Das Talmuseum (Gensbichlhaus) am westseitigen Ufer der Ache bietet folgende Ausstellungsschwerpunkte: Mineralien des Großarltals, das Leben der Holzknechte und die Gewässer der Region. Im Bereich des Talmuseums stehen zudem eine alte Mühle, eine Selche, ein Backofen, eine Schmiede sowie eine Jagdhütte.
Kinder dürfen sich auf einen eigenen Spielplatz in Wabenform freuen.
Info: Info A-5612 Hüttschlag, Tel. 06417-204 sowie vom 1.5.– 26.10: 06417-445

Themenweg 57 – Mittersill
NATURLEHRWEG HINTERSEE

Das innere Felbertal, von Mittersill aus mit Pkw erreichbar, steigt über eine Talstufe zum Hintersee (1313 m) an, dem größten der Mittersiller Seen. Dieser ist 1495 durch einen gewaltigen Bergsturz entstanden. Damals stürzten vom Hohen Herd an der linken Talseite gewaltige Felsmassen herab und stauten durch einen mächtigen Riegel den See auf. 1933 hat man ihn zum Naturdenkmal erhoben.

Seine wildromantische Lage im Vordergrund des Felbertaler Trogtalschlusses mit der eindrucksvollen Umrahmung durch lawinengefurchte Felsabhänge, Wald und Almflächen sowie die ehemaligen Bergmähder der Seefelder bieten dem Wanderer ein Ensemble von einzigartiger Naturschönheit. Am südlichen Seeufer, wo die verzweigten Bachgerinne den See speisen, ist eine eindrucksvolle Verlandungszone ausgebildet. Sie bietet Lebensraum für eine Pflanzengesellschaft aus Sumpfkratzdistel, Bitterem Schaumkraut, Sumpf- und Waldschachtelhalm, Sumpfvergissmeinnicht, Sumpfdotterblume, Brennendem Hahnenfuß, Bachbunge und Schmalblättrigem Wollgras. Dieser Ufergürtel ist auch reich an Amphibien und an schönen Sommertagen kann man hier die Alpen-Smaragdlibelle und die Torf-Mosaikjungfrau beobachten.

Der Naturlehrweg führt an der Nordseite des 550 Meter langen Hintersees entlang und ist in einem gemütlichen Rundgang von 45 Minuten begehbar.

Start: Parkplatz Hintersee, erreichbar über Mittersill – Felbertal
Route: Nahe dem Parkplatz steht eine Panorama- und Info-Schautafel, die eine Gesamtübersicht gibt. Der Lehrweg verläuft im ersten Streckendrittel entlang des Nordufers und zieht in einem ausgedehnten Bogen über eine Anhöhe, wo sich herrliche Aussichtspunkte bieten, zurück zum Parkplatz. Entlang des Weges informieren 10 Pultschautafeln über Geologie und Fauna der Umgebung, die Entstehung des Hintersees und die einstigen Bergmähder in seiner Umgebung, die Lebensgemeinschaft Gebirgsbach, die Vogelwelt des Bergwaldes

Naturlehrweg Hintersee.

und den biologischen Abbau von Bäumen aus einem Lawinen-wurf.

Hinweis: Nähere Erläuterungen zum Naturlehrweg Hintersee gibt die Broschüre „Naturführer Felber- und Amertal Hintersee" aus der Schriftenreihe des Nationalparks Hohe Tauern.

Mittersill war einst ein wichtiger Stützpunkt für den Saumhandel über die Hohen Tauern.

Lohnenswert ist ein Besuch im Felberturmmuseum Mittersill, das in einem Wehrturm aus dem 12. Jahrhundert untergebracht ist und die größte und vielseitigste Sammlung in der Nationalparkregion um-fasst. Felberturmmuseum, A-5730 Mittersill, Museumstr. 2

Öffnungszeiten: 1. Juni bis 31. Oktober, Montag bis Freitag 10.00–18.00 Uhr; Samstag und Sonntag 13.00–17.00 Uhr.

Sehenswert: Kunstgeschichtlich bedeutend ist die spätgotische Fel-berkirche „Zum Heiligen Nikolaus".

Info: Fremdenverkehrsverband A-5730 Mittersill, Tel. 06562-4292

Mühle, Mühle, mahle mir …

So stürzen rauschend über Wehre
Die wilden Wasser auf die Reise,
Das Mahlwerk ächzt, und Riemen, Scheiben
Und runde Steine gehn im Kreise.
Nichts will an seinem Orte bleiben.
Friedrich Georg Jünger

Bereits um die Mitte des 8. Jahrhunderts wurden in Salzburg künstliche Wasserläufe angelegt, um Mühlen zu betreiben. Die Anlage des Almkanals, die noch heute intakt ist und zurecht als technische Meisterleistung des frühen Mittelalters gilt, führte das Wasser des später verschwundenen Rieden-burgbaches am Nordhang des Mönchsbergs entlang der Salzach zu. An diesem Mühl-gang wurden Mühlen errich-tet, denen der Salzburger Vorort Mülln seinen Namen verdankt. Sie versorgten die mittelalterliche Stadt Salz-burg, die ohne eigene Quelle auskommen musste, mit Brot. Im Hochmittelalter, das hin-sichtlich Bevölkerung und landwirtschaftlicher Boden-kultivierung einen kräftigen Wachstumsschub tat, erfuhr der Mühlenbau eine weite Verbreitung. Die gotische Wallfahrtskirche St. Leonhard in Tamsweg, ein nach Lage und baulicher Schönheit ein-zigartiger Kirchenbau, zeigt die dazumals noch wunder-

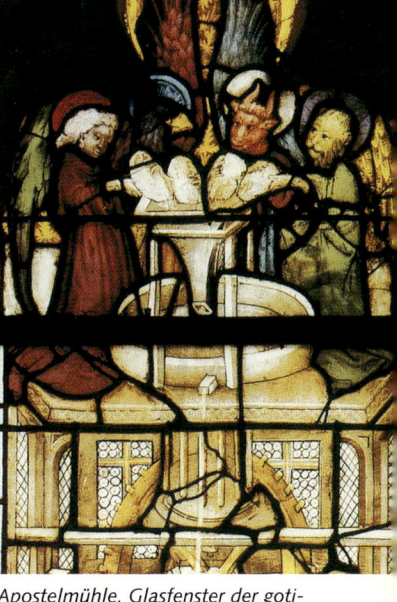

Apostelmühle. Glasfenster der goti-schen Wallfahrtskirche St. Leonhard in Tamsweg.

gläubig bestaunte technische Konstruktion eines Mühlwerks als „Apostelmühle" in der Ausführung eines farbprächtigen gotischen Glasfensters. Das mittlere Feld führt in das Innere einer Mühle, wo der Aufschüttkasten oder Mühlgossen zu sehen ist, um den die Evangelisten stehen: Löwe, Adler, Stier und Engel. Darunter sind die Mühlsteine mit dem Spindelstock zu sehen, der das Kamprad in Bewegung hält. Seine Antriebskurbeln reichen bis in die Seitenfelder hinaus, wo je sechs Apostel, das Rad treibend, abgebildet sind. Zwischen den Mühlsteinen verläuft eine Steinrinne, aus der das Mehl herausfließt. Auf diesem nährenden Mehlbächlein steigt das Christuskind herab. Das Mehlbächlein aber wird von den vier Kirchenlehrern, Augustinus, Gregorius, Hieronymus und Ambrosius, in Kelchen aufgefangen.

In etwa diesem Zeitraum, als 1430 die Wallfahrtskirche St. Leonhard errichtet wurde, dürfte die mit Wasserkraft betriebene Mühle verstärkt aus der Obhut der Kirchen und Klöster in den Volksgebrauch übergegangen sein. Verlässliche Nachrichten liegen aber erst ab der Mitte des 16. Jahrhunderts vor. 1550 standen im Gasteinertal, das damals Spitzenerträge aus dem Gold- und Silberbergbau holte, bereits 135 Wassermühlen in Betrieb. Davon waren 116 Flodermühlen, ein altertümlicher, später nur noch in Kärnten und Osttirol verbreiteter Mühlentypus, der, als Pfahlbau errichtet, nicht an, sondern über einem Bach steht. Kleinere Gebirgsbäche mit leicht steilem Gefälle sind ideale Standorte für ein solches Mahlwerk. Das Mühlrad einer solchen Flodermühle ist horizontal unterhalb des Mühlenraumes montiert und direkt an der Antriebswelle befestigt.

1608 zählte man im Erzstift Salzburg bereits 1537 sogenannte Gmach(l)mühlen, einräumige Bauernmühlen, die im Unterschied zur Mautmühle zur Selbstversorgung der Bauernhöfe bestimmt waren. 1645 heißt es dazu: *„Im Erzstift gibt es zweyerlei Gattungen Mühlen, nämlich Maut- oder Ehemühlen, und Gemachmühlen. Wenn ein Unterthan eine Mühle besitzt, darinn aber nur seine Hausnothdurft zu mahlen berechtiget ist, heißt es eine Gemachmühle, die Gerech-*

tigkeit hingegen auch für die umliegende Nachbarschaft gegen einen Mühllohn, oder gegen Mauth mahlen zu dürfen, ist eine Mauthmühle."

Nachdem das Land Salzburg einen besonderen Reichtum an kleinen Wasserläufen besitzt, aber seit jeher arm an Korn war, kam der Selbstversorgung mit Hilfe einer solchen Haus- oder Gmachmühle, deren Nutzungsrechte sich vielfach mehrere Bauernhöfe teilten, größter Stellenwert zu. Andernfalls behielt der gewerbliche Müller immerhin 10% des Mahlgutes als Mahllohn für sich. Noch im Jahr 1842 gab es daher „nur" 480 Müller im ganzen Land Salzburg. Denn nach einem Wort Peter Roseggers mahlt

Eine von sieben Pfarrwerfener Gmachlmühlen.

„ein ordentlicher Bauer, der nebst seiner oft vielzweigigen Landwirtschaft allerlei Gewerbe verstehen und betreiben muss, sein Korn gleich einem tüchtigen Müller. Und aus gutem Mehl ein gutes Brot zu backen, daraus macht die Hausmutter sich eine Ehre."

Benedikt Pillwein begegnete auf seinen Reisen durch das biedermeierliche Salzburg allenthalben den klappernden Kornmühlen und anderweitig genutzten Mahlwerken, die zum Öl- und Lodenstampfen, aber auch als Sägemühlen und zur Erzverarbeitung im Einsatz standen. Die Gmachmühle war dabei besonders weit verbreitet. *„Am Haunsberge, auf den Bergen um Henndorf, und besonders im Gebirge haben die meisten Bauern eigene Mühlen (Gmachmühlen), wo sie selbst mahlen*

Im Innern der Bartlmühle, Zeder-haus/Dorfergraben.

und schroten, was sie zum eigenen Hausbedarfe brauchen. Vom Korne wird das feinste Mehl zum Kochen aufbehalten, das übrige sammt den Kleyen zusammengeschrotten und das tägliche Brot daraus gebacken, welches natürlich sehr grob ist. Außerdem findet man fast in jedem Hause ein weißeres für bessere Zeiten und Leute."

Bis zu 150 Kilogramm Korn konnte eine solche Gmachmühle an Tagesleistung vermahlen. Die Getreidesorten, die dabei in Salzburg anfielen, waren Sommer- und Winterweizen, Sommer- und Winterroggen, Gerste, Hafer, Buchweizen und Hirse. Weil der Mahlvorgang gut gewartet und beaufsichtigt werden musste, enthielt der Mahlraum meist eine notdürftige Bettstatt, denn diese Beschäftigung nahm meist mehrere Tage in Anspruch. Für eine einzige „Brotmühle" musste man das Korn bis zu fünfmal aufschütten, nur für das gröbere Futtergetreide reichte ein Mahlvorgang aus. Der Mahlstein musste zwischendurch aufgeraut werden, um ihm damit wieder Schärfe zu geben. An Mahlgut wanderte aber nicht nur Korn in die Mühle, sondern auch Haferspreu, gehäckseltes Haferstroh und sogar getrocknete Fichtennadeln für das Schweinefutter. Der erste Weg des Bauern, der einen Mahltag einlegte, führte zur Wehr an der aufgestauten Bachstelle, wo er die Schleuse öffnete. Dann betätigte er im Mühlenraum einen Hebel, um das Endstück des Holzgerinnes, das frei in der Luft hing, über das Mühlrad zu ziehen. Nun konnte das zufließende Bachwasser das Mühlrad in Schwung bringen.

Hatte das Mühlbachl genügend Gefälle, weil die Mühle in Hanglage stand, wie das im Gebirgsraum der Normalfall war, dann wurde das Wasser von oben auf das Rad geleitet. Man spricht daher von einem „oberschlächtigen" Wasserrad. In der Ebene und an mächtigeren Wasserläufen ist der Radantrieb von unten üblicher. Eine Mühle diesen Typs nennen wir „unterschlächtig". Eher als Spottname gedacht war die „Wolkenbruchmühle", die nur nach starken Regengüssen funktionstüchtig war.

Nicht nur im wirtschaftlichen, auch im kulturgeschichtlichen Sinn war die erste Hälfte des 19. Jahrhunderts die eigentliche Blütezeit der kleinen Holzmühle. Romantik und Biedermeier machten den einsamen Ort am Bach mit dem rastlos sausenden Mühlrad zu einem Sehnsuchtsbild fernab vom Getriebe der Welt. Die ruhelose Geschäftigkeit des Menschen, aber auch sein im Kreise laufendes Träumen fanden in der verwitterten Mühle am rauschenden Bach ein sprechendes Bild.

Vom Wasser haben wir's gelernt –
Die Salzburger Gmachlmühle

Ein halbes Jahr und mitunter etwas länger brauchte die Errichtung einer kleinen Hausmühle in Holzblockbauweise, mit einem Bruchsteinfundament und eingeschindeltem Dach. Vergleichsweise aufwendig gestaltete sich die Anfertigung des Mühlrades an der Außenseite und des Kamprades (Kammrades) im Maschinenraum zu beiden Seiten eines waagrechten Wellbaumes, den man auch als Grindelbaum bezeichnet. Über diese „Welle" wird die Kraft vom Wasserrad auf das meist aus Eichenholz oder Weißbuche gefertigte Kamprad übertragen. „Grindel" oder „Wellbaum" waren üblicherweise in Lärchenholz oder „Boaweiga" (beinharter Weide) ausgeführt.

Das sehn wir auch den Rädern ab, den Rädern, die gar nicht gerne stille stehn ...

Setzte man das Mühlwerk in Betrieb, so griffen die Zähne des stehenden Kamprades in die Spindeln des Trieblings (Spülrades), der an der senkrecht stehenden Antriebswelle befestigt war. Diese Ritzelwelle war mit dem oberen Mahlstein, dem Läufer, verbunden, und dieser bewegte sich durch die immer kleiner werdende Übersetzung bald genauso schnell wie das Wasserrad.

Die Steine selbst, so schwer sie sind, die Steine, Sie tanzen mit den muntern Reihn ...

Das Fassungsvermögen des Kornaufschüttkastens, der sogenannten Gosse, betrug 100 bis 250 Liter. Bei Betätigung des Rührnagels rieselte das Getreide zwischen die Mahlsteine, bestehend aus dem oberen Läuferstein, mit einem Gewicht von bis zu 150 Kilogramm, und dem festliegenden, größeren Steher- oder Bodenstein, der bis zu 350 Kilogramm wiegen konnte. Diese Mahlsteine waren der wertvollste Bestandteil einer Mühle, für die es eigene Hersteller gab. Der Lungau lieferte Mühlsteine aus Konglomerat- oder Quarzstein, das Pongauer Taurachtal Quarzsteine und vom Haunsberg kamen Mühlsteine aus Sandstein. Die eigentliche Zerkleinerung des Korns besorgten sogenannte Mahlfurchen, die dem Mahlstein in unterschiedlicher Musterung vom Steinmetz eingekerbt wurden.

Eine Holzverkleidung der Mahlsteine fing das austretende Mehl auf, das in eine Mehltruhe geleitet wurde. Mittels einer Rüttelvorrichtung, die das sprichwörtliche Klappern der Mühle verursacht, wird die Kleie vom Mehl getrennt.

Dieser Typus einer einfachen Wassermühle geht nach seiner Funktionsweise auf die Antike zurück, der aus Verona gebürtige Architekt Vitruv hat sie im ersten Jahrhundert v. Chr. erstmals beschrieben. Bis zur Erfindung der Stahl-Rollermühle im 19. Jahrhundert blieb die Technik dieses Mahlverfahrens „state of the art" und stand nicht nur fürs Getreidemahlen im Einsatz. Denn die Mechanik der Mühle hatte Vorbildwirkung für den gesamten Maschinenbau.

Herr Meister und Frau Meisterin, lasst mich in Frieden weiter
ziehn und wandern …
Verfeinerungen dieser archetypischen Brotmühle gelangen im
11./12. Jahrhundert mit der Erfindung des verstellbaren
Abstandes zwischen Mühlstein und Läuferstein mittels eines
durch einen Hebelarm beweglichen Steges sowie im 16. Jahrhundert, als man den Mahlvorgang durch ein Beutelwerk
(Rüttelvorrichtung) zum Sieben des Mahlgutes perfektionier-
te. Einen Wendepunkt, der schließlich zum Aussterben der
ländlichen Gmachlmühle führte, war die sich noch im 19. Jahrhundert abzeichnende Umstellung auf moderne Großmühlen,
deren technische Konstruktion auf Stahlwalzen beruhte.
Kleine Holzmühlen für den bäuerlichen Hausgebrauch wurden nicht mehr errichtet, die bestehenden noch bis zur
Mitte des 20. Jahrhunderts sporadisch in Verwendung gehalten. Im Abseits der Mühlgräben und an anderen einsamen Orten errichtet, trat ihr Verfall ebenso still wie unbemerkt
ein.
Private Wertschätzung dieser Tradition und Initiativen des
Denkmalschutzes haben einen Bruchteil des einstiges Salzburger Mühlenbestandes für die Nachwelt bewahrt.

Themenweg 58 – Pfarrwerfen
„SIEBEN MÜHLEN" ERLEBNISRUNDWEG

Pfarrwerfen, das wahrscheinlich aus der römischen Straßen-
siedlung Vocario hervorgegangen ist, besitzt neben der
sehenswerten gotischen Kirche noch ein ausgesprochen selte-
nes Bauensemble alter Volkskultur. Am Achberg am südlichen
Dorfrand stehen dicht gedrängt und wie an einer Schnur auf-
gefädelt sieben Holzmühlen am Bach, jede für sich ein bild-
schönes Denkmal alter Holzbaukunst.
Erst in den letzten Jahren wurden sie vor dem endgültigen
Verfall gerettet und liebevoll restauriert. Nun stehen sie seit
kurzem als Freilichterlebnis für Besucher offen. Die Feuerseng-

mühle, Zehenthofmühle, Vordereggmühle, Unterdielmühle, Gastegmühle, Meisenmühle und Unterlaubichlmühle, die 1739 erstmals urkundlich aufscheinen, aber wahrscheinlich um einiges älter sind, haben einst im Dorf für das tägliche Brot gesorgt. Dabei schränkten Witterung und Anbauflächen den möglichen Kornanbau in der Gegend auf Winterroggen, Winterweizen, etwas Gerste und ein wenig Sommerroggen und Sommerweizen ein. In einer Chronik von 1859 heißt es dazu über den Bezirk Werfen: *„An Getreide dagegen wird nie soviel erzeugt, als es das Bedürfnis der Einwohner erfordert. Die vielen Wälder, die tiefen Gräben und hohen Berge schränken den Getreidebau in enge Grenzen ein und machen die Bearbeitung sehr mühsam.“*

Brot war ein kostbares Gut. Wie köstlich es aber munden kann, wenn seine Zubereitung nach überlieferter Machart und am originalen Schauplatz erfolgt, davon kann man sich in den Sieben Mühlen von Pfarrwerfen selbst überzeugen. In der Vordereggmühle lässt sich der lange Weg „Vom Korn zum Brot" interaktiv zurückverfolgen und zuletzt kann der Besucher ein gschmackiges Pfarrwerfener Mühlenbrot mit nach Hause nehmen. Ein zweiter Schwerpunkt dieses Freilichterlebnisses ist „Das Leben des Bauern als Müller", das dem Arbeitsbereich Mühle, seinem anstrengenden Handwerk wie auch dem sozialen Umfeld gewidmet ist.

Start: Postparkplatz in der Ortsmitte
Route: Von der Bäckerei Haßlwanter zweigen wir ins Räubergassl ab und treffen nach ca. 150 m auf den Zugang zum „Sieben Mühlen" Erlebnisrundweg, des-

Ein einzigartiges Kulturdenkmal sind die „Sieben Mühlen" von Pfarrwerfen.

sen bauliches Ensemble schon von weitem wie ein Wahrzeichen des Ortes erkennbar ist. Wer sich für die Besichtigung aller Mühlen Zeit nimmt und auch beim interaktiven Programm mitmacht, muss eine gute Stunde Besuchszeit einplanen. Die reine Gehzeit beträgt rund 20 Minuten. Rückkehr über denselben Weg oder auf der alten Werfener Landstraße, die vom oberen Ende der Sieben Mühlen zurück in den Ort führt.

Hinweis: Besichtigung mit Mahlvorführung von Juni bis September jeweils freitags, 15.00–18.00 Uhr

Info: Fremdenverkehrsverband A-5452 Pfarrwerfen, Tel. 06468-5390

Themenweg 59 – Scheffau
MÜHLEN-RUNDWEG

Der kleine Ort Scheffau, im unteren Lammertal am Fuße des Tennengebirges gelegen, bietet Naturfreunden mit der von eiszeitlichen Wasserkräften ausgehöhlten Lammerklamm (Lammeröfen) und zwei imposanten Wasserfällen aus Karstquellen am Mühlen-Rundweg ein wasserspielreiches Ausflugserlebnis.

Der Mühlen-Rundweg führt durch einen wildromantischen Märchenwald entlang des Schwarzenbaches zu den beiden am Nordrand des Tennengebirges austretenden Karstquellen, dem Winner-Wasserfall (Naturdenkmal) und der Quelle des Schwarzenbachs. Während diese das ganze Jahr über Wasser führt, stürzt der Winnerfall nur zu Zeiten der Schneeschmelze und bei starken Regenfällen mit Schäumen und Tosen in die Tiefe. Wo sich die beiden Wasserläufe des Winnerfalles und Schwarzenbaches vereinigen, steht in der malerischen Einsamkeit dieses Schluchtwaldes die „Alte Mühle", eine bäuerliche Getreidemühle aus dem 17. Jahrhundert. Bis 1958 wurde hier in den Wintermonaten Korn gemahlen. Die sechs Besitzer zogen für jeweils eine Woche mit Pferdeschlitten, auf denen die Kornsäcke aufgepackt lagen, in ihre Gemeinschaftsmühle. Die klapperte dann Tag und Nacht, solange bis der letzte

Karstquelle Schwarzenbach.

Kornsack einer Fuhre vermahlen war.

Seit 1975 ist dieses Kulturdenkmal restauriert und ein besonderer Anziehungspunkt auf dem Scheffauer Mühlenweg. Einst hatte die Alte Mühle noch die Raiden und die Winkler Mühle in ihrer Nachbarschaft, davon sind aber nur mehr Bruchsteinfundamente und Mühlsteine erhalten. 1994 wurde nahebei nach historischen Plänen eine Marmorkugelmühle errichtet und damit der Mühlenweg um eine besondere Attraktion bereichert. Das Hausgewerbe der Kugelmüllerei ist eine Salzburger Spezialität und führt zurück bis ins 17. Jahrhundert.

Etwa faustgroße Marmorkugeln waren in der Vergangenheit ein geschätzter Exportartikel vor allem des Flachgaus, wo geeignete Gesteinsvorkommen diesen bäuerlichen Nebenverdienst ermöglichten. Salzburger Kaufleute brachten die Ware über Nürnberg und Frankfurt weiter nach Hamburg, Rotterdam, Amsterdam und London. Dort dienten die Marmorkugeln, die in poliertem Zustand wunderbare Farben und Muster zeigen, in den Kielräumen der Hochseeschiffe als stabilisierender Ballast und fallweise als Munition. Schließlich landeten sie als Spielkugeln, also als „Murmeln", bei den Kindern in allen Ländern dieser Welt.

Mit der Marmorkugelmühle auf dem Scheffauer Mühlenrundweg gibt es nunmehr seit 1994 neben der Fürstenbrunner Kugelmühle landesweit ein zweites solches Kulturdenkmal der

Salzburger Hausindustrie. An Gehzeit ist für den Mühlenrund-weg zu den Schwarzenbachquellen und zum Winner Wasser-fall eine gute Stunde zu veranschlagen.

Start: Engelhartwirt bei Oberscheffau, erreichbar über die B 162 nach Abtenau, Abzweigung nach Gasthaus Lammerklause und Lammer-brücke

Route: Unser Weg verläuft entlang des Schwarzenbaches durch anfangs lichte Weideflächen mit herrlichen Ahornbäumen nahe dem Ortsteil Winklau. Auf dem Forstweg wandern wir durch Laubmisch-wald, in dem die Nadelbäume zunehmend dichter aufschließen, wei-ter zum Winnerfall und dann zur Schwarzenbachquelle. Nach einem leicht bergab verlaufenden Wegstück mit wunderbaren Tannenbe-ständen stoßen wir auf den Zusammenfluss von Winnerfall und Schwarzenbachquelle. Dort stehen an einem wirklich märchenhaften Ort, inmitten von Waldesdunkel und tosenden Wassern, die Mühlen.

Hinweis: Zum Abschluss dieser herrlich erfrischenden Bach- und Wasserfallwanderung ist ein Besuch der Lammerklamm (Lammer-öfen) bei Oberscheffau zu empfehlen. Parkplatz und Beschilderung machen auf den Zugang unweit vom Gasthaus Lammerklause auf-merksam. Die 1 km lange, enge Schlucht mit ihren steil aufragenden Felswänden und tosenden Wassern, die seit 1884 für Besucher zugänglich ist, wurde von den eiszeitlichen Gletscherbächen vor rund 20.000 Jahren ausgeschürft. An der engsten Stelle, der „Dun-klen Klamm", kommen sich die beiden Felswände so nah, dass sie mit einer Armspannweite zu berühren sind. Wie unter einem Dach hört man nur mehr das tosende Wasser. Einst wurde die Lammer zur Holztrift nach Hal-lein genutzt und dafür mit Trift-steigen begehbar gemacht. Heute ist die über gut gesicher-te Stege begehbare Klamm eine

sportliche Herausforderung mit technisch schwierigen Passagen für Rafter und Paddler.

Info: Fremdenverkehrsverband A-5440 Scheffau, Tel. 06244-8573 Gemeindeamt A-5440 Scheffau, Tel. 06244-8442

Themenweg 60 – Thalgau
MÜHLENWEG AM BRUNNBACH

Der Thalgauer Brunnbach mit seinen Wassernutzern zählt zu den ältesten und eindrucksvollsten Wirtschaftsdenkmälern des Landes Salzburg. Bereits 1350 war hier das geschäftige Klappern von neun Mühlen zu hören und 1795 verzeichnet ein Plan insgesamt 23 Gebäude, die die Wasserkraft des Brunnbaches für wirtschaftliche Zwecke nutzten.

Das Ensemble umfasste Mühlen, Sägen, Hammerwerke, eine Drahtzieherei und eine Sensenschmiede.

Der „Industrie"-Standort am Thalgauer Brunnbach ist ältestes Besitztum der Salzburger Kirche, denn bereits 715 wurde der hl. Rupert mit den Waldgebieten zu beiden Seiten der einstigen herzoglichen Straße aus der Hand des agilolfingischen Bayernherzogs Theodpert beschenkt. Nach dem Bau der Grätzer Eisenstraße über Hof und Fuschl 1567 unterstützte die Salzburger Kirche eine Reihe von Betriebsgründungen am eisfreien und hochwasserarmen Brunnbach, wo ausreichend Waldbesitz das benötigte Nutzholz lieferte. Die Verarbeitung von Holz und Eisen stand hier gegenüber dem Mahlen von Getreide immer im Vordergrund. Von der Mitte des 18. bis zu Beginn des 19. Jahrhunderts erlebten die Unternehmen am Brunnbach ihre größte Blütezeit. Ein Eisenhammer, eine Sensenschmiede, eine Hammerschmiede, eine Drahtzieherei, zwei Kugelmühlen und schließlich als Frauengewerbe eine Spitzenklöpplerei beschäftigten einige Dutzend Personen. Mit der Eröffnung der Ischler Bahn zu Ende des 19. Jahrhunderts erhielten die Betriebe am Brunnbach Anschluss an die großen Wirtschaftsräume der Monarchie. Damit begann die letzte Aufschwungzeit für den Wirtschaftsstandort Thalgau. Anstelle der alten Wasserräder wurden nun Turbinen eingesetzt, nicht mehr wettbewerbsfähige Betriebe stillgelegt und technisch besser aufgerüstete Unternehmen neu eröffnet. Der Brunnbach erhielt eine neue Funktion als Stromlieferant. In dieser Übergangsphase stand ein mit elektrischem Strom

Der mühlenreiche Brunnbach, hier ein Stück weit ungenutzt.

betriebenes Sägewerk neben einem zweiten, das noch mechanisch über ein Wasserrad angetrieben wurde. Seit 1940 verzeichnet das Wasserbuch aber nur noch Löschungen alter Wasserrechte. Der Brunnbach, der einst mittels Schöpfrädern sogar für die Trinkwasserversorgung des Ortes genutzt wurde – Typhusepidemien und andere Krankheiten waren die Folge –, hatte seine Jahrhunderte lange Rolle als Energielieferant und wirtschaftlicher Lebensnerv des Ortes verloren.

Der Themenweg „Mühlen am Brunnbach", der entlang von acht Haltepunkten mit Schautafeln über 5,5 Kilometer Länge von der *Schiffer Mull* bis zur Wasserhammer-Werkstatt und Sensenschmiede am Vetterbach führt, bringt dem Besucher die vielseitige und abwechslungsreiche Geschichte der Thalgauer Industriegewerbe nahe. In keiner anderen Salzburger Gemeinde waren über sechs Jahrhunderte lang die unterschiedlichen Nutzungsformen der Wasserkraft auf einem überschaubaren Raum von wenigen Kilometern Länge so konzentriert vorhanden wie am Thalgauer Brunnbach.

Start (= Ziel): Marktzentrum Thalgau
Route: Eine Übersichtstafel gegenüber vom Gasthaus Santner zeigt einen genauen Routenplan. Der am Brunnbach entlangführende,

Übersichtsplan „Spaziergang zu den Mühlen am Brunnbach"

steigungslose Weg ist durch Schautafeln gekennzeichnet und auch als Radweg nutzbar. Die einzelnen Stationen, auf die die Info-Tafeln Bezug nehmen, sind Schiffer Mull, Urthalergut, Mayermühle mit Venetianischem Gatter, Oberdorfgut, Schmiedmühlanwesen, Mühlschmiede, Wasserhämmerl zu Vischwang, Greismühle und Saag zu Unterdorf, Müll und Sag zu Mülleiten, Spannsag am Zehenthof, Eisenhammerwerk, Mühlrad an der Sag, Müll und Säge in Thalgau, Sensenschmiede und Wasserhammer-Werkstatt am Vetternbach.

An Gehzeit sind tour-retour ca. 3 Stunden einzuplanen. Eine besondere Attraktion für Naturliebhaber sind die Feuchtwiesen entlang des Brunnbaches, wo rund um ein Becken für Rückstauwasser Sumpf-Storchschnabel, Schilfröhricht und Segge gedeihen. Die Vogelvielfalt, die hier durch reiche Nahrungs- und Brutplätze begünstigt wird, umfasst Grau- und Fischreiher, Grünschenkel, Fischadler, Bekassine, Kiebitz, Rohrammer, Sumpfrohrsänger, Teichrohrsänger, Uferschwalbe, Turmfalke, Baumfalke und weitere seltene Arten.

Eine stimmungsvolle Ergänzung zu den historischen Industriedenkmälern entlang des Brunnbaches bilden die vielen Kapellen.

Hinweis: Eine empfehlenswerte Broschüre „Die Mühlen am Brunnbach" liegt im Tourismusverband Thalgau auf.

Sehenswert: Wer sein erwandertes Mühlenwissen noch weiter vertiefen möchte, dem ist ein Besuch im Heimatmuseum „Hundsmarktmühle Thalgauegg" zu empfehlen.

A-5303 Thalgau, Thalgauegg 24, Tel. 06235-6417

Öffnungszeiten: Juli bis Oktober, samstags, 14.00–17.00 Uhr und nach Vereinbarung

Einkehr: Gasthof „Zum Betenmacher" am Mühlenweg

Info: Tourismusverband A-5303 Thalgau, Tel. 06235-7350

Themenweg 61 – Ebenau
EBENAUER MÜHLENWANDERUNG

Freu dich, dass die Blumen duften
Süß bei Bauernbrot und Speck –
Lass die Schurken und die Schuften,
Lass den ganzen, ganzen Dreck!
Und die Sonne schimmert golden,
Und das Bier ist gut und frisch,
Schmetterling und Lindendolden
Flattern auf den Gartentisch.

Jakob Haringer

Der Wald- und Wasserreichtum Ebenaus bestimmte das einstige Almgebiet schon früh zu einem Standort der Metallverarbeitung. Erzbischof Paris Lodron (1619–1654) ließ hier einen Kupfer-Eisenhammer errichten, aus dem dann das bekannte Ebenauer Messingwerk hervorging. Die Messingfabrik wurde später mit einer Galmeistampfe zur Trennung von Zink und Kalk des Zinkspates verbunden. Zusätzlich bestanden ein Eisenhammer, eine Sensenschmiede und eine Drahtzieherei. Im 18. Jahrhundert erzeugte der Werksort Ebenau jährlich 1261 Zentner Messingzaine (in Formen gegossene, flache Stäbe), 130 Zentner geschlagenes Eisen und ungefähr 130 Zentner Kupfergeschirr. Diese Produktionszahlen setzten Ebenau vor die Eisenwerke von Sulzau bei Werfen, Dienten, St. Andrä im Lungau, Oberalm, Thalgau und Grödig. Das Schwergewicht lag aber stets auf der Messingerzeugung, die den Ort und seine Wirtschaftsgeschichte nachhaltig prägte.

Erst um die Mitte des 19. Jahrhunderts schlitterte das staatliche Montanwerk Eben-

Waschl-Mühle in Ebenau.

293

au infolge unzureichender Produktionsformen und sinkender Eisenpreise in die Krise und wurde 1877 aufgelassen. Der Waldreichtum der Umgebung und die Nutzbarkeit der Wasserkräfte zum Maschinenantrieb waren nicht mehr ausreichend, um die Unternehmen profitabel zu halten. Einen eher bescheidenen, aber keineswegs unwichtigen Platz in dieser örtlichen Wirtschaftsgeschichte nehmen die Bauernmühlen ein, davon sich am Naturdenkmal Plötz am mittleren Rettenbach mit seinem imposanten Wasserfall fünf erhalten haben. Sie gaben der örtlichen Bevölkerung durch Jahrhunderte das tägliche Brot und bilden heute zusammen mit der Waschlmühle im Ortszentrum das Herzstück der Ebenauer Mühlenwanderung.

Einst wurde auch auf den steileren Hängen des Tals Getreide angebaut, und aus alten Urbaren geht hervor, dass die bäuerlichen Untertanen dem Domkapitel und St. Peter auch mit Kornlieferungen „zinsen" mussten. Bereits für das Jahr 1336 gibt es einen ersten Hinweis auf

Wasserfall Naturdenkmal Plötz.

eine Ebenauer Mühle. Dabei war der Getreideanbau in der Gegend ein hart verdientes Brot, denn die „offen stehenden Berge, eine sehr rauhe Witterung, Nebel, Schlossen und Reife" hielten die zu erzielende Ernte klein. Es waren vorwiegend kleine Landwirtschaften, die gerade das Allernötigste zum Überleben eintrugen. – Und oft nicht einmal das. Um 1796 wird erwähnt: „Noch immer zählet man in diesem Gerichte viele Bauern, welche weder Knechte noch Dirnen haben und ihre Felder bloß mit Hülfe der Austragleute und ihrer Kinder oder auch der Nachbarn bestellen."

Der Zukauf von Getreide war in dieser Lage ebenso unmöglich wie die Beförderung des Mahlgutes zu einem entfernten Müller. Die Mühlen beim Naturdenkmal Wasserfall Plötz, die Hofbauer-, Schindlau-, Pertiller-, Eder- und Schroffenaumühle, sind Zeugnisse extrem schwieriger Lebensbedingungen.

Start (= Ziel): Waschlmühle in Ebenau/Feuerwehrhaus. Besichtigung und Schaumahlen im Juli und August, jeweils Freitag, 18.00–19.30 Uhr

Route: Wir wandern, der grünen Markierung folgend, vorbei am neuen Feuerwehrhaus und zweigen am Ortsende nach rechts Richtung Koppl ab. Durch Wiesen geht es entlang vom Waschlbachl bis zum Bauernhof Pertill. Noch vor der Pertillmühle zweigen wir nach rechts zum „Marterl" ab und erreichen nach ca. 300 m steilem Anstieg den Watzmannblick mit Rastbank, wo man verschnaufen und die fantastische Aussicht genießen kann. Den Waldrand des Wieselbergs entlang wandern wir weiter bis zur Wegkreuzung, wo uns ein Schild auf das Naturdenkmal Plötz hinweist. Diese wildromantische Schlucht mit ihrem Felsenbad lädt zu einer erfrischenden Abkühlung ein. In der nächsten Umgebung der Plötz mit ihren Felsauswaschungen und Wasserstürzen stehen fünf renovierte Bauernmühlen, jede für sich ein kleines Denkmal alter Volkskultur. Der Rückweg führt über den Steg, der grünen Markierung folgend, nach Ebenau zurück. Die Gehzeit beträgt gut zwei Stunden.

Hinweis: Der Dichter Jakob Haringer (1898–1948), mit vielen Künstlern seiner Zeit freundschaftlich verbunden, darunter mit Joseph Roth und Arnold Schönberg, der mehrere seiner Gedichte vertonte, lebte vor seiner Flucht ins Schweizer Exil 1938 an mehreren Orten in der

Umgebung Salzburgs. Zwei Jahre lang bewohnte er das „Klamm-häusl" in Ebenau.
Folder und Wanderkarten zum Mühlenweg und weiteren Wander-vorschlägen liegen im Tourismusverband Ebenau auf.
Sehenswert: Museum im Fürstenstöckl, Ebenau. Fürsterzbischöfliche Waffenschmiede und Heimatmuseum. In diesen Räumlichkeiten doku-mentiert wird die historische Bedeutung Ebenaus als Zentrum der Eisen-, Kupfer- und vor allem der Messingverarbeitung (1585–1870). Jeder Besucher darf sich eine Erinnerungsmünze schlagen. Eindrucks-volle Exponate sind die Schusswaffen der Familie Klett aus dem 17. Jahrhundert, die in Ebenau gefertigt wurden. Im oberen Stock sind eine alte Schulklasse und Objekte der bäuerlichen Kultur zu sehen.
Öffnungszeiten: 15. Juni bis 15. September, dienstags und donners-tags, 10.00–12.00 Uhr und ganzjährig nach Voranmeldung.
Info: Tourismusverband A-5323 Ebenau, Tel. 06221-8055, E-Mail: tourist@ebenau.at

Themenweg 62 – Zederhaus
MÜHLENWEG UND AUSSTELLUNG „MÜHLEN-LEBEN" IM DORFERGRABEN

Am Dorfergraben in Zederhaus klapperten einst sechs bäuerli-che Gmachmühlen, die Essermühle, Bartlmühle, Zaunermühle, Jakobermühle, Hauserl- und Wastalmühle. Gemauerte und hölzerne Troadkästen standen nahebei als Vorratsgebäude des Mahlgutes und anderer Lebensmittel. Im klimatisch rauen Lungau, wo das Korn ein besonders kostbares Gut war, ent-wickelte sich für diese Troadkästen ein eigener, nur in dieser Region üblicher Baustil.
Der neu renovierte, gemauerte Jakoberkasten mit seiner schlicht-strengen Architekturmalerei, die auf den Stil der Renaissance zurückgeht, ist ein gutes Beispiel für diese Tradi-tion. Erst in den letzten Jahren wurde dieses Ensemble auf Initiative der Gemeinde und mit Unterstützung der Dorf- und Stadterneuerung instandgesetzt und als Besucherattraktionen des neu angelegten Mühlenweges ausgestaltet. Sein interakti-

Bartlmühle im Dorfergraben/Zederhaus.

ves, kinderfreundliches Programm soll die Zederhauser Müh-
lentradition lebendig machen und den arbeitsintensiven Weg
vom Korn zum Brot in Erinnerung rufen.

Sechs Stationen mit Schautafeln entlang des Weges und die
Ausstellung Mühlen-Leben in den insgesamt sieben Gebäuden am Dorfergraben bieten dafür ein reichhaltiges Programm, das zum Mitmachen, Mitspielen und Nachdenken
auffordert. Dazu gibt es besondere Attraktionen für Kinder
wie die Märchenmühle.

An Gehzeit sind gut 1,5 Stunden einzuplanen. Ein kürzeres
Steilstück am Beginn der Strecke macht festes Schuhwerk
erforderlich.

Start: Übersichtstafel neben der Pfarrkirche

Route: Der Mühlenweg ist mit blauen Pfeilen ausgewiesen und eine
Mühlmaus begleitet uns als Maskottchen und Führer auf dem Rund-
gang. Er führt zuerst über die Route des Waldlehrpfades mit zwei
Haltepunkten zum Falthorkasten und zur Falthormühle, dann weiter
zur Wastlkapelle an der Talsonnseite. Kurz nach der Grandlkapelle
erreichen wir den Dorfergraben mit seinem Ensemble an vier alten
Mühlen und einigen Troadkästen, wo die Ausstellung „Mühlen-
Leben" untergebracht ist.

Wer nicht gerne wandert *„wie ein rechter Müllersbursch"*, aber
Interesse an Mühlen hat, kann vom Ortszentrum auch den direkten
Weg zum Dorfergraben einschlagen. – Gehzeit: 5 Minuten.

Info: Infobüro A-5584 Zederhaus, Tel. 06478-801

Die Lichter gehen an!
Elektrischer Strom aus Wasserkraft

Bei der Stromgewinnung aus Wasserkraft kann Salzburg einen Platz im Spitzenfeld der Entwicklung für sich beanspruchen. Der Mangel an nutzbaren Kohlevorkommen, reiche Wasserressourcen und entsprechende Gefälle, aber auch die durch Jahrhunderte gesammelte Erfahrung in der technischen Nutzung des Wassers als Antriebsenergie haben diesen Fortschritt beflügelt.

Mit dem Tauernkraftwerk Glockner-Kaprun (1955) wurde das „Weiße Gold" aus den Hohen Tauern schließlich zu einem breitenwirksamen Symbol für die nationale Wiedergeburt Österreichs und den wirtschaftlichen Aufbau des Landes. Die ersten elektrischen Lichter, die hell und gleichmäßig brannten und nicht rußten wie Petroleumfunzeln, gingen 1883 in Kolm-Saigurn im hintersten Rauristal an. – Was das Schlagwort vom „Weißen Gold" auch geschichtlich etwas legitimiert. Ignaz Rojacher, der letzte Bergherr im Rauriser Goldbergbau hatte die dortigen Werksgebäude mit elektrischen Glühlampen ausgestattet und berich-

Elektrisch beleuchtete Sigmund-Thun-Klamm in Kaprun.

tete über diese zukunftsorientierte Neuerung den Alpenvereins-Mitteilungen: *„Die Dynamo-Maschine ist von Franz Költringer in Wien, angeblich 2 Pferde kräftig, um 16 Edison-A-Lampen zu speisen, was aber für den konstanten Betrieb nicht der Fall ist; sie speist nur 10-A-Lampen; ich benutze dieselben zur Beleuchtung des Poch- und Waschwerks, der Goldmühle, des Gastzimmers, der Arbeiter-Stube, der*

Küche etc. Beim Betrieb von 10 Lampen à 16 Kerzen läuft die Maschine die ganze Nacht ohne irgendeinen Anstand oder Schwankung des Lichts. Da die Wasserkraft umsonst ist, so ist die Beleuchtung billiger als Petroleum. Die hölzerne Turbine wird beim Tag zum Treiben einer Kreissäge benützt." (Mai 1884)

Gerade mit einem Jahr Vorsprung waren in Vorarlberg und in Berndorf bei Wien die ersten elektrischen Lampen der Monarchie in Betrieb gegangen. Seinen weitblickenden Spürsinn für technische Neuheiten hatte Rojacher übrigens schon 1882 bewiesen, als er Telegraf und Telefon in Kolm-Saigurn eingeführt hatte.

In Salzburg folgten bald weitere, auch größere Projekte zur Stromgewinnung aus Wasserkraft. 1884 nahm im Bärengässchen im Salzburger Stadtteil Mülln mit der Hagermühle das erste Wasserkraftwerk den Betrieb auf. Eine kleine Dynamo-Maschine speiste ganze 21 Glühlampen. Im Jahr darauf gingen in Hallein die ersten elektrischen Lichter an und 1887 erhielt der Weltkurort Gastein über ein auch architektonisch eindrucksvolles Wasserkraftwerk elektrische Beleuchtung. Um 1900 lässt die Errichtung von Wasserkraftwerken zur Stromgewinnung bereits Bestrebungen zu einer landesweiten Elektrifizierung erkennen. Noch 1898 wurde mit dem Bau des Kraftwerks Lend/Klammstein begonnen. 1906 erwarb die Eisenbahn die Wasserrechte im Stubachtal und machte sich dann an die Errichtung eines Kraftwerks zur Stromversorgung des Schienennetzes. 1909–1913 wurde am Wiestalwerk zur Stromversorgung der Stadt Salzburg gebaut, 1916/17 folgte eine Anlage in Großarl. 1920 startete das Projekt Bärenwerk in Fusch und 1920–1924 wurde das Kraftwerk Wiestal um das Projekt Strubklamm erweitert. Auf das Jahr 1926 datiert die Projektierung des Kraftwerksbaus Kaprun, wo drei Gletschergebiete und ein Gefälle von 1200 Höhenmeter auf nur zehn Kilometer Länge energiewirtschaftlich ideale Verhältnisse boten. 1928 legte die Berliner AEG dazu ein weit über das Kapruner Gebiet hinausgreifendes „Tauernwerk-Projekt" vor, dessen angepeilte Stromproduktion den dreifachen Umfang der gesamtösterreichischen Elektrizitätsgewinnung aus Wasserkraft von damals ausmachte. Natürlich knüpften sich an ein solches Vorhaben auch beschäftigungspolitische Interessen. Der desolate Arbeitsmarkt hatte 240.000 Arbeitsuchende zu verzeichnen.

Auf strikte Ablehnung stieß das Vorhaben beim aufstrebenden Tourismus, denn zwischen Zell am See und dem noblen Alpenhotel Mooserboden hatte sich ein blühender Ausflugsverkehr etabliert. Ein wachsender Besucherstrom wurde in Wagen und dann in feinen Sesselwägelchen vorbei am pittoresken Kesselfall hinauf zum Mooserboden (2036 m) befördert, wo man in schönstem Almgelände die prachtvolle Aussicht auf die Dreitausender der Hohen Tauern und ihre Gletscherwelt genoss. Frontstellung bezogen auch die dortigen Almbauern, Gemeindeväter und Salzachflößer. Dieser geballte Widerstand brachte das Projekt schließlich zu Fall.

Die „Österreichische Kraftwerke AG" (ÖKA) legte einen schlanken, Umwelt und Kapital schonenden Gegenentwurf mit vier Kraftwerken vor, dessen Kernstück das Projekt Glockner-Kaprun war. Der Börsenkrach 1929 machte auch diesen nicht minder ambitionierten Plan zunichte. Schließlich nahmen sich die Nationalsozialisten 1938 dieses Vorhabens auf ihre Weise an, indem sie eine propagandistisch groß aufgemachte Kraftwerksbaustelle eröffneten, die dann zu 95 % mit Kriegsgefangenen und Zwangsarbeitern besetzt war.

1947 nahm die Tauernkraftwerke AG den Weiterbau in Angriff. Infolge des Stromnotstandes nach 1945 knüpften sich an Kaprun, die größte Baustelle Österreichs, alle Hoffnungen an den wirtschaftlichen Wiederaufbau des Landes. Die Fertigstellung fiel in das Jahr des österreichischen Staatsvertrages und brachte für Kaprun den erwarteten, verdienten, aber auch geschickt in Szene gesetzten Imagegewinn. Jene 10.750 Mio. kWh Strom, die im ersten Betriebsjahr von dort ans Netz gingen, waren für damalige Begriffe eine astronomische Größe. In den Jahrzehnten seither ist in Salzburg noch eine beachtliche Reihe von Wasserkraftwerken in Betrieb gegangen, errichtet von den Stromgrößen SAFE (1920/21 gegründet) und TKW sowie einer Handvoll Kleinkraftwerksbetreiber. Zu erwähnen sind die Anlage Gerlos-Zillertal, Muhr-Rotgülden und Zederhaus sowie stolze neun Laufkraftwerke an der Salzach, die jährlich 3,5 Mrd. kWh Strom herstellen. Drei Viertel davon sind wertvoller Spitzenstrom. Aber allein Kaprun genießt, bedingt durch seinen geschichtlichen Werdegang wie die einzigartige Verschmelzung zwischen Natur und Technik, die hier geglückt ist, das Ansehen eines technischen Jahrhundertbauwerks, das auch seine Rolle als touristischer Publikumsmagnet Jahr für Jahr erfolgreich verteidigt.

Themenweg 63 – Kaprun
NATURLEHRWEG UM DEN KLAMMSEE/BÜRGKOGEL

Mit 15 Kilometer Länge ist das Kaprunertal, das durch einen ausgeprägten Stufenaufbau geprägt wird, das kürzeste Salzburger Tauerntal. Anders ausgedrückt, gelangt man hier über die geringste Distanz vom Salzachtal in die hochalpine Gebirgswelt. Diesen besonderen landschaftlichen Vorzug erkannten bereits die Wegbereiter des Alpintourismus.
1875 erhielt der Pinzgau Anschluss ans Schienennetz der Eisenbahn. Zell am See entwickelte sich zum noblen Saisonstädtchen, und das nahe Kaprunertal mit der Sigmund-Thun-Klamm, die damals noch Auer- oder Krapfkessel hieß, bot sich als ideales Ausflugsziel an. Durch den energischen Einsatz des Pinzgauer Ingenieurs und Gastronomen Nikolaus Gassner nahmen diese touristischen Zukunftsperspektiven konkrete Gestalt an. Er machte die nur 800 Meter lange Klamm aus blaugrünem Kalkglimmerschiefer, mit ihren tosenden Wassern, kesselförmigen Auswaschungen und Tropfenhöhlen, wo sich die Ache an die 80 Meter tief ihren Durchbruch durch den Bürgkogel in den Fels gegraben hatte, mit einer Steganlage zugänglich. 1893 brachte er dort eine nächtliche Beleuchtung

Klammsee.

aus 250 Glühbirnen und zehn Bogenlampen an, die die dunkle Klamm in einen märchenhaften Lichterglanz tauchte. Die erste alpine Erlebniswelt war geschaffen und wurde zu einem besonderen Anziehungspunkt für alpenbegeisterte, zahlkräftige Gäste. Als nächstes Tourismusprojekt schuf Gassner einen Fahrweg hinauf zum Mooserboden, damals noch herrlich unberührte Almweide mit schönster Gletscher- und Gipfelkulisse, wo er ein feines Alpenhotel mit Ausflugsrestauration errichtete, das mit allem Luxus aufwarten konnte. Ein elektrischer(!) Backofen zauberte täglich frisches Gebäck auf den Frühstückstisch der Gäste. Wagen und Sesselwägelchen machten dieses Alpenparadies auch für bewegungsscheue Gäste, die in den Bergen mehr die Augenweide als die Möglichkeit zu sportlicher Leistung suchten, zu einem attraktiven Ausflugsziel.

Kaiser Franz Josef, der 1893 einen Ausflug zum Kesselfall unternahm – der wurde damals noch als Kaskeller der Wasserfallalm-Bauern genutzt –, ließ es sich freilich nicht nehmen, seine Tour auf dem Reitpferd hinauf zum Mooserboden fortzusetzen. Dem damals 63-jährigen Monarchen attestiert dieser Ritt eine ausgesprochen sportliche Kondition.

Die Besucherattraktion Sigmund-Thun-Klamm musste 1939 mit Baubeginn des Kraftwerks geschlossen werden. Nach Sanierungsarbeiten ist sie seit 1992 wieder zugänglich. Der gut gesicherte Klammweg führt in kontinuierlicher Steigung in ca. 15 Minuten Gehzeit hinauf zum sanft stillen Klammsee.

Historische Bedeutung kommt auch der Felshöhe des Bürgkogels zu, die das Tal der Quere nach abschließt. Nur der schmale, an die 80 Meter tiefe Durchlass der Klamm gibt der Ache den Weg ins Tal frei. Diese geschützte Anhöhe des Bürgkogels war bereits vor 4000 Jahren Siedlungsplatz. Keltische Wallanlagen, Befestigungen der Spätantike und schließlich Bauten seit hochmittelalterlicher Zeit dokumentieren die weitgespannte Siedlungsgeschichte.

Start: Kraftwerke Kaprun, Hauptstufe. Zu empfehlen ist der Zugang zum Naturlehrweg Klammsee/ Bürgkogel über die Sigmund-Thun-Klamm. Erreichbar ist der Naturlehrweg aber genauso vom Parkplatz Jägerwirt. Man nimmt von dort den Weg nach rechts in Richtung zur Gletscherbahn und erreicht nach wenigen Minuten den Klammsee Bürgkogel.

Route: Der mit etlichen Schautafeln ausgestattete Spazierweg um den Klammsee (850 m) vermittelt Wissenswertes über die Pflanzen- und Tierwelt an Teichen und in Auen und ist mit einem Biotop

Sigmund-Thun-Klamm.

verbunden. Ein Kinderspielplatz und ein Kiosk vervollständigen das auf Erholung bedachte Programm in geruhsam idyllischer Landschaft. An Gehzeit sollte man für den nahezu ebenen Naturlehrweg etwa 45 Minuten einplanen.

Hinweis: Ein Folder zur Sigmund-Thun-Klamm liegt auf.

Info: Fremdenverkehrsverband A-5710 Kaprun, Tel. 06547-86430

Themenweg 64 – Kaprun
KRÄUTERLEHRPFAD VOM STAUSEE MOOSERBODEN ZUR FÜRTHER MOARALM

Alpen, Gletscher, Schnee und Wasserkraft haben Kaprun berühmt und wohlhabend gemacht. Das Spannungsfeld zwischen alpiner Naturschönheit und technischer Überformung zum Nutzen der Wirtschaft wird nirgendwo in den Hohen Tauern so deutlich wie in Kaprun. Die mächtigen Talstufen mit ihren ausgebuchteten, wasserreichen Hochtalwannen, den heutigen Speicherseen zur Elektrizitätsgewinnung, erreichen mit dem Mooserboden eine fantastische Aussichtsterrasse, wo den Besucher ein herrliches Gebirgspanorama mit einer Reihe von Dreitausendern und weit herabreichenden Eisfeldern erwartet. Ringsum ragen die Gipfel von Kitzsteinhorn (3203 m), Großem Wiesbachhorn (3564 m), Hohem Tenn (3368 m), Hocheiser (3206 m), Hoher Riffl (3338 m), dem Mittleren (3356 m) und Großem Bärenkopf (3401 m) in den Himmel, deren Wasserreichtum zur Stromgewinnung eingesetzt wird. Weniger bekannt ist, dass auch die Abflüsse des Pasterzengletschers an der Südseite der Hohen Tauern vom Kraftwerk Kaprun genutzt werden. Sie gelangen über den Margaritzenspeicher im obersten Mölltal durch eine Stollenleitung nach Kaprun.

Der frühe Alpintourismus, dessen Entwicklung einst vom Kraftwerksbau durchkreuzt und blockiert worden war, hat sich längst neu etabliert und umfasst nun Wintersportler, Kraftwerksbesucher und eine kleine Minderheit von klassischen Gebirgswanderern. Wer auf dem Weg zum Wasserspeicher Mooserboden (2036 m) nicht nur die technische Sensation des Kraftwerksbaus sucht, sondern etwas von der einstigen Anziehungskraft seiner Alpenschönheit finden möchte, sollte dafür den Abstieg vom Mooserboden zur Fürther Moaralm wählen und erst dort in den Talbus zusteigen.

Start: Mooserbodensperre (2045 m). Anfahrt von Kaprun mit Pkw oder Postbus bis Parkplatz Kesselfall. Tickets lösen, dann weiter mit

Speicherboden im Kaprunertal.

Postbus, Schrägaufzug und zuletzt wieder mit Zubringerbus zur Mooserbodensperre.

Route: Nach einem Rundgang über die Mooserbodensperre und einem Besuch in der Erlebniswelt „Strom und Eis" weist uns bei der Heidnischen Kirche ein Schild zum Kräuterlehrpfad und zur Fürther Moaralm. Der hangabwärts führende Steig zieht sich in ausgedehnten Kehren über die Almmatten hinunter zur Fürther Moaralm. (Hier wird wie eh und je Almwirtschaft betrieben, gemolken, gebuttert und gekäst.) Man wandert durch Hochstaudenfluren, Bürstlingrasen mit Zwergsträuchern, Almfettwiesen und vereinzelte Grünerlenbestände. Zu sehen sind Alpenmilchlattich, Alpendost, Alpenampfer, Stachelige Kratzdistel, Blauer Eisenhut, Alpenrose, Augentrost, Scheuchzers Glockenblume, Goldpippau, Moschusschafgarbe, Frauenmantel, Zittergras, Silberdistel, Schmalblättriges Weidenröschen und andere Almmattenbewohner. Auf dem letzten, ebener verlaufenden Weg-

stück wachsen Traubensteinbrech und Roter Steinbrech, Hunger-
blümchen und Reitgras. Wer zur rechten Zeit kommt, kann mit etwas
Glück sogar ein Edelweiß finden.
Die Höhendifferenz des Kräuterlehrpfades zur Jausenstation Fürther
Moaralm beträgt an die 150 m, an Gehzeit ist eine gemütliche Stun-
de einzuplanen.
Hinweis: Entlang des Steiges stehen Info-Tafeln zur Pflanzenwelt der
Umgebung, die aber großteils verwittert sind. Empfehlung für Pflan-
zenliebhaber: Den eigenen Pflanzenführer mitbringen! Für diese leich-
te, kurze Berghangwanderung ist alpines Schuhwerk erforderlich.
Info: Fremdenverkehrsverband A-5710 Kaprun, Tel. 06547-86430

Themenweg 65 – Faistenau
RUND UM DEN HINTERSEE

Zwischen Ebenau und Hallein wurde 1909–1913 inmitten
bewaldeter Steilhänge und langgezogener Klammen am Ausgang der Wiestalklamm das Wasserkraftwerk Wiestal errichtet, um die Stadt Salzburg mit Strom zu versorgen. Zwischen
1919 und 1983 wurde die Anlage infolge des wachsenden
Strombedarfs kontinuierlich ausgebaut und bereits 1920–
1925 um das Strubklammwerk erweitert. Das Einzugsgebiet
beider Kraftwerke beträgt stolze 175 Kilometer und erstreckt
sich vom Gaisberg im Norden bis zum Zwölferhorn bei St. Gilgen im Osten und dem Schlenken und Schmittenstein im
Süden, an der Nordseite der Osterhorngruppe.
Als Wasserspeicher für das Kraftwerk Strubklamm war
ursprünglich der Strubklammstausee vorgesehen. Unerwartet
schlechte geologische Verhältnisse zwangen zu der erst für
später vorgesehenen Nutzung des natürlichen Hintersees, der
damals 7,5 Mio. Kubikmeter Wasser fasste. Ein Pumpwerk
und eine Holzrohrleitung wurden errichtet und im Feburar
1932 der Wasserspiegel des Hintersees abgesenkt, um das
Kraftwerk Strubkklamm damit zu speisen. Beide Kraftwerke
zusammen bewältigten bis 1945 die Stromversorgung der
Stadt Salzburg.

Wer heute eine erholsame Runde um den Hintersee dreht, der von Hochwald umsäumt wird, findet das Gelände wie unberührt von jeglichem technischen Eingriff. Nur die Pumpstation kann technisch klugen Köpfen einen Hinweis geben, dass auch hier die scheinbar naturbelassene Landschaft längst von technisch-wirtschaftlicher Nutzung überformt ist. Im Fall des Hintersees wie der Strubklamm ist diese Verbindung unter größtmöglicher Schonung der Landschaft geglückt.

Die waldreiche Gegend um den Hintersee lieferte einst Holz zum Ebenauer Messingwerk, das enorme Mengen von Holzkohle zur Unterhaltung der Schmelzöfen benötigte. Ursprünglich erfolgte der Holztransport auch hier über die Trift. 1919, nachdem eine Windwurfkatastrophe einen ganzen Waldteil mit ca. 40.000 Festmeter Holz umgelegt hatte, wurde eine Seilriese auf den Anzerboden errichtet und man begann gleichzeitig mit dem Bau einer Waldbahn von Vordersee nach Hintersee, die zum Abtransport der riesigen Holzstapel bestimmt war.

Berühmt war der Hintersee einst auch als vorzügliches Fischwasser. Er lieferte Bachforellen, Saiblinge und Seeforellen an die erzbischöfliche Hoftafel. Für November 1654 ist ein „Lustfischen" erwähnt, denn um diese Zeit waren die berühmten Saiblingslöcher von dichten Fischschwärmen bevölkert. Nach der Festlichkeit fuhr Erzbischof Guidobald Graf Thun im Einbaum über den See und spendierte in bester Laune jedem

Hintersee.

Schiffer zwei Schaff Korn. Das Gewerbe der Hoffischerei lag über viele Generationen in der Hand der Familie Trickl.

Bis 1932, als der Wasserspiegel für die Stromerzeugung im Strubklammwerk abgesenkt wurde, war der Hintersee ein Zentrum der Sportfischerei, wo viele Prominente diesem Hobby frönten. Darunter waren Opernsänger, Bankdirektoren, der Kommandeur der Leibgarde der englischen Königin und Herren der Zellulosefabrik in Hallein mit ihren norwegischen Freunden.

Start: Für den Start einer Seerunde bieten sich drei Einstiegsmöglichkeiten an: Königsstatt, Hirschpoint und Vordersee, wo jeweils auch eine Parkmöglichkeit sowie Haltestellen des öffentlichen Busnetzes bestehen.

Route: Der landschaftlich reizvolle, in Waldesstille eingebettete Rundweg, der nahezu eben verläuft und in einer Gehstunde zu bewältigen ist, wurde mit Schautafeln ausgestattet, die die Ortsgeschichte behandeln. Eine eigene Tafel ist jenen alten Seehäusern gewidmet, die bis zur Aufstauung des Gewässers in den späten zwanziger Jahren am Ufer standen. Weitere Informationen gelten den Fischen und Wasservögeln des Hintersees.

Hinweis: Der Naturraum Hintersee ist besonders reich an Sträuchern und Gehölzen. Für Baumliebhaber bemerkenswert ist die Dorflinde von Hintersee. Sie soll an die 1000 Jahre alt sein und überschattet als Naturdenkmal den Dorfplatz.

Info: Fremdenverkehrsverband A-5324 Faistenau, Tel. 06228-2314

Literaturauswahl

Geologie und Gletscherkunde

Bätzing Werner, Die Alpen. Entstehung und Gefährdung einer europäischen Kulturlandschaft. München 1991

Del-Negro Walter, Geologie des Landes Salzburg (Schriftenreihe des Landespressebüros 15) Salzburg 1983

Floimair Roland, Retter Wolfgang, Nationalpark Hohe Tauern. Der Salzburger Anteil. Salzburg 1984

Fraedrich Wolfgang, Spuren der Eiszeit. Landschaftsformen in Europa. Berlin – Heidelberg – New York 1996

Imbrie John, Katherine Palmer Imbrie, Die Eiszeiten. Naturgewalten verändern unsere Welt. Düsseldorf – Wien 1981

Kahlke Hans-Dietrich, Die Eiszeit. Leipzig – Jena – Berlin 1994

Seefeldner Erich, Salzburg und seine Landschaften. Salzburg 1961

Stüber Erhard, Norbert Winding, Erlebnis Nationalpark Hohe Tauern. Salzburg 1990

Van Husen Dirk, Die Ostalpen in den Eiszeiten. (Populärwissenschaftliche Veröffentlichungen der geologischen Versuchsanstalt). Wien 1987

Vogeltanz Rudolf, Aus Salzburgs ältester Vergangenheit. Ein Streifzug durch die Welt der Steine und Versteinerungen des Landes Salzburg. Salzburg 1967

Bergbau

Allesch Richard M., Die Robinig und ihre Nachfolger als Hüttrauchgewerken in Rothgülden, in: Mitteilungen der Gesellschaft für Salzburger Landeskunde 95 (1955)

Exel Reinhard, Die Mineralien und Erzlagerstätten Österreichs. Wien 1993

Gold und Silber. Kostbarkeiten aus Salzburg. Katalog der IX. Sonderschau des Dommuseums zu Salzburg. Salzburg 1984

Gruber Fritz, Karl Heinz Ludwig, Salzburger Bergbaugeschichte. Salzburg – München 1982

Günther Wilhelm, Werner H. Paar, Fritz Gruber, Volker Höck, Schatzkammer Hohe Tauern. 2000 Jahre Goldbergbau. Salzburg – München 2000

Hammerl Christa, Der Rauriser Sonnblick. Von Goldgräbern, Wettermachern u.a. Geschichten. Graz 1987

Jäger Vital, Berg und Hütte Schwarzleo bei Leogang, in: Mitteilungen der Gesellschaft für Salzburger Landeskunde 82/83 (1942/43)

Kretschmer Franz, Marmor aus Adnet, 2. Auflage. Salzburg 1992

Lewandowski K., Geschichte des Smaragdbergbaues in der Leckbachrinne im Habachtal / Gemeinde Bramberg am Wildkogel (Oberpinzgauer Bergbaugeschichte Heft 007) Großhelfendorf 1997

Mineral & Erz in den Hohen Tauern. Katalog zur Ausstellung des Naturhistorischen Museums. Wien 1984

Preuschen Ernst, Zur neuzeitlichen Geschichte des Mitterberger Kupferbergbaus, in: Mitteilungen der Gesellschaft für Salzburger Landeskunde 100 (1960)

Strauss Felix F., Der Radhausberg bei Bad Gastein im 16. Jahrhundert und der Großgewerke Christoph Weitmoser, in: Der Anschnitt. Zeitschrift für Kunst und Kultur im Bergbau 6, Jg. 20 (1968)

Urpfade, Römerstraßen, Saumpfade

Blümner Hugo, Technologie und Terminologie der Gewerbe und Künste bei Griechen und Römern, Bd. I. Hildesheim 1969

Breitwieser Rupert, Andreas Lippert, Passwege der keltischen und römischen Zeit in den Ostalpen, in: Mitteilungen der Anthropologischen Gesellschaft in Wien 129 (1999)

Fleischer Robert, Ein Bleietikett aus Immurium-Moosham, in: Jahreshefte des österreichischen archäologischen Institutes Wien 49. Baden bei Wien 1968 – 71

Heger Norbert, Salzburg in römischer Zeit (Jahresschrift des Salzburger Museums Carolino Augusteum) Salzburg 1973

Koller Fritz (Hg.), Das Rauriser Tauernhaus 1491 - 1991. Salzburg 1991

Lippert Andreas (Hg.), Hochalpine Altstraßen im Raum Badgastein-Mallnitz (Böcksteiner Montana 10) Wien 1993

Lippert Andreas, Neue Forschungen zu den antiken Passstraßen über den Mallnitzer Tauern und den Korntauern, in: Wissenschaftliche Mitteilungen aus dem Nationalpark Hohe Tauern 5 (1999)

Mayr Wolfgang, Der sogenannte Römerweg im Bereich der Glocknerstraße, in: Salzburg Archiv 18 (1994)

Müller Guido, Die Hohen Tauern als Verkehrsraum einst und jetzt. (Wissenschaftliche Alpenvereinshefte 21) München 1969

Pirckmayer Friedrich, Die Salzburgischen Tauern, mit besonderer Rücksicht auf Tauernhäuser und Tauernpfründe. Archiv-Bericht im Regierungsauftrag. Salzburg 1886

Wald und Holz

Gärtner Christiane, Der botanische Garten in Salzburg. Mit Beiträgen von Georg Gärtner, Josef Leitinger, Ernst Ziegeleder (Schriftenreihe des Stadtvereins Salzburg 7). Salzburg 1978

Höhler Gertrud, Die Bäume des Lebens. Baumsymbole in den Kulturen der Menschheit. Stuttgart 1985

Koller Engelbert, Forstgeschichte des Landes Salzburg. Salzburg 1975

Österreichs Wald, Vom Urwald zur Waldwirtschaft. Hg.v. Österreichischen Forstverein. Wien 1994

Stüber Eberhard, Salzburger Naturführer. Einführung in Landschaft und Natur. Salzburg 1967

Thuswaldner Werner, Gerhard Bluhm, Naturdenkmäler im Land Salzburg. Salzburg 1985

Wolkinger Franz, Bäume und Sträucher Österreichs. Graz 1993

Zaisberger Friederike, Beiträge zum Triftwesen in den Bayerischen Saalforsten, in: Kniepass Schriften N.F. 8/9. Salzburg 1978

Gewässer, Mühlen, Kraftwerke

Hartwagner Gertraud, Die Pinzgauer Bergwelt und ihre energiewirtschaftliche Nutzung. (Diss.) Salzburg 1977

Hutter Clemens M., Das tägliche Licht. Eine Salzburger Elektrizitätsgeschichte. Salzburg – München 1996

Hutter Clemens M., Kaprun. Tauernstrom und Nationalpark. Salzburg 1996

Mager Johannes, Günter Meißner, Wolfgang Orf, Die Kulturgeschichte der Mühlen. Leipzig 1988

Moritz Ursula, Die Vogelfauna der Salzburger Salzachauen: Aktueller Stand und Veränderungen im Laufe der letzten 100 Jahre. (Diplomarbeit) Salzburg 1993

Koller Heinrich, Die ältesten Wassermühlen im Salzburger Raum, in: Festschrift für Berent Schwineköper. Hg.v. Helmut Maurer und Hans Patze. Sigmaringen 1982

Schalk Eva Maria, Die Mühlen im Land Salzburg. Salzburg 1986

Bildnachweis

Feitzinger Gerhard: 129, 130, 146, 154, 205
Fremdenverkehrsverband Ebenau: 293, 294
Fremdenverkehrsverband Kaprun: 302, 303, 305
Fremdenverkehrsverband Leogang: 72, 119, 128
Fremdenverkehrsverband Mittersill: 278
Fremdenverkehrsverband Mühlbach a. H.: 135
Fremdenverkehrsverband Pfarrwerfen: 281, 286
Fremdenverkehrsverband Rauris: 201
Fremdenverkehrsverband Uttendorf: 203
Großglockner Hochalpenstraßen AG: 60, 151, 156, 158, 159, 160, 161, 174, 175 oben, 178
Großschädl Andrea: 282, 297
Gruber Fritz: 183, 184
Häupl & Ibetsberger: 34
Heger Norbert: 181
Herzinger: 254
Infobüro Muhr: 149, 207
Irnberger, Salzburger Bildungswerk: 172, 288
Lerch Hans, Nationalpark Hohe Tauern: 43, 45, 47, 48, 50, 63, 71, 141, 142, 198, 227, 264
Marmormuseum Adnet: 20, 21, 37, 39, 40
Pritz Franz: 10, 56, 112, 113, 190, 213, 222, 228, 236, 245, 251
Resch Marianne: 279
Salzburger Dommuseum: 97, 121
Salzburger Land Tourismus: 52, 66, 101, 106, 169, 175 unten, 193, 194, 206
Salzburger Museum Carolino Augusteum: 36, 298
Schaubergwerk Dürrnberg: 93, 95, 248
Steiner Gertraud: 58, 73, 122, 307
Tourismusverband Elsbethen: 31
Tourismusverband Thalgau: 291
Vetters Wolfgang: 19, 24, 33